西南大学 教育学一流学科建设拔尖创新人才培养规划教材

中小学
校本课程开发

罗生全 艾 兴 编著

ZHONG-XIAOXUE
XIAOBEN KECHENG KAIFA

SWUP 西南大学出版社
国家一级出版社 全国百佳图书出版单位

图书在版编目(CIP)数据

中小学校本课程开发 / 罗生全, 艾兴编著. -- 重庆：西南大学出版社, 2023.1

ISBN 978-7-5697-0778-6

Ⅰ. ①中… Ⅱ. ①罗… ②艾… Ⅲ. ①课程建设—教学研究—中小学—高等学校—教材 Ⅳ. ①G632.3

中国版本图书馆CIP数据核字(2022)第177575号

中小学校本课程开发

ZHONG-XIAOXUE XIAOBEN KECHENG KAIFA

罗生全　艾　兴　**编　著**

责任编辑：王传佳
责任校对：张　丽
排　　版：张　祥
出版发行：西南大学出版社（原西南师范大学出版社）
地址：重庆市北碚区天生路2号
邮编：400715
网址：http://www.xdcbs.com
市场营销部电话：023-68868624
经　　销：新华书店
印　　刷：重庆新荟雅科技有限公司
开　　本：185mm × 260mm
印　　张：13
字　　数：290千字
版　　次：2023年1月　第1版
印　　次：2024年8月　第3次印刷
书　　号：ISBN 978-7-5697-0778-6

定　　价：49.00元

前言

校本课程，也称为“学校本位课程”和“学校自编课程”，是学校在教育方针和学校育人目标指导下，基于学校自身特色定位而研发的课程。本书以校本课程开发理论为基础，对校本课程开发的概念、构成、价值、组织、实施主体等进行了系统阐述，在此基础上，对校本课程开发的审议、流程、操作、模式等进行了深入分析。

本书具有四个方面的特点。其一，新颖性。本书不仅反映了校本课程开发理论的新进展，而且反映了校本课程开发实践的发展趋势。其二，通俗性。本书的理论分析深入浅出、简洁明了，例证丰富、通俗易懂，易于学习。书中引用了大量的校本课程开发案例，从多个方面解读理论，易于中小学教师以及相关专业的研究生、本科生理解和掌握。其三，可操作性。本书纵向以校本课程开发的操作流程为逻辑线索，把校本课程开发的操作流程细化为多个步骤；横向以校本课程开发的操作要素为内核，着力缝合校本课程开发理论与实践的裂缝，搭建理论通向实践的桥梁，为开发校本课程提供了方法指导。

本书是集体智慧的结晶，具体分工是：第一章张玉，第二章袁亚男，第三章李佳，第四章田振华，第五章顾艳丽，第六章赵瑞雪。罗生全、艾兴负责统稿与修改。

本书可为各教育单位将要或正在从事校本课程开发工作的同仁提供参考，也可作为相关专业的研究生或本科生的教材，对形成有关校本课程开发的基本观点、专业思维和素养有一定的帮助。受到文献资料掌握、认知水平等方面的影响，本书难免有错漏之处，希望得到大家的批评和指正。

作者

2022年9月

CONTENTS 目录

第一章

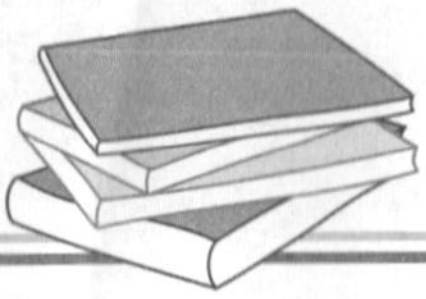

校本课程开发的认识

随着我国基础教育新课程的实施、国家三级课程管理体制的建立、中国学生发展核心素养的提出以及新高考改革的推进，校本课程开发作为发展学生兴趣爱好、拓宽学生知识范围、培养和提高学生实际能力的动态开发过程，其在落实立德树人这一根本任务中发挥着愈加重要的作用。20世纪90年代以来，我国校本课程开发也取得了不俗的成绩，然而在开发实践中却仍存在诸多问题，这迫切要求作为课程开发主体的教师以及教育行政管理者在课程开发过程中改变其角色意识，更新角色行为，重塑角色形象，正视责任与义务，充分理解校本课程开发的概念、内涵与价值，更好地在校本课程开发中实现其专业化发展。

思维导图

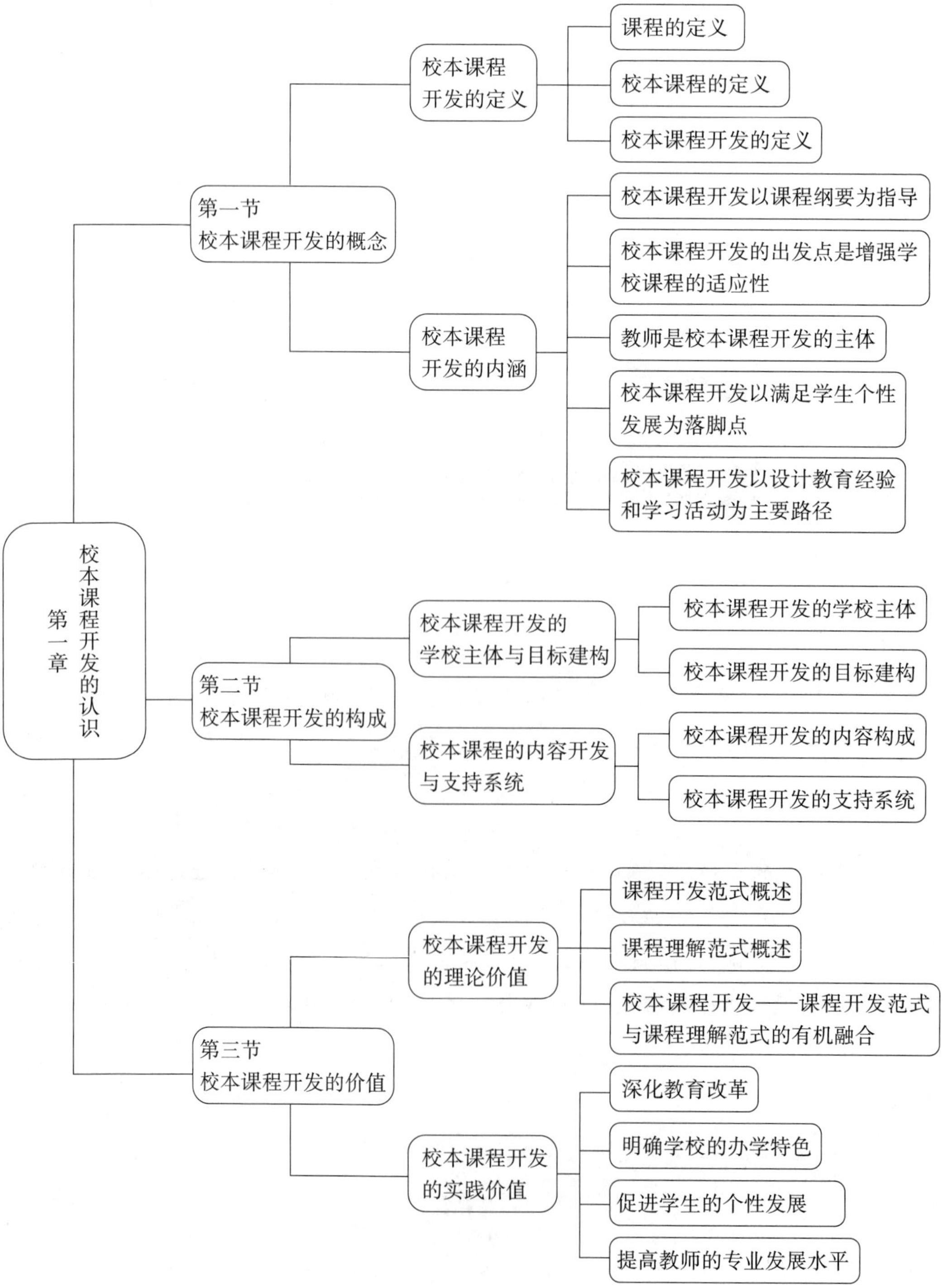

第一章
校本课程开发的认识
第一节
校本课程开发的概念
校本课程
开发的定义
课程的定义
校本课程的定义
校本课程开发的定义
校本课程
开发的内涵
校本课程开发以课程纲要为指导
校本课程开发的出发点是增强学校课程的适应性
教师是校本课程开发的主体
校本课程开发以满足学生个性发展为落脚点
校本课程开发以设计教育经验和学习活动为主要路径
第二节
校本课程开发的构成
校本课程开发的
学校主体与目标建构
校本课程开发的学校主体
校本课程开发的目标建构
校本课程的内容开发
与支持系统
校本课程开发的内容构成
校本课程开发的支持系统
第三节
校本课程开发的价值
校本课程开发
的理论价值
课程开发范式概述
课程理解范式概述
校本课程开发——课程开发范式与课程理解范式的有机融合
校本课程开发
的实践价值
深化教育改革
明确学校的办学特色
促进学生的个性发展
提高教师的专业发展水平

第一节　校本课程开发的概念

一、校本课程开发的定义

校本课程开发是在学校现场发生并展开，以国家或地方制定的课程纲要和课程标准为指导，依据学校自身的性质、特点及可利用的资源等条件，由学校成员自愿、自主、独立或与校外团体或个人研究者合作开展的，旨在满足本校所有学生学习需求的一切形式的课程开发活动，是一个持续和动态的课程改进过程。它包括课程规划、课程设计、课程实施与评价等系列课程活动及其策略和技能，是一个需要多方人员参与合作的决策过程，涉及政治利益、经济利益、社会地位、学术良知等多个方面。[①] 然而，囿于陈旧过时的课程观念、高考制度以及国家课程等的束缚，许多一线教育工作者对校本课程开发的认识并不充分。校本课程开发作为一个动态发展的课程建设过程，其定义也随着时代更迭、地区变化、理论革新而不断丰富发展。故而，对"校本课程开发"的认识需建立在对"课程""校本课程"的理解基础之上，对"课程""校本课程"的界定和理解直接影响着一线教育工作者对校本课程开发的认识与实施。

（一）课程的定义

1918年，美国芝加哥大学教育管理学教授博比特出版《课程》一书，标志着"课程论"作为一个独立的研究领域出现。自那以后，课程理论快速发展，学校类型与模式日益丰富，对课程概念的诠释也呈现多元化的趋势，有关课程概念的界定、内涵理解的研究成果也越来越丰富。

在我国，"课程"一词始见于唐宋。唐朝孔颖达为《诗经·小雅》中的"奕奕寝庙，君子作之"作疏，即"维护课程，必君子监之，乃依法制"。但他笔下的"课程"显然与我们现在所说的"课程"在内涵上有所不同。宋代朱熹在《朱子全书·论学》中亦多次提及课程，如"宽着期限，紧着课程"，"小立课程，大作工夫"等。[②]此处他虽未界定课程的定义，但不难发现其笔下的课程实乃功课及其进程之意。

在西方，英文"curriculum"一词源自拉丁语"currere"，意为"跑道"。在学校教育

① 徐玉珍.是校本的课程开发，还是校本课程的开发——校本课程开发概念再解读[J].课程·教材·教法，2005（11）：3–9.

② 陈侠.课程论[M].北京：人民教育出版社，1989：12–13.

中，课程的原始定义是指学习者的学习路线与学科内容的学习过程。在西方教育史上，“课程”一词初现于英国教育家斯宾塞的著作《什么知识最有价值?》中，他在文中列举了五类课程知识。[①] 而早在20世纪70年代，美国学者便统计到有关课程的定义至少有119种之多。[②] 课程定义如此繁多，一方面说明课程内涵正在不断丰富，另一方面也反映出课程研究立场的多样性。通过文献检索，我们可以将国内外对课程的定义简要归纳为以下五种具有代表性的观点：

1.课程即学科或科目

所谓课程，主要指教师所教和学生所学的科目。如中国自先秦时期便有“六艺”，即礼、乐、射、御、书、数，作为学习的主要科目；欧洲传统的“七艺”课程，即文法、修辞、辩证法、算术、几何、音乐、天文学，以及“骑士七艺”，即骑马、游泳、投枪、击剑、打猎、下棋、吟诗。这些在本质上都是以科目为主导而进行的系统化教学。此外，《辞海》中对“课程”的定义也有相似的见解，即：“为实现各级各类学校的培养目标而确定的教育内容的范围、结构和进程安排”，狭义上指“教学科目”。该定义强调学校应向学生传授知识内容，是一种典型的“教程”定义。

2.课程即学习者的经验

该主张由美国学者卡斯韦尔和坎贝尔提出，在其著作《课程开发》中，他们反对将课程定义为学科或科目的主张，认为课程应“由教师指导下的儿童拥有的全部经验组成”[③]。另外，美国学者古德莱德也采用了与“课程即学习者的经验”相类似的定义，并由此建构了课程实施层次理论，根据该理论，课程包括理想的课程、正式的课程、领悟的课程、运作的课程以及经验的课程。其中，经验的课程以儿童的兴趣和需要为中心，以活动为载体，符合儿童的认知特征和经验积累基础。[④]该思想与美国教育家杜威对教育本质的理解“教育即经验的不断改造与重组”亦有不谋而合之处。

3.课程即目标或预期的学习结果

课程即目标，即根据社会发展的需求把国家对人才的需求提炼成一系列固定的、带有预期性的具体目标，并使之成为课程运行与开发的基础。在19世纪末至20世纪初，第二次工业革命大背景下，科学管理法被普遍用于工商界以提高生产效率。

---

① 陈铁成，熊梅．什么知识最有价值——基于斯宾塞课程思想的思考[J]．外国教育研究，2013(5)：73-79.

② 比彻姆．课程理论[M]．黄明皖，译．北京：人民教育出版社，1989：169.

③ HOLLIS L.CASWELL, DOAK S. CAMPBELL, Curriculum Development, New York: American Book Company, 1985：69.

④ 王斌华．校本课程论[M]．上海：上海教育出版社，2000：28.

美国芝加哥大学教育管理学教授博比特受此启发，将科学管理的原则运用到课程领域，将成人所需要的技能和知识作为课程目标。[①]继而，美国教育学家泰勒根据其“八年研究”的结果，在其著作中详细论证了“课程即目标”的合理性，并由此建构了课程开发的经典范式——目标模式，对后世的课程发展产生了巨大影响。

4.课程即有计划的教学活动

该定义主张将所有有计划的教学活动都组合在一起，诸如教学的范围、序列、进程、教学方法以及教学设计。[②]换言之，课程即在教学场域内，教育者有目的、有计划、有组织地实施的一系列教学活动，这些教学活动的目的是帮助学生建构知识、提升技能、体验学习乐趣。然而，正如美国课程论专家塔巴指出，若把陈述目标和内容概要之外的其他方面都从课程定义中排除掉，并且抛弃那些使学习经验条理化的任何东西，就可能使研究领域过于狭窄而不能胜任课程研究。[③]故而，将课程定义为有计划的教学活动亦有一定的局限性，它忽略课程目标与学习经验。

5.课程即社会文化的再生产

该观点认为，任何社会文化背景下的课程实际上都是该课程文化在教育层面的反映。学校教育的职责是再生产对下一代有用的知识和技能。政府有关部门根据国家需要来规定所教内容，专业教育工作者要考虑的是如何将它们转换成可以传递给学生的课程。[④]比如斯基尔贝克和劳顿等强调的通过以学校为基础进行编制的公共课程传播公共文化，注重用文化分析的方法来说明课程与文化的关系，来解释课程的基本问题，建立课程的基本体系。[⑤]这时候，学校课程被视为复制社会关系和制度的工具，是社会再生产的重要手段。

如前所述，课程是一个使用广泛而又具有多重内涵的术语，每一种课程定义都有其特定的社会背景、认识论基础和方法论依据，因此，是难以从众多的概念界定中求得某种唯一精确的课程定义的。对课程的本质进行认识需要我们明确课程定义提出的背景、依据、用意等，目前，我国教育学界普遍认为，课程是指在校学生所应学习的学科综合及其进程安排。

---

① 王斌华.校本课程论[M].上海：上海教育出版社，2000：29.

② 施良方.课程理论——课程的基础、原理与问题[M].北京：教育科学出版社，1996：4

③ TABA H. Curriculum Development: Theory and Practice, New York: Harcourt，1996：2–9.

④ 施良方.课程理论——课程的基础、原理与问题[M].北京：教育科学出版社，1996：6.

⑤ 靳玉乐，黄清.课程研究方法论[M].重庆：西南师范大学出版社，2000：9.

（二）校本课程的定义

校本课程的理念最早可以追溯到二千多年前的苏格拉底和孔子，但其作为一种明确的课程理论出现是在1973年，在爱尔兰阿尔斯特大学召开的"校本课程开发"会议上由菲吕马克和麦克米伦等人提出。[①]校本课程开发是为了克服国家课程和地方课程的弊端而产生的一种以学校教师为决策主体的课程开发模式。国家课程（地方课程）通常采取一种自上而下的"研究—发展—扩散"的课程开发模式。而这种自上而下的开发模式，需要相当长的时间才能开发出较高质量的课程和教材，且开发出的课程在实施过程中不仅难以做到因时因地地灵活调整和变化，也很难及时反映社会发展的最新成就和先进的教育理念，尤其是不能反映学校当地社会生活和学生发展需求的实际变化。因此，这种模式难以适应课程社会化和生活化的发展趋势。而校本课程在克服国家课程和地方课程弊病的同时，促使人们重新审视教师、学生、家长、学校、社区之间的关系，促进教育、管理思想和课程理念的变革。[②]

对于校本课程的定义，王斌华教授认为：简单地说，校本课程就是由学生所在学校的教师编制、实施和评价的课程；具体来说，校本课程就是某一类学校或某一级学校的个别教师、部分教师或全体教师，根据国家制定的教育目的，在分析本校外部环境和内部环境的基础上，针对本校、本年级或本班级特定的学生群体，编制、实施和评价的课程。[③]

可见，在我国，校本课程主要是相对于国家课程与地方课程而言的，是指以某所学校为基地而开发的课程。它的立论出发点在于尽可能地满足不同社区、学校与学生的差异性需求，充分利用本地区与学校的各种资源，为学生提供多元、可供选择的课程，从而助力学生核心素养的培养。笔者认为，校本课程是以学校为基地而开发的课程。具体地讲，校本课程是指学校教育工作者在国家和地方教育政策以及相关课程标准的指导下，依据一定的教育哲学、课程理念、教学方法和媒介，编制、实施和评价的适合于学校实际情境、满足学生多元需求的课程。

（三）校本课程开发的定义

1.校本课程开发初探

"校本课程开发"这个概念最早是由菲吕马克和麦克米伦等人在爱尔兰阿斯特大学召开的国际课程研讨会上提出并加以阐述的。起初，他们是先肯定了课程开发

① 胡献忠.校本课程探微[J].现代教育论丛，2000(5)：25-28.

② 胡献忠.校本课程探微[J].现代教育论丛，2000(5)：25-28.

③ 王斌华.校本课程论[M].上海：上海教育出版社，2000：1.

的重大意义，并将其范围界定为学校内部的教职员对课程的计划、设计和实施。[①]自那以后，校本课程开发的说法便开始普及，许多学者纷纷就此提出个人的观点，使校本课程开发呈现出多元化的理解。

到目前为止，关于校本课程开发比较常见且具有一定代表性和权威性的说法有10种以上，主要如下：

（1）菲吕马克（1973）：校本课程开发意指参与学校教育工作的有关成员，如教师、行政人员、家长和学生，为改善学校的教育品质所计划、指导的各种活动。[②]

（2）麦克米伦（1973）：校本课程开发是以学校为基地的课程开发工作，该课程开发工作大部分依赖学校教职员工及学校的现有资源。

（3）斯基尔贝克（1976）：校本课程开发是由学校教育人员负责学生学习方案的规划、设计、实施和评价。

（4）经济合作与开发组织（1979）：校本课程开发是学校自发的课程开发过程，过程中需要中央与地方教育当局的权力、责任重新分配。[③]

（5）黄政杰（1985）：校本课程开发是以学校为中心，以社会为背景，透过中央、地方和学校三者权力责任的再分配，赋予学校人员权责。由学校教育人员结合校内外资源与人力，主动进行学校课程的计划、实施与评价。

（6）马什等（1990）：校本课程开发是一种强调"参与""草根式民主"的课程开发口号，是一种尊重师生共享决定，共同构建学习经验的教育哲学，也是一项需要课程领导与组织变革的技术。

（7）萨巴（1994）：校本课程开发有狭义和广义之分，狭义的课程开发是指学校人员采用、实施现有课程成品时所进行的一连串的课程决定；广义的课程开发是指学校人员参与课程开发、实施和评价等动态过程，以及对于学校组织、资源、社区参与、培训教育所做的决定。

（8）张嘉育（1999）：校本课程开发是指学校为达成教育目的或解决教育问题，以学校为主体，由学校校长、行政人员、教师、学生、家长与社区人士主导，所进行的课程开发过程与结果。

（9）崔允漷（2000）：校本课程开发指的是学校根据本校的教育哲学，通过与外部力量的合作，采用选择、改编、新编教学材料或设计学习的活动方式，在校内实施以及建立内部评价机制的各种专业活动。[④]

① 黄显华．强迫普及教育：制度与课程[M]．香港：香港中文大学出版社，1997：228.

② 吴刚平．校本课程开发[M]．成都：四川教育出版社，2002：38-40.

③ OECD. School-based Curriculum Development，1979.

④ 崔允漷．校本课程开发：理论与实践[M]．北京：教育科学出版社，2000：49.

（10）吴刚平（2002）：校本课程开发是指学校根据自己的教育哲学思想、为满足学生的实际发展需要、以学校教师为主体进行的适合学校特点和条件的课程开发策略。

（11）徐玉珍（2005）：校本课程开发是在学校现场发生并展开，以国家及地方制定的课程纲要的基本精神为指导，依据学校自身的性质、特点、条件及可利用和可开发的资源，由学校成员自愿、自主、独立或与校外团体或个人合作开展的旨在满足本校所有学生学习需求的一切形式的课程开发活动，是一个持续和动态的课程改进过程。[①]

由此可见，校本课程开发作为学校教育对国家课程、地方课程的重要补充，学界对其定义莫衷一是。有的定义偏重课程开发的过程，有的强调课程开发的结果；有的主张校本课程开发应以校内人员为限，有的则倡导校内外人员共同合作开发；有的认为开发的关键在课程权力结构的重新分配，有的则重视学校整体的动态发展变革。而造成这种局面的主要原因在于人们对“校本课程开发”内涵理解的侧重点不同。

2.对校本课程开发定义的理解

校本课程开发中的“校本”包括五个方面的含义：一是以学校为基地，二是以学校为基础，三是以学校为主体，四是以学校为整体，五是以满足学生的学习需求为宗旨。[②]“开发”在《现代汉语词典》（第7版）中的解释有两种：一是“以荒地、矿山、森林、水力等自然资源为对象进行劳动，以达到利用的目的；开拓”；二是“发现或发掘人才、技术等供利用”。[③]课程中的“开发”是一个范围十分广泛的课程行为，包括了从课程目标的制定到课程的实施与改进等一系列的课程行为，它包含了过程和结果，但过程和结果本身不能完全概括和代替活动本身。课程开发必须是属于课程范畴的学习实践活动，不包括学校在不触及课程内容的前提下进行的课堂教学方法改革和学校内部管理制度改革。[④]

目前，国内对校本课程开发的解读主要包括两个方面，一为校本课程的开发，二为校本的课程开发。校本课程的开发是指学校依据国家课程计划预留的学校自主开发的时间和空间，进行完全独立自主的课程开发，其重心在“校本课程”上。而校本的课程开发是指，学校根据自己的实际情况对国家课程计划进行校本化的适应性改造。由此可见，校本的课程开发范围更广，它不仅包括校本课程的开发，同时也包括对国家课程与地方课程的校本化实施，这是很多学校采用的一种基本的方式。[⑤]

---

①徐玉珍．是校本的课程开发，还是校本课程的开发——校本课程开发概念再解读[J]．课程·教材·教法，2005（11）：3-9.

② 徐玉珍．校本课程开发：概念解读[J]．课程·教材·教法，2001（4）：12-17.

③ 中国社会科学院语言研究所词典编辑室．现代汉语词典（第7版）[Z]．北京：商务印书馆，2016：722.

④ 肖庆顺．校本课程开发的知识选择研究[D]．重庆：西南大学，2015：43.

⑤ 吴刚平．校本课程开发[M]．成都：四川教育出版社，2002：40.

不少学者认为，将校本课程开发理解为“校本课程的开发”更为合适，主要原因有三点。一是符合我国校本课程开发的政策背景和本意。从校本课程开发在我国产生的背景来看，它作为课程开发策略，是我国课程管理体制改革下课程权力下放的结果。在教育部门颁布的很多文件中，还规定了校本课程和地方课程在课程结构中所占的比例。二是避免了概念的泛化，有助于正确理解校本课程开发的概念。因为“校本的课程开发”这一理解包括的范围极其广泛，涵盖了学校的所有课程，但每个老师在课程实施中（课堂教学中）都不可能完完全全按照课程设计者的意图去实施，总会根据自己对课程的理解和学生的实际情况做出调整，这种调整并不能都算作校本课程开发。三是有助于推进校本课程开发的实践。当前许多学校的校本课程开发出现了偏差，如把教师在课堂教学中教学方法的改革和课外材料的补充也归为校本课程开发，或者把兴趣班、提高班、对学科课程的拓展和强化也作为校本课程开发的内容。这实为对校本课程开发的误解。①

基于上述思考，笔者将校本课程开发定义为：在学校现场发生并展开，以国家及地方制定的课程纲要的基本精神为指导，以增强学校课程适应性为出发点，依据学校自身的性质、特点、条件、教育哲学及可利用和可开发的资源，由学校教师为主体或与校外团体或个人研究者合作开展的，以选择、改编、新编教学材料或设计学习活动为主要开发路径，旨在满足本校所有学生学习需求的课程开发活动过程。

二、校本课程开发的内涵

（一）校本课程开发以课程纲要为指导

校本课程开发是在学校现场发生并开展的，为弥补国家课程开发的局限性而出现的一种课程开发模式。因此，它作为国家课程的重要补充，必然需要与国家课程、地方课程配套实施。也就是说，校本课程的开发在立足于社区、学校特点的同时，受国家教育方针的约束，必须结合国家课程、地方课程的有关规定，以课程纲要为指导，否则便会偏离我国总的教育目标，助长“地方化”倾向。②

“课程纲要”可用英文“syllabus”表示，此单词来源于希腊语“syllibos”，最初指“内容目录(a table of contents)”，后指“课程大纲(an outline of lectures or a course)”。③“纲要”在《现代汉语词典》(第7版)中解释为“提纲”“概要”，由此“课程纲要”可以理

① 肖庆顺.校本课程开发的知识选择研究[D].重庆:西南大学,2015:44.

② 肖庆顺.校本课程开发的知识选择研究[D].重庆:西南大学,2015:41.

③ PAKES J, HARRIS M B. The Purpose of Syllabus [J]. College Teaching,2002,50(2):55-61.

解为课程各项关键组成部分的总结、概述和介绍。就目前而言,课程纲要主要指某学科在某一学期或时段内的计划和安排,它被认为是一份由教师个体或小组合作编制的涉及某一具体课程在某一学期或时段内各项关键组成部分的计划和安排,实质上即为基于学生立场的学习设计方案。[①]

有学者指出,从种属上来讲,课程纲要属于课程方案的一种,是课程活动的计划或预设的文本呈现;从功能上来讲,课程纲要可作为"计划""路线图"存在,关注一门课的全部课程活动,包括拟定目标、筛选和组织内容、选取实施方式、开展评价,从而发挥着"桥梁"作用。[②]并且,对于教师而言,形成课程纲要的过程既是教师从整体上思考本课程的过程,同时也是教师在实践中提升课程设计能力的重要环节;对于学校而言,课程纲要则是进行课程管理的有效抓手。具体而言,课程纲要的编制发生在课程开展之前,属于一份计划方案,对后续课程落实有指导作用,因而连接着课程的预设和实践。因此在校本课程开发前,学校应依据上级课程政策和课程纲要的基本规定以及学校校本课程的整体规划,在充分考虑本校学生需求和已有资源的基础上,以教师为主体制定相应的校本课程纲要。它首先是关于校本课程开发的计划文本,目的是在考虑学校现实情况的基础上,设计并呈现一门校本课程的大致面貌;其次,它是一份课程纲要,呈现的大致面貌包括该校本课程一学期或一学年时间主要课程活动的预设安排。[③]

(二)校本课程开发的出发点是增强学校课程的适应性

校本课程开发是基于国家课程实施的局限性而采取的一种自下而上的课程开发和课程改革的新模式,其本质意义在于不断优化教育制度内的课程权力与资源配置。由于国家课程开发策略在本质上采用的是一种中央高度集中的自上而下的研究—开发—推广策略,故其本身存在一些缺陷。

首先,国家课程开发周期长,缺乏灵活性,容易滞后于社会变革,不能及时地反映当下社会科技进步的成果以及地方社会生活与社会发展需求的实时变化;其次,国家课程开发的主体多是各高校的学科专家,他们易将课程设计定位在学科结构的层次,缺乏对课程结构和课程实践的整体把握,故而在某种程度上不能满足社会发展的客观需求以及学生学习的真实需要;[④]再次,国家课程开发策略下制定的课程容易与一线教师的真实教学需求脱节。正如古德莱德的课程实施层次理论所指出的,

① 岑俐.小学校本课程纲要质量评估研究[D].上海:华东师范大学,2017:14.

② MATEJKA K,KURKE L B. Designing a Great Syllabus [J].College Teaching,1994,42(3):115-117.

③ 岑俐.小学校本课程纲要质量评估研究[D].上海:华东师范大学,2017:18.

④ 吴刚平.校本课程开发[M].成都:四川教育出版社,2002:63.

理想的课程过渡到经验的课程，这个过程中本就存在客观的时间、空间差距，遑论每位教师的教学风格、教学经验本就不同。另外，国家课程的重点功能是反映社会和时代发展对于基础教育在科学文化素养方面所提出的基本要求，体现国家的基本意志，以确保基础教育课程在语言与文学、数学、人文与社会、科学与技术、艺术、体育与健康、综合实践活动等学习领域的基本要求。[1]故而，国家课程作为基础教育课程的主体部分，在基础教育课程结构中占主导性作用，是对基础教育对象提出的最一般、最普遍的要求。但也正是它的统一性和普遍性决定了其难以从某所学校或某类学生的特殊情况来考虑。

而校本课程开发的出发点则是增强课程对于地方、学校和学生的适应性，以课程纲要或课程标准为指导，最大限度地为满足地方、学校和学生的差异性需求创造条件。校本课程的决策主体是学校，也只有学校才更有可能真正了解自己的学生在学习和成长过程中到底还有哪些方面的问题和需求、师资队伍的整体发展水平到了何种程度以及学校自身又能够提供哪些资源去开设相应的课程来改进和完善。因此，校本课程在整体结构上的意义便在于：弥补国家课程与地方课程的不足，满足国家课程与地方课程无法满足的那部分学生发展需求。

（三）教师是校本课程开发的主体

校本课程作为我国三级课程管理体制下对国家课程、地方课程的重要补充，教师是开发主体。在开发实践过程中，教师对本校学生的发展需求进行科学评估，充分利用当地及学校的可用课程资源，开发出内容与形式多元、能够满足学生个性化发展需求的课程。在这个动态的课程开发过程中，教师的作用不言而喻。

其一，教师是校本课程抉择的主体。校本课程的开发赋予了学校和教师更多的课程决策权，它要求教师在不违背国家课程和地方课程的基本计划的前提下，结合学校和所在地区的实际情况，综合考量教师个人专长，直面学生的课程需要，编制促进学生全面发展的学校特色课程及其实施方案。

其二，教师是校本课程设计的主体。在校本课程的设计中，教师基于课程计划的基本要求、学生的现有经验和知识水平以及特定的课程理论与教学经验，制定出符合学生终身发展的课程目标，筛选出满足学生个性化发展、学校特色发展、社会长远发展的课程内容，进而通过校本课程这一特殊的载体以及恰当的教学方式和手段去传递知识，落实立德树人根本任务。

其三，教师是校本课程实施的主体。教师不仅是校本课程的设计者，也是校本课程的实施主体。具体而言，教师根据课程标准的客观要求与学生的特定情况，对

---

① 项家庆.教你开发校本课程[M].广州：世界图书出版广东有限公司，2012：7.

课程内容进行再加工，与学生共同创生课程。随着课程范式由“课程开发”转向“课程理解”，教师对课程的实施已不再是过去的被动执行，而是教师个体在对课程标准的理解以及对学生的学情分析基础上，对国家课程、地方课程进行的二次开发和积极创生，把“制度课程”转化为学生需要的“实际课程”。[①] 换言之，教师作为课程实施的实践主体需合理协调三种课程的相关要求，进而在具体的课堂教学情境中，实现师生思想的碰撞和智慧的生成，进而肩负起塑造灵魂、塑造生命、塑造新人的时代重任。

其四，教师是校本课程评价的主体。教师作为校本课程开发的主体，在课程评价上主要表现为其对课程实施效果的反馈。一方面，教师参与校本课程评价，能满足教育政策制定者、行政管理人员以及其他社会成员对获取学校课程实际实施情况等重要信息的要求。因为教师是校本课程的设计者、实施者、监督者，其评价能直接反映校本课程在运行过程中的缺陷。另一方面，教师作为课程评价的主体，参与校本课程评价能激发教师的积极性、自主性，使其主动探寻最适合学生发展的评价方式，及时发现、解决问题，促进教师专业成长，全面提升教师的课程设计与领导能力。

（四）校本课程开发以满足学生个性发展为落脚点

校本课程开发具有多重目的。其一是解决学校的教育问题，促进学校的发展，校本课程以学校为基地，把学校推到了课程改革的前沿，能够更好地实现学校教育的目标，体现学校的办学特色；其二是满足学生的需求和个性化发展需要；其三是促进教师的专业化发展，因为在校本课程开发中，教师是主体；其四是可以促进课程的实施，因为校本课程开发是一种重要的课程开发策略。在这些目的中，满足学生的需求和个性化发展需要是最根本的目的，其他的目的都是为了实现这一目的而产生的。[②]国家课程和地方课程强调的是满足学生共性化的需求，体现的是对学生发展的公共要求，而对每个学生的兴趣、爱好、需求和个性化发展需要不能予以充分重视。而校本课程开发给了学生更多的课程选择权力，能够较好地满足学生的需求和个性化发展。它以学生个性差异为基础，这体现在四个方面，一是以人为本，二是为学生创造自我发展的空间，三是课程因学生而存在，四是主体性教育。[③]

① 赵婧．校本课程开发中的教师素养及其培养[J]．韩山师范学院学报，2010(2)：96-100.

② 肖庆顺．校本课程开发的知识选择研究[D]．重庆：西南大学，2015：44-45.

③ 李定仁．西北民族地区校本课程开发研究[M]．北京：民族出版社，2006：21.

(五)校本课程开发以设计教育经验和学习活动为主要路径

校本课程开发是学校依据国家政策,结合学校的实际情况,主动地、有计划地调动学校教师的课程开发积极性与创造性而进行的包括课程目标拟定、课程结构设计、课程标准编制、课程材料选择和组织、课程实施与改进等一系列行为的动态过程。在这一过程中,教师通常以选择、改编、新编教学材料或设计学习活动为主要开发路径。不同的课程内容或形式的确定往往对校本课程开发主体的具体要求也不同。

在课程开发前,学校的教育行政管理者以及特定的教师群体基于学校自身发展的定位,结合地方和学校已有的课程资源去合理制定学校的课程开发目标。学校可邀请相关的课程专家,以教师工作坊等形式共同构建层次分明、内容多元、真实有效的课程结构体系。继而,基于学校特定的办学理念、课程目标以及学生群体真实而具体的课程需求,学校通过教师集体研讨等方式,科学编制校本课程开发的相关标准。当然,课程标准的制定还可依靠校外力量,例如高校的课程或学科专家、社区的知名人士、优秀的学生家长等,全方位地倾听、借鉴课程开发的意见。最后,教师作为课程开发的主体,在做好特定的学情分析的前提下,合理制定课程目标与教学目标,充分利用已有的教学大纲、教科书、教师用书、练习册、辅助资料以及自身的专长去筛选或改编已有的课程,抑或与学校教研组成员共同努力一起研发出一门全新的课程,从而满足不同学生对课程的多样化需求。在校本课程实施过程中,教师可根据学生的实际情况实时调试课程内容、教学方式、教学时间、教学地点等。总之,校本课程开发的过程是一个充满弹性和灵活性的动态过程。

第二节　校本课程开发的构成

如前文所述，校本课程开发是在学校现场发生并展开，以国家及地方制定的课程纲要的基本精神为指导，以增强学校课程适应性为出发点，依据学校自身的性质、特点、条件、教育哲学及可利用和可开发的资源，以学校教师为主体或与校外团体或个人研究者合作开展的，以选择、改编、新编教学材料或设计学习活动为主要开发路径，旨在满足本校所有学生学习需求的课程开发活动过程。在对校本课程开发的定义与内涵的理解基础上，又该如何去认识校本课程开发的构成要素呢？本节主要从校本课程开发的学校主体与目标建构以及校本课程的内容开发与支持系统两个维度去理解其要素构成。

一、校本课程开发的学校主体与目标建构

（一）校本课程开发的学校主体

学校作为校本课程开发的重要主体，在校本课程开发过程中有必要厘清学校所秉持的教育哲学与办学理念，具备怎样的开发条件以及在课程开发过程中需要坚守哪些责任与义务。

1.学校要明确自己的教育哲学与办学理念

从总体上讲，国家对于各级各类学校的培养目标和培养规格都有统一的规定。但是，这种规定只能是最基本的原则性要求，难以照顾到各地各级各类学校的差异性，且统一的培养目标也很难适应当下高速发展的社会对人才的现实需求。这就要求学校依据其办学旨趣、内外环境、师生特点、教育资源现状等确立学校的发展方向。可以说，任何学校的校本课程开发都绝不仅仅是实践的技术或课程开发的具体策略，它有深刻的教育理念和教育哲学予以指导，尽管有时这种理念或哲学在一些学校中没有完全清楚地表述出来。此外，在教育产业竞争日渐激烈的今天，一个学校的持久生命力往往正是来源于自己的办学特色，其体现于鲜活的办学理念与灵动的校园文化，而这归根结底来源于教育哲学的上层指引。

（1）教育哲学引领学校的校本课程开发

学校教育哲学是学校共同体成员在教育改革实践中通过学习、借鉴、总结和思考逐渐形成的适应学校的有关教育本质、教育目的和教育价值等方面的认识。[①]其

① 陈建华.论学校教育哲学及其提炼策略[J].教育研究，2015(10)：57-63.

中，学校共同体包括以校长为代表的校级领导、中层干部、教职员工、学生和家长等。[①]学校教育哲学具有内隐性、实践性、复杂性和稳定性的特征。所谓内隐性，是指学校教育哲学被提炼以前往往隐含于学校日常的教育生活中，以潜在的影响支配着学校共同体的教与学的行为，是一种只可意会不可言传的教育主张；所谓实践性，是指学校教育哲学主要反映学校在实践中面临具体情境或问题时所秉持的一种教育观念，它是学校实践的能动反映；所谓复杂性，是指教育本身的复杂性直接促使教育哲学的提炼、落实也具有一定的现实复杂性；所谓稳定性，是指教育哲学一旦确定理应具有相对稳定性，从而作为学校办学的指导思想，统领学校的各项变革与发展。

在校本课程开发过程中，以客体论与主体论为主导的教育哲学对学校的课程开发有着重要影响。一方面，秉持客体论的教育者倾向将学生放在学习的对立面，认为学生是被动接受者，故而其在教育过程中必然会或多或少地忽略学生的个性化需求。这种教育哲学理念直接影响教育者对教育本质的判断，认为教育的本质就是简单的、单向的知识传递，学生在教育过程中就是被动接受的客体。毫无疑问，受其影响，教育者对师生关系的判定也会出现偏颇，认为教育者是教育情境中话语的绝对主导者，具有不容侵犯的师道尊严，而在某种程度上忽略现代师生关系中平等对话与交流的重要性。一个学校的教育哲学主张会直接影响学校共同体成员对教育理念的选择。而教育理念的选择则会直接影响一所学校的校园文化氛围，并进一步影响学校的课程目标和教学理念。而课程目标的确定又与课程结构的构建有着必然联系，涉及是否要开发校本课程、怎么开发课程、课程内容的范围如何确定等问题。此外，教学理念还会影响教师个体在校本课程开发过程中对教学模式、教学方法、教学手段等的采用，进而直接影响学校育人目标的实现。

另一方面，青睐主体论的教育者则认为，学生是学习过程中的主体，是一个“真正的”人，有权利和自由去表达自己的个性化需求，其尊严、个性、能力、兴趣与感情需要等应该得到合理的满足，学生也有权利去干涉教育过程中教育经验的选择。实则，这也是校本课程开发的初衷，即弥补国家课程、地方课程缺失的对学生个性化需要的至关重要的关怀。在师生关系上，二者应是一种尊重、合作、平等、对话的关系，即“我—你”型师生关系。[②]因此，教师在设计、实施与评价校本课程时，更多地从学生的实际需求出发，努力营造一种平等、和谐的教学氛围。总之，主体论在校本课程开发中主张给予学生更多的选择权，而不是片面地让学生被动接受系统化的教育经验。

诚然，学校对教育哲学的选择往往出于其特定的历史背景、自身的文化传统、现实形态等多方面的考虑，但学校的教育领导者的个体主观因素亦会或多或少左右对

---

① 陈建华.论学校教育哲学及其提炼策略[J].教育研究，2015(10):57-63.

② 靳玉乐.现代教育学[M].成都:四川教育出版社，2015:157.

教育哲学的选择。因此,这就要求教育领导者站在主体立场上来省思“自己”学校何以立校的问题,进而遵循教育本身、学生身心发展规律去设计开发符合绝大多数人需要的校本课程。否则,必然会与其教育初衷背道而驰。

(2)办学理念明确校本课程开发的基本方向

理念是人们经过长期的理性思考及实践所形成的思想观念、精神向往、理想追求和哲学信仰的抽象概括。办学理念体现一所学校所有成员对教育工作以及学校发展理想、办学基本规律的理性认识和价值追求。它来源于办学实践,同时又作用于学校发展,反映教育的本质要求,随时代的进步而变化,影响和决定学校整体的发展。[①]它不仅会影响学校自身的办学定位、校园文化、课程设计和办学行为,同时还会间接影响教育行政部门对该校总体办学情况的评估,以及社会对学校的印象,进而间接影响学校的生源结构。由此可见,一所学校的办学理念对其发展亦是十分重要的,办学理念的确定一方面要考虑学校的区域特征、生源状况,另一方面还要考虑学校自身的办学定位、资源状况以及教育管理者自身的情感倾向。故而,办学理念理应是百花齐放的,在不同的办学理念指导下办出的学校是不同的。一所小学,其办学理念可以是“培养生命自觉之人”“培养五彩博雅少年”,抑或是“培养学行结合的优雅少年”。

只要学校的教育哲学和办学理念能突出其办学特色、助力教师专业发展、促进学生全面发展,都是值得肯定的。而突出奠基作用、强调以人为本、体现教育方针要求以及反映时代精神的办学理念则能给学校的发展带来持续的动力。基于学校教育哲学和办学理念,首先,学校可组织教师开展富有想象力的课程开发探索,明确校本课程开发的指导方针;其次,学校可自主设计学校的课程结构,合理安排校本课程的课时、内容与呈现形式;再次,办学理念还可规范学校管理,好的办学理念有助于提升学校的办学质量和效益,而这也与学校的管理联系密切。学校管理是从学校实际出发,充分发挥各种管理职能,使有限的学校资源获得最大效益的创造性活动。[②]因此,可根据学校办学理念,剔除不符合学校发展的管理规定,这有助于加强校本课程管理工作的执行力度,提高管理工作效率,使学校这个教育机构自主、开放、多元地发展。

2.学校要明晰与完善校本课程开发的基本硬件

如果说学校的教育哲学与办学理念是校本课程开发的顶层设计,那么明晰与完善一所学校进行课程开发的硬性条件则是夯实其课程开发基础的必要举措。中小学校本课程开发主要有三种模式,即需求主导模式、条件主导模式以及目标主导模式。

---

① 史燕来.中小学校办学理念探析[J].中国教育学刊,2005(5):59-62.

② 胡玉婷,唐丽芳.学校办学理念凝练的问题审视[J].教育科学论坛,2019(4):38-42.

其中,条件主导模式是以学校自身条件为开发课程的主要依据,将学校在现有条件下能做什么作为第一考虑要素,强调校本课程独有资源的制约性。在这种模式下,学校最先考虑的问题是"我能做什么""我有哪些可利用的资源"等。在具体操作中,学校首先要考虑自身具备哪些课程资源、教师特色以及其他硬件条件。

(1)学校要完善校本课程开发的基础设施

在校本课程开发前,学校首先需明确自身是否具备校本课程开发所必需的基础设施,如相关教材、电子白板、投影仪、实验器材、工作坊培训室、校本课程开发科研室、课程管理领导实验室等。这些基础设施能为教师参与开发、实施与评价校本课程提供必要的空间条件与基本的物质前提。在校本课程开发前,学校可广泛收集教师对课程开发资源的相关意见,有针对性地采购相应的课程开发设施,搭建相应的平台,完善校本课程开发的基础设施。

(2)学校需建立民主开放的学校组织结构

在具备了基本的校本课程开发基础设施后,学校还需建立相应的校本课程开发组织机构,明确教师进行课程开发的条件、程序、注意事项等,如课程管理领导机构。课程管理领导机构是学校为协调、促进教师开发校本课程,以学校教育行政管理者与骨干教师为主,秉持客观公正、合作高效的基本原则,具有督导、服务与管理功能的组织机构。因为校本课程是学校自己开发的产物,所以课程管理领导机构只能在教师群体自愿的基础上通过横向交流体制来发挥作用。[①]换言之,个体在这个交流体制中接受领导的管理,主要是基于对其专业能力的认同,而不是仅仅屈服于对方的行政权力。

校长作为一个学校的核心,上承教育行政管理部门对学校的各项指示,下托各个身处教育一线的教师和学生们的梦想,其重要性不言而喻。在校本课程开发过程中,校长作为课程领导的主体,有责任也有义务立足于学校自身的实际情况,精准定位学校的办学特色,合理调动教师主动参与课程开发的积极性,在学校营造支持和鼓励性的气氛,并主动为有志于参与校本课程开发的教师提供研发场所与开发补贴,畅通其专业成长之路。校长在领导校本课程开发团队时要依据教师个体的客观情况,尊重教师主体的发展意愿,以平等对话的形式去沟通交流彼此的意见,为校本课程开发营造和谐友好的工作气氛。

此外,学校还应建立体现学校教育哲学思想的教学系统。教学系统是师生共同参与,旨在实现共同教学目标的活动体系。在一个有序的教学系统中,各成员分工明确,群策群力,不仅能直接整饬学校教学秩序、提高教学效率、团结师生关系,还能间接助益于校本课程开发师资队伍的建设,进而保证校本课程开发的顺利进行。

---

① 吴刚平.校本课程开发[M].成都:四川教育出版社,2002:99.

3.学校要牢记自己的责任与义务

首先，学校作为校本课程开发的主要基地，在课程开发过程中要始终牢记自己的责任与义务，不能偏离党的教育方针。《中国教育现代化2035》指出，坚持教育为人民服务、为中国共产党治国理政服务、为巩固和发展中国特色社会主义制度服务、为改革开放和社会主义现代化建设服务，优先发展教育，大力推进教育理念、体系、制度、内容、方法、治理现代化，着力提高教育质量，促进教育公平，优化教育结构。因此，学校办学、校本课程开发都需要响应党的号召，落实新时代下立德树人的根本任务，为社会主义建设培养又红又专的新时代人才。

其次，学校要坚持以人为本，遵循学生身心发展与教育本身的规律，满足学生的实际发展需要，做到科学育人。虽然国家课程和地方课程已能满足学生发展的绝大部分需要，但是对于学生个性化的特殊需求却难以关注到，而校本课程存在的价值和意义就在于充分尊重每一位学生对课程的合理需求。因此，校本课程开发要致力于满足国家课程和地方课程无法满足的那部分需要，充分展示自身存在的价值与意义，在课程开发过程中尊重学生的主体地位、主体精神，将以人为本的理念贯穿于课程开发的每个环节。校本课程满足学生的基本需要也是有条件的，它不仅受限于学校开发校本课程的客观条件，同时也受制于开发者个人的主观选择。

最后，学校要努力形成和体现学校办学的特色。校本课程开发要致力于形成和体现学校的办学特色，打造专属于学校自身的课程开发模式。这主要是由每一所学校特殊的历史文化背景、课程资源的数量以及学校自身具体的办学思想决定的。要基于学校的具体情况，开发出凝聚师生智慧的精品特色课程，待课程成熟后将其广而推之，使其成为推动学校发展的持久生命力和宣传学校办学特色的“招牌”。并且，学校不仅要在校本课程开发中体现办学特色，亦要将这种办学特色渗透到国家课程和地方课程的实施过程中，进而提高通识课程的教学效率，改变师生对正规课程的刻板印象。

（二）校本课程开发的目标建构

课程目标作为校本课程开发的指南针，能够帮助教育管理者和教师个体厘清校本课程要实现什么样的育人目标。那么课程目标的定义是什么呢？它与教育目的、教育目标、教学目标之间的关系又是什么呢？它会对校本课程开发产生怎样的影响呢？要怎样构建一个科学高效的课程目标体系呢？这些都是校本课程开发过程中必须明确的问题。

1.教育目的、教育目标、课程目标与教学目标的概念

(1)教育目的

教育目的又称“教育总体目标”,它根据一定社会的生产力、生产关系和人类发展的需求,概括地规定了教育的发展方向。[①]它是指导一个国家所有教育活动最基本的出发点。由于社会制度、民族风格、文化传统、教育思想等的不同,不同国家的教育目的各有不同。但正如当代课程理论专家麦克唐纳所主张的一样,制定教育目的的出发点无非有三,即促进社会发展、培养社会所需要的人才以及促进个体的解放。我国的教育目的旨在培养德、智、体等方面全面发展的社会主义事业的建设者和接班人。在校本课程开发过程中,各种课程方案的设计、教育经验的组织、教育结果的评价等都不能背离教育目的这个最基本的出发点。

(2)教育目标

教育目标则是在教育目的的指导下,根据各级各类学校、各专业所承担的任务以及学生的年龄、文化及知识水平所提出的人才应该达到的标准。显然,同教育目的相比,教育目标的表述更加具体和多元化。每个国家的教育目标都是在其特定的历史情境下综合考虑的结果。自从1949年泰勒提出目标模式以后,不少教育家都对教育目标进行了研究。在20世纪五六十年代,美国教育家布鲁姆等人相继提出了教育目标分类的方法。他们都不约而同地将教育目标分为认知领域、情感领域和心理活动领域。其中,认知领域主要是指学生在完成某些智力任务的过程中进行知识记忆、理解、运用、分析、综合和评价的能力;情感领域则主要指受教育者在教育过程中情感的变化,从高到低划分为五个类型,即接受、反应、价值评价、价值的概念化、由价值和价值复合体构成的性格化;而心理活动领域则主要指学生需要知觉和运动的操作能力。[②]布鲁姆的教育目标分类影响甚广,纵观世界各国各个学校的教育目标都不难发现它的影子。学校在进行校本课程开发前不仅需要明确我国的教育目的,还需清楚教育目标的具体指向,进而为课程目标的制定夯实基础。

(3)课程目标

课程目标是指学生的学习结果所要达到的某种程度,一般来讲,课程目标是学校对于学生学习结果的基本要求,往往是课程必须保证的学习水平下限。[③]相较于教育目的、教育目标的抽象、模糊,课程目标则可具体到某个学段、年级、班级,更具可操作性。此外,课程目标还具有以下特征:其一,整体性,即各级各类的课程目标是相互关联的,而不是彼此孤立的;其二,阶段性,即课程目标是一个多层次的系统,如小学课

---

① 王斌华.校本课程论[M].上海:上海教育出版社,2000:104-106.

② 王斌华.校本课程论[M].上海:上海教育出版社,2000: 91,110,115.

③ 吴刚平.校本课程开发[M].成都:四川教育出版社,2002:133.

程目标、初中课程目标等;其三,延续性,即高年级的课程目标是低年级课程目标的延续和深化,若低年级课程目标没有实现,那么高年级课程目标也难以达成;其四,时间性,即随着时间的流逝,课程目标应根据社会发展的需要和学生的需求进行相应的调整。实则,这也提醒着广大的课程开发者在校本课程开发过程中要牢记校本课程目标在学生不同的年龄段应有所不同,同时各级各类的课程目标又应具有整体性和延续性,服务于学校共同的教育目标。此外,教师作为校本课程开发的主体,其在确定课程目标与实现课程目标方面发挥着不容忽视的作用。因为教师是校本课程目标的制定者、实践者与评价者,其对课程目标的理解和诠释是否到位也直接影响着课程目标的落实程度。因此,在校本课程开发前有必要对教师进行必要的校本课程开发培训。

(4)教学目标

教学目标是教学中师生预期达到的学习结果标准。相较于教育目的、教育目标和课程目标,教学目标要更具体,可以细化到具体的单元教学目标、课时教学目标等。它是实现教育目的、教育目标和课程目标的根本保证,在实际运作过程中必须符合这三者的基本要求。此外,它亦是开展教学活动的依据,在整个教学活动中起着导向作用。确定教学目标便于师生了解课堂教学的具体要求,激发师生的有意注意,帮助师生了解教材编排的基本逻辑。在进行校本课程开发时,教学目标要尽量明确具体,具有指向性、可行性、层次性和可操作性。唯有此,才能真正发挥教学目标的导向作用,便于教师的教学设计,落实立德树人的根本任务。

由上可知,教育目的、教育目标、课程目标、教学目标四者之间是抽象和具体的关系。课程目标是衔接教育目的、教育目标与教学目标之间的桥梁,助力于校本课程开发主体更好地落实立德树人这一根本任务。厘清这四者的关系能直接帮助课程开发者明确课程具体要让学生实现什么样的变化,教师作为课程开发者为实现这些课程目标又该采取哪些相应的措施。因此,构建一个合理、科学的课程目标体系应当是课程开发者所需要解决的首要问题。

2.确定课程目标的方法

通过文献梳理与分析可知,确定课程目标的方法主要有两种,即筛选法和参照法。[①]

其一,筛选法。其基本程序如下:首先初步拟定多项课程目标,设计好课程的各个方面;其次,征集校本课程开发组以外的人员,如教育行政管理者、其他教师、学生、课程专家、社区相关人士等对预设课程目标的意见,允许其补充其他课程目标;然后,基于修改意见,理性修改课程目标;最后,汇总课程目标并依其重要性排列。

① 王斌华.校本课程论[M].上海:上海教育出版社,2000:112-115.

其二，参照法。顾名思义，参照法即在确定课程目标的过程中，参考国内外已有课程目标，根据本国的国情、教育现状以及本区域的特殊教育情况去确定具体的课程目标。一般来说，一个国家的教育行政机构、专业学术团体、教材出版商会发布比较具有建设性的课程目标与教学目标。因此，校本课程开发组织可以搜集比较权威的课程目标设定方法与内容，将其作为参考，参照其设定符合自身需求与实际情况的课程目标。

3.明晰课程目标的内容维度

通过"八年研究"，美国著名教育家泰勒于1949年出版其著作《课程与教学的基本原理》，并在书中首次提出应当根据课程目标编制课程计划，即先确定好学校的教育目标，再提供相应的教育经验作为教育内容，进而选择合理的教学方法去组织这些教育经验，最后通过科学的评价手段去检验达成教育目标的情况。[①] 其中，在确定教育目标部分，泰勒认为制定目标最重要的是选择，教育者需充分考虑来自学生的研究、当代社会生活的研究以及学科专家的建议等多方面的信息，以选择大量适当的目标，进而通过教育哲学和学习理论进行适当的筛选与过滤。[②]校本课程目标的确立可参考泰勒的"目标模式"，围绕学生、社会和学科专家三个角度去充实课程目标内容。

改革开放以来，我国课程目标经历了由起初的"双基"（即基础知识与基本技能）到后来的"三维目标"（即知识与技能，过程与方法，情感、态度与价值观）的转变，再到如今的发展学生核心素养的革新。中国学生核心素养大致包含人文底蕴、科学精神、学会学习、健康生活、责任担当和实践创新六大要素的具体内涵。这为当下校本课程目标的确定提供了一个新的方向，还需要广大教育工作者共同努力，用集体的智慧去探索如何将发展学生核心素养融入课程目标之中。

二、校本课程的内容开发与支持系统

（一）校本课程开发的内容构成

1.校本课程内容的范围

校本课程内容是教与学的基本素材，是实现校本课程目标的重要载体。许多学者对校本课程内容的范围作了深入研究，提出了不少分类方法，在此不赘述。本书

① 泰勒.课程与教学的基本原理[M].施良方，译.北京：人民教育出版社，1994：2.

② 李峻锋，黄略.试析现代课程范式与后现代课程范式之关系——以"泰勒原理"和"多尔课程观"为例[J].毕节学院学报，2009(9)：111-114.

探讨的校本课程内容的范围主要是以下三种：

其一，来源于基础学科的内容拓展与延伸。我国基础教育阶段的基础学科主要有语文、数学、英语、政治、历史、地理、物理、化学、生物、美术、体育、音乐、科学、信息技术、道德与法治等。而校本课程开发的内容便是在这些学科内容的基础上加以拓展和延伸，旨在培养学生创新、决策、批判性思维、信息素养、团队协作、自我管理等高阶能力。例如重庆南岸区N小学开展的“传承经典”“靓色英语”等课程都属于基础学科在校本课程开发中的表达。

其二，来源于学生个性化发展的需要。校本课程开发要基于学生个体的年龄特征、思维发展状况、知识储备情况、学习习惯与技能掌握现状、历史经验以及具体的兴趣、爱好、性格特征等一系列学情分析，去选择课程内容，设计校本课程开发方案，充分发挥校本课程的独特优势。正如重庆某小学开发的生·长课程体系中的“梦之翼合唱”“竹壳画”“电子机床”“麦笛剧场”“啦啦操”等课程，便是基于学生个性化需求而开设的校本课程。另外，此类校本课程的开发与学校所处的地域环境也息息相关。

其三，来源于社会发展的需要。正如陶行知所说，“生活即教育”。教育的革新进步要与社会的发展同步迈进。因此，校本课程开发在内容的选择上势必不能脱离社会对人才的需求。OECD(经济合作与发展组织)颁发的一系列教育文件，其存在的目的与价值主要在于厘清当前教育发展的现状，思考如何才能更快更好地为社会发展提供优质人才。在校本课程开发过程中，课程的内容要紧跟时代前沿，引导学生形成关注社会发展的意识，培养学生适应未来发展与就业所必需的必备品格和关键能力。实则，这也跟我国核心素养的提出有着本质联系。回归教育一线，校本课程内容来源于社会发展需要的课程案例也不少，通常出现在学校课程体系中的探究课程中。重庆市X小学的“小梅花”学校课程体系中的环境课程以及各种社团课程都与社会发展联系甚密。其中，环境课程体系里包括与校园物理环境、学校人文环境、社区实践环境与家庭生活环境相关的课程，旨在调动学生参与社会实践的积极性与主动性；其社团课程中亦有生活实践类课程，帮助学生在校园内掌握基本的社会生活技巧，提高相应的社会生活能力。

校本课程内容范围的划分维度颇多，上文主要是从校本课程内容的对象这一角度进行划分的。有的课程专家，如华东师范大学的王斌华教授，则是从校本课程内容的理论认知角度去划分的，依此划分，校本课程内容范围则包括事实、原理、概念、技能、态度与价值观念。[①]

① 王斌华.校本课程论[M].上海：上海教育出版社，2000：137-140.

2.校本课程内容的分类

有关校本课程内容的分类，王斌华教授在其著作《校本课程论》中也有相应描述，具体如下：

其一，学科性内容与非学科性内容。学科性内容指学科中的基本原理、基本法则和基本知识。非学科性内容指那些原本不属于学科范围的内容，如思维技能、欣赏技能、协作能力等。

其二，普通内容和专门内容。普通内容指适合于社会全体成员学习的一种基本知识体系，是普通教育的基础。专门内容指从事某种专业的人所需要的专门的知识体系，是职业教育、专业教育和技术教育的基础。

其三，规范性内容和探索性内容。规范性内容通常由一些规范和标准组成，它是德育、公民教育、价值观念学习的重要组成部分，个人可以根据这些规范和标准作出道德和审美方面的判断和选择。而探索性内容包括那些暂时尚未定论的内容以及培养好奇心、探索精神和探究技能的内容。

（二）校本课程开发的支持系统

校本课程开发的支持系统可分为内外两部分，外部支持主要包括政策支持、师资培训，内部支持则主要包括学校自身的技术建设和校本课程开发的管理评价机制。

1.校本课程开发的政策支持

在我国，校本课程的开发起步较晚。以1985年《中共中央关于教育体制改革的决定》和1986年《中华人民共和国义务教育法》为标志，我国开始有计划地进行教育权力下放和办学多样化改革。

1999年，我国发表《中共中央国务院关于深化教育改革全面推进素质教育的决定》，第一次明确提出三级课程管理政策。

2001年，教育部印发《基础教育课程改革纲要》，进一步明确三级课程管理体制，并指出："改变课程管理过于集中的状况，实行国家、地方、学校三级课程管理，增强课程对地方、学校及学生的适应性。""学校在执行国家课程和地方课程的同时，应视当地社会、经济发展的具体情况，结合本校的传统和优势、学生的兴趣和需要，开发或选用适合本校的课程。"[①]

2010年，中共中央、国务院颁布的《国家中长期教育改革和发展规划纲要（2010—2020年）》则进一步为校本课程开发提供了政策支持，其在"转变政府教育管理职能"中指出："各级政府要切实履行统筹规划、政策引导、监督管理和提供公共教育服务

① 吴刚平.校本课程开发[M].成都：四川教育出版社，2002：74.

的职责，建立健全公共教育服务体系，逐步实现基本公共教育服务均等化，维护教育公平和教育秩序。改变直接管理学校的单一方式，综合应用立法、拨款、规划、信息服务、政策指导和必要的行政措施，减少不必要的行政干预。”

2019年，中共中央、国务院印发《中国教育现代化2035》，在其“战略任务”中指出要发展中国特色世界先进水平的优质教育。其中“加强课程教材体系建设，科学规划大中小学课程，分类制定课程标准，充分利用现代信息技术，丰富并创新课程形式。健全国家教材制度，统筹为主、统分结合、分类指导，增强教材的思想性、科学性、民族性、时代性、系统性，完善教材编写、修订、审查、选用、退出机制。”这无疑也为校本课程开发提供了政策支持。

以上各政策文件的相继颁布，不仅顺应了我国经济社会的变化趋势，同时也为我国教育管理权力下放提供了政策上的支持，使广大一线教育管理者能有更大的空间“因校制宜”地提升自己学校的办学特色，开发更适宜学生健康成长的校本课程。

2.校本课程开发的师资培训

迈向3.0的学校课程变革要求教师具有全新的课程开发意识，能够具备自主参与课程开发的意识、课程问题解决、课程内容创新的基本能力以及利用现代信息技术参与校本课程开发的基本技能。然而，在教育实践中，有许多教师，尤其是教龄较大的教师却缺乏基本的课程开发的意识与能力。这与特定的历史机遇和当前师范院校育人目标的确定以及具体的课程设置有很大关系。当下，为实现新时期立德树人的根本目标、充分发挥校本课程的重要作用，在现实条件允许的前提下，有必要对缺乏课程开发能力的相关教师进行校本课程开发培训。总的来说，目前提升教师校本课程开发能力的师资培训方式主要有以下五种。①

第一，加强校内教师的自我培训，增强教师的合作意识。在一所学校中，教龄较大的教师往往教学经验丰富，但也相对容易缺乏必要的课程理论基础和现代信息技术操作能力。而年轻教师虽没有丰富的教学经验，却通常掌握较为系统的课程知识和组织现代化教学的信息技术。因此，学校可充分利用不同年龄段教师的优势，组织“经验型教师”对“新手型教师”就课程开发进行集中培训，或以校内同辈互助的方式进行指导培训。这种校内教师的自我培训不仅能解决教师外出培训的经费问题，同时还能形成学习共同体，发挥教师群体的教育合力。

第二，加强校际教师之间的合作交流。一方面，校本课程开发的师资培训需要加强地域内校际的合作交流。同一地域内的文化、教育资源、经济发展等各方面存在共性，这是教师共同开发课程的基础。同一地域内的学校可以以某所学校为中心，以骨干教师为带头人，其他学校的教师共同参与，定期进行讨论交流。课程开发

① 李宝菊．对农村教师校本课程开发培训的研究[J].内蒙古教育，2016(5)：11-12.

能力较弱的学校也可以借鉴区域内其他学校开发的优秀课程,在某种程度上减轻本校教师的课程开发压力。这种以某校为中心的地域内教师培训打破了过去校际封闭的状态,实现学校之间信息、资源的共享,既能减轻教师的课程开发压力,同时还能提高校本课程开发的质量。另一方面,校本课程开发可以加强城乡学校之间的合作交流。虽然城乡之间的教育质量存在差距,但其在课程开发方面仍存在不少共性。通过以城带乡、对口扶持等方式提高农村地区教师的课程开发能力亦是当下提升农村学校校本课程开发能力、振兴乡村教育的一个重要举措。城市学校教学资源丰富,可派优秀教师到农村学校进行校本课程开发的理论与实践指导;农村教师也可定期前往城市学校进行课程开发实践的观摩学习。

第三,邀请专家学者进校培训。邀请专家学者进校培训是校本课程开发师资培训必不可少的一种途径。专家学者具有丰富的课程理论知识和课程开发经验以及较强的实践操作能力。一方面,专家学者可以对学校教师开展课程理论知识的培训,使其了解基本的课程开发知识。另一方面,专家学者可针对学生的发展需求、学校现有的资源现状以及当地的经济发展需要,对教师在校本课程开发过程中的设计、实施、评价提出建设性意见。此外,专家学者还可针对学校已有的校本课程体系进行评价,帮助教师发现问题、解决问题。

第四,利用远程网络进行培训。随着信息技术日新月异,利用远程网络解决校本课程研发中的师资培训问题日益受到一线学校的青睐,如Moodle教学平台。远程网络培训具有信息丰富、对话即时、操作灵活、使用便利、结果高效等优点,能打破时空的限制,满足不少教师群体的学习需求。教师对校本课程开发的任何疑问都可与互联网另一端的专家学者或教师沟通交流。与此同时,教师可通过远程视频的方式,观摩别人的优秀校本课程开发案例,直观地了解与学习课程开发的最新技术。

第五,通过置换脱产研修进行培训。置换脱产研修是指师范院校的师范生在教学实习期间去中小学部分或完全承担教师的职能,暂时顶替中小学教师的岗位,将原任课教师置换到师范院校进行免费脱产学习的一种教师职后培训方式。整个培训以理论探讨为基础,以现实问题为中心,以经典案例为载体,以跟岗研修为平台,注重参与培训教师的实践教育教学反思与总结环节。显然,这种培训方式既解决了基础教育学校师资培训的经费、时间问题,同时也解决了师范院校毕业生的实习问题。

3.校本课程开发的技术支持

随着大数据和“互联网+”时代的到来,信息技术在校本课程开发过程中发挥的作用日趋加大。信息技术能在课程设计、实施与评价等校本课程开发环节中提供重要的技术支持。

首先,在课程设计过程中,教师可通过互联网选择与确定课程要素、组织课程内容。一方面,教师可通过互联网下载相关的图片、音频、视频,线上购买必要的教学辅助工具,例如电子教材、相关教学软件的安装包等;另一方面,教师还可通过线上学习平台,如中国MOOC、网易云课堂等网站,学习课程开发的理论知识和实践经验,激发其进行校本课程设计的灵感。

其次,在课程实施过程中,教师可通过智能化的教学工具呈现课程内容。课前,教师可将自己的电子课件上传至微信雨课堂,根据学生在网络上留下的学习数据提炼出课堂教学的重难点。课上,教师除了传统的板书,也可通过电子白板呈现教学内容,抑或播放自己制作的视频以丰富教学形式,增加课堂内容的趣味性,加深学生对问题的认识。随着科学技术的进步,一些学校的智能教室里开始配备VR仪器,让学生能够更加直观地感受一些特定的情境。并且,在课程总结环节,教师还可利用思维导图等软件为学生梳理总结本节课的重点内容,保持教学内容的系统性。课后,教师还可通过Blog、Moodle、上海信息科学学科过程性评价平台、瑞博教育平台等上传学生的课堂作品,以此作为过程性评价的重要依据。

最后,在课程评价过程中,教师还可利用现代信息技术去完善现有的评价方式。现代信息技术的使用可以使评价更精确,使评价内容多元化、评价方式多样化、评价过程动态化。例如,在校本课程开发中,教师可利用学生在微信雨课堂上留下的学习痕迹、数据,了解学生的学习情况与偏好,并依照相应的数据调整教学内容与方法。

4.校本课程开发的管理评价机制

校本课程开发需要一个科学高效的管理评价机制来充当校本课程开发的指导体系。那么课程管理评价机制又应该如何建立呢?它应具备什么的功能呢?

一个学校的课程管理评价机制应符合学校自身发展的实际情况,例如学校现有的师资力量、课程资源、生源现状等,充分发挥其统整学校教育资源、监督课程开发过程等功能。具体而言,课程管理评价机制应在校本课程开发过程中,系统收集和汇总有关课程设计与实施、教师专业成长、学生发展状况、课程文化建设等方面的信息,增强课程评估的科学性与可操作性。在此基础上,学校可借鉴或自主研发一套适合学校发展的课程管理评价机制。例如,上海市黄浦区L小学便依据学校的特点结合国外的“L-ADDER”课程评估工具开发了一个具有“阶梯式”智慧的课程管理领导实验室。“L-ADDER”课程评价工具是以学习为中心的课程分级评估工具群,包含六个维度:学生学习(learning)、课程管理与领导(administration)、课程设计与开发(design)、课程实施与发展(development)、课程情感与认知(emotion)和课程反思与调整(reflection)。而在其理念指导下形成的课程管理领导实验室则具体细分为三大课程管理与领导分级评估:一为课程文本审核部,负责校本课程开发技术的管理与领导，通过对课程设计与开发的分级评估，保证课程开发的质量；二为课程教学评估部，负责校本课程实施品质的管理与领导，通过对课程实施、课程情感与认知、课程反思与调整的分级评估，提升教师的专业水平；三为学生成长评价部，保障课程更儿童化的管理与领导，通过对学生的学习过程与成效分析分级评估，促进学生全面发展。[①]

课程管理评价机制的建立绝不是一朝一夕的事情，还需学校的教育管理者与全体教师一起合作、共同努力，不断修正与完善，才能使其功效发挥最大化。

---

① 陈瑾. 聚焦学习的课程评估：L-ADDER课程评估工具与应用[M]. 上海：华东师范大学出版社，2018：41-42.

第三节 校本课程开发的价值

校本课程开发的出现，是对20世纪五六十年代国家课程开发所遇到的挑战而作出的实用主义回应，其最终目的在于通过教育制度内权力与资源的重新调整和优化配置来提高教育的效益和教育适应变革的能力。[①] 新时期的校本课程开发也有其特定的理论价值与实践价值。

一、校本课程开发的理论价值

“范式”(paradigm)概念由托马斯·库恩在《必要的张力》(1959)一文中首次提出。后来，在《科学革命的结构》(1962)一书中，库恩明确将“范式”作为解释科学动态发展的核心概念，深刻揭示了科学发展的动态结构和深层机理。库恩把科学发展分为动态联系的两个阶段，即常规科学阶段和科学革命阶段，认为科学发展并非原有范式的渐进累积或修改过程，而是突破常规科学的原有范式或理论框架，实现“范式转换”的科学革命过程。因此，科学发展的实质是新旧“范式”的根本性转换。而“范式”则被视为科学达到成熟和新旧科学更替的重要标志，决定着科学发展的未来走向。[②]

库恩指出，“按既定的用法，范式就是一种公认的模型或模式”，“范式”有两个基本特点或标准：一方面，范式代表着某一科学共同体的成员所共同分享的信念、价值、技术以及诸如此类东西的集合；另一方面，范式又是指集合中的一种特殊要素——作为模型或范例的具体解决问题的方法。[③] 据此，有学者认为，库恩的“范式论”实质上包含三层含义：一是在本体论层面，范式体现了科学共同体共同拥有的信念与价值观，它的存在实际上体现了对世界本体的基本假定；二是在认识论层面，范式是科学共同体在相关研究领域所达成的公认的理论模型和解决问题的基本框架；三是在方法论层面，范式为科学研究提供了可供遵循的范例或方法论体系。[④]

虽然库恩的“范式”概念最初指涉的是自然科学领域，但人文社科领域对这个概念亦有着广泛借用。具体到课程研究领域，“课程研究范式”应是课程研究共同体所共同拥有的课程价值观、理论主张与方法论的集合体，三者共同决定了某种“课程范

---

① 吴刚平.校本课程开发[M].成都:四川教育出版社,2002:63.

② 刘欣.范式转换:课程开发走向课程理解的实质与关系辨析[J].教育研究与实验, 2014(1):52-57.

③ THOMAS S. KUHN. The Structrue of Scientific Revolutions. 2nd Edition, Chicago, Illinois: The University of Chicago Press, 1962: 10、175.

④ 刘欣.范式转换:课程开发走向课程理解的实质与关系辨析[J].教育研究与实验, 2014(1):52-57.

式”的成熟程度及其科学合理性。20世纪，美国课程范式经历了从“课程开发”向“课程理解”的转变，实现了以原子论、程序主义和科学主义为主要特征的博比特课程理论和泰勒原理，向以整体论、情境主义和关注社会历史意义为主要特征的当代课程理解理论和实践的转型。[①]校本课程开发则是对科学范式下的课程开发理论和理解范式下的课程重建理论的有机融合。

（一）课程开发范式概述

1.课程开发的理论基础——科学管理理论

“课程开发”作为传统课程领域的范式，在20世纪初博比特的《课程》、20世纪20年代查特斯的《课程编制》、20世纪40年代泰勒的《课程与教学的基本原理》等著作中均有体现。传统课程领域中课程开发范式的确立，则是在泰罗以提高效率为目的的科学管理原理方法论指导的基础上得以实现的。

1911年，泰罗出版《科学管理原理》，在书中他强调科学管理的核心在于对工作任务的审慎确定，对于工作任务的排序，以取得最有效率的结果。[②]泰罗的科学管理理论框架指导每个管理者通过鉴别、分析任务的组成部分，通过实施“任务分析”(task analysis)，收集每个特定分工的知识。继而，“任务”观点成为现代科学管理中最重要的元素，管理者需要阐明生产目标和实现这些目标的手段。为适应20世纪前期美国工业主义推进的需要，学校课程改革的呼声日益高涨，社会功用成为判断学校教育和课程的最高标准。泰罗的科学管理原理，恰好为20世纪初美国的课程开发提供了方法论意义上的指导。

2.课程开发的价值取向——科学主义

1923年，查特斯出版了《课程编制》，书中详细阐述了课程开发实践中的“活动分析”理论，提出课程开发需要遵循的基本程序：研究人类社会生活，确定主要教育目标；将目标分解为理想和活动，分析各个工作单元的水平；按重要性对目标进行排序；将对儿童具有重要价值的理想和活动安排在优先位置；在总目标中减去那些在校外更容易实现的目标，在剩余目标中选出重要项目；选出能够最有效实现这些理想和活动的实践活动；依据儿童的心理特点，按照正确的教育顺序排列所获得的材料。据此，不难发现博比特和查特斯在课程开发上明显地表现出程序主义和科学主

① 王保星.从“课程开发”到“课程理解”：美国课程范式转型的历史诠释[J].河南大学学报(社会科学版)，2016(2)：1-6.

② Herbert M. kliebard, The Struggle for the American Curriculum1893-1958[M].NewYork：RoutledgeFalmer，2004：81.

义取向，其课程开发实践中所实施的“工作分析法”，就是工业系统理论在课程领域的运用。正如美国学者丹尼尔·坦纳等人所言：博比特和查特斯在课程领域提出了最有系统的理论，这种“科学的”理论以人类的生产模型为基础。在作为课程建设基础的原子论和整体论的冲突中，原子学说取得了理论建设的主导地位。[①]继而，科学范式下的课程开发理论开始在西方课程建设发展过程中发挥重要作用。而作为课程开发范式的经典表达，泰勒所著《课程与教学的基本原理》旨在把教学计划视为一种功能性教育工具，试图阐明、分析和解读教育机构中的课程与教学计划的原理，深化了科学范式下的课程开发理论。众所周知，泰勒原理包含四个课程开发的核心问题的阐述：①学校应该达到哪些教育目标？②提供哪些教育经验才能实现这些目标？③怎样才能有效地组织这些教育经验？④我们怎样才能确定这些目标正在得到实现？[②]

3.课程开发范式的哲学基础——实体本体论

课程开发范式实质上源于客观主义哲学与实体本体论。“实体”(substance)作为西方哲学的核心范畴，两千多年来一直支配着西方哲学的发展。亚里士多德最先提出这个概念，他认为真正的知识是对客观“实体”的认识。这一实体知识观蕴含了两个基本假设：其一，实体的存在是永恒不变的，其他事物的存在都是以实体的属性方式存在，为实体所派生，这是实体知识观确立的本体论根据；其二，任何知识的存在都有可能借助于因果推理探明其存在的终极原因，即对世界本原的认识，这是实体知识观确立的认识论根据。[③]据此，课程开发者要尊重知识的客观真理性，坚持实证还原或本质主义思维，充分挖掘知识背后的育人价值，为社会发展培养理性人才。

(二)课程理解范式概述

1.课程理解的历史背景

在美国课程史上，一般将1969年作为传统“课程开发”范式终结的时间。正如美国后现代主义教育家威廉·派纳在其著作《理解课程》中写道：“那是一个课程开发的时代：生于1918年，卒于1969年。”1970年，美国社会学家西博曼在其著作《课堂中的危机：美国教育的重建》中指出，传统的泰勒原理视课程为达到目标的手段，将课程开发视为一种线性的、程序性的课程材料的组织与安排，未能关注课程实践中事实

① 丹尼尔·坦纳，劳雷尔·坦纳.学校课程史[M].崔允漷，等，译.北京：教育科学出版社，2006：233.

② 泰勒.课程与教学的基本原理[M].施良方，译.北京：人民教育出版社，1994：导言第2页.

③ 刘欣.范式转换：课程开发走向课程理解的实质与关系辨析[J].教育研究与实验，2014(1)：52-57.

上存在的课程材料掌握上所存在的文化、种族、民族和政治立场的差异。[①]从而，拉开了课程理解范式的历史序幕。

20世纪70—90年代，在美国课程领域，课程的概念、研究方法、课程地位以及课程在教育领域中的作用等均经历了具有范式转换意义的概念重建：美国课程领域经历了一场深刻的课程"范式转换"(Paradigm Shift)的变革，从被课程开发所占据的领域转向以课程理解为中心的当代课程领域，美国课程领域的课程概念和方法均经历了全面重建。[②]换言之，自20世纪70年代起，现代课程以"课程理解"作为范式指导。

2.课程理解的哲学基础——关系本体论

理解范式实质上源于人本主义哲学与关系本体论。人本主义认为，价值关系是人类一切社会关系的基础和核心，教育的本质和根本目的就是培育完善的人性，彰显价值理性，这是一种反思、质疑、批判和超越客观主义的哲学观和方法论。就本体论而言，与客观主义的"实体"决定论不同，人本主义倾向于关系本体论，认为宇宙的构成不是纯粹客观的物质实体，而是由属性和关系构成的"有机体"。就认识论而言，与客观主义的知识还原论不同，人本主义倾向于知识生成论，认为知识是基于主体经验以内化外部世界，进行意义体认与建构的结果。[③]一切存在物都是在实体世界的种种关系中被规定的，都是关系性存在，是实体与关系的集合体。因此，在校本课程开发过程中，课程开发者要关注学生的真实需要，在课程实施过程中营造平等对话的、主体间性的"我—你"师生关系，为立德树人根本目标的落实营造和谐的学习氛围。

3.课程理解的时代内涵

在对科学范式下的课程开发模式的批判基础上，派纳与科尔联手开展概念重建运动，将当代课程领域的概念重建的信念概括为：以一种整体的、有机的观点理解人类以及人类与自然的关系；作为文化的创造者和传播者，个体是知识建构的主体；课程理论家在很大程度上是将自身的经验作为研究方法的；课程理论将前意识的经验领域作为主要来源；课程理论的基础是对存在哲学、现象学和激进精神分析学、社会学、人类学和政治科学的人本主义的概念重建；课程开发过程的核心价值是实现个人解放与更高层次意识水平的获得；多样化和多元性得到体现是基于尊重；开发新的语言形式以解释新的意义。

---

① 王保星.从"课程开发"到"课程理解"：美国课程范式转型的历史诠释[J].河南大学学报(社会科学版)，2016(2)：1-6.

② 王保星.从"课程开发"到"课程理解"：美国课程范式转型的历史诠释[J].河南大学学报(社会科学版)，2016(2)：1-6.

③ 怀特海.过程与实在[M].杨富斌，译.北京：中国城市出版社，2003.

伴随着课程范式的转换，课程一词被赋予了新的内涵——课程实践的含义和符号的潜能，从仅仅是符号材料(school materials)转向符号表征(symbolic)，即把课程理解为一种符号表征是指那些制度性和推论性实践、结构、形象和经验能够以不同的方式被确认和分析，这些方式包括：政治的、种族的、自传的、现象学的、神学的、国际的、性别的和解构的。我们可以说把课程理解为符号表征的努力，在相当程度上确定了课程的领域。[①]

(三)校本课程开发——课程开发范式与课程理解范式的有机融合

课程开发与课程理解作为不同时期课程发展的主要范式，都有其存在的重要价值与意义。新时期，校本课程开发则在课程范式转换下，结合二者各自的优势，取长补短，实现科学范式下的课程开发理论和理解范式下的课程重建理论的有机融合。

在课程范围上，课程开发范式主张：课程的范围需要拓宽，需要超越智力发展，需要超越研究性科目的掌握，需要拓展至涵盖生活活动的全部领域。实施课程授课内容与成人生活密切联系，这些成人活动都是一个儿童将来需要承担的。[②]正如，博比特提出，课程开发的中心原则是必须为学生将来承担成人社会中的具体任务做准备，课程开发的任务就是研究成人社会，确定成人社会由哪些任务和活动构成，这些任务和活动就是课程。而课程理解范式注重不同学校科目之间的联系、一门科目内部不同观点之间的联系以及课程与世界之间的联系。换言之，课程开发范式强调社会发展对课程内容的客观要求，而课程理解范式则注重课程内容的内在整合。然而，校本课程开发不仅要在内容构成上有效反映社会发展对教育的时代需求，还要在校本课程体系的搭建过程中进行相应的课程整合。

在指导理论上，课程开发范式以科学管理原理方法论为指导，强调教育目标对课程开发过程的统领作用；课程理解范式则以概念重建理论为指导，强调课程的设立与完善应建立在对教育场域内一切客观存在的尊重与理解的基础上。在校本课程开发过程中，既不能忽视课程目标对校本课程体系搭建的统领作用，也不能忘记校本课程开发的初衷：最大程度地满足每个学生对课程的真实需求。

在课程哲学上，就本体论而言，与课程开发范式下客观主义的"实体"决定论不同，课程理解范式下的人本主义倾向于关系本体论，认为宇宙的构成不是纯粹客观的物质实体，而是由属性和关系构成的"有机体"。人的心理表征与外部世界一样拥

① 派纳，雷诺兹，斯莱特里，陶伯曼.理解课程——历史与当代课程话语研究导论(上)[M].张华，等，译.北京：教育科学出版社，2003：15-16.

② HERBERT M. KLIEBARD.The Struggle for the American Curriculum1893-1958[M].NewYork：Routledge Falmer，2004：76.

有“真实”的存在状态。就认识论而言，与客观主义的知识还原论不同，人本主义倾向于知识生成论，认为知识是基于主体经验以内化外部世界，进行意义体认与建构的结果，科学知识是相对于主体建构而言的价值性存在，不存在“价值中立”的客观真理。[①]在校本课程开发过程中，课程开发需有效结合课程开发范式下的知识还原论和实体本体论以及课程理解范式下的人本主义和关系理论，既尊重知识的客观性，又不能忘记校本课程开发的初衷。

就课程专家的任务而言，课程开发范式认为课程专家的任务在于实施学校课程改革，并在课程改革实践中坚持运用这样一些策略：基于广泛的行为概念，确定并分解人们的职业行为，将其转化为可以用具体知识或技能细节加以表现的具体行为；课程开发过程则应由教育者组织领导，并广泛吸引各领域的社会成员参与其中。[②]而在课程理解范式下，课程专家不再甘于“技师”的职业定位，作为课程专家需要“理解当代课程领域，有必要把课程领域理解为话语（discourse）、理解为文本（text），并且最简单却最深刻地理解为语词与观念”。[③]校本课程作为对国家课程、地方课程的重要补充，不断优化教育制度内的课程权力与资源配置。新时期的教育要求课程专家既要科学制定相应的国家课程、地方课程，同时也可以通过工作坊等形式参与到中小学的校本课程开发中，为校本课程开发提供专业的支持。

在研究方法上，不同于传统课程研究的实证主义方法，现代课程领域的研究脱离了量化研究方法，转向人文、美学及社会理论的方法，研究方法呈现出日益“质化”的特征。研究者和教师联合开展行动研究，叙事理论、现象学、后结构主义和政治理论赋予行动研究更多的合法性和研究成效。并且，研究者还需把涉及学校实践的观点融入自身对教育实践的解释。当下，校本课程开发鼓励教育者践行终身学习观，主动探究，大胆创新，争做新时代教、学、研全面发展的人民教师。作为校本课程开发主体的教师，可立足教育问题，将量化研究与质性研究相结合，以研促教，进而丰富校本课程的呈现形式。

综上可见，校本课程开发能有效融合课程开发与课程理解两种范式的特点，为立德树人这一根本任务的落实提供理论上的指导。

---

① 刘欣．范式转换：课程开发走向课程理解的实质与关系辨析[J]．教育研究与实验，2014(1)：52-57．

② 王保星．从“课程开发”到“课程理解”：美国课程范式转型的历史诠释[J]．河南大学学报（社会科学版），2016(2)：1-6．

③ 派纳，雷诺兹，斯莱特里，陶伯曼．理解课程——历史与当代课程话语研究导论（上）[M]．张华，等，译．北京：教育科学出版社，2003：7．

二、校本课程开发的实践价值

校本课程的出现就是为了打破国家课程“一统天下”的局面，增强管理体制的活力，充分调动学校与广大教师参与课程开发的积极性，提高课程的针对性与灵活性。校本课程开发在深化教育改革、明确学校办学特色、促进学生个性发展、提高教师专业发展水平等方面有着重要的实践价值和现实意义。

（一）深化教育改革

首先，校本课程开发优化了课程权力配置，促进了教育决策民主。校本课程开发本身便是针对国家课程开发的局限性而采取的一种课程开发策略，与国家课程、地方课程互相补充，从而不断优化课程权力与资源配置。伴随着我国教育改革的深入，校本课程开发能为我国课程改革提供最直接的动力，不断优化课程权力配置，促进教育决策的民主化，有利于解决过去课程结构单一的问题，进而真正落实“百年大计，教育为本”的神圣使命。

其次，校本课程开发是解决教育难题、深化教育改革的重要现实路径。新高考改革背景下，“选课走班”、“科目等级赋分”、综合素质评价革新、高校招生录取方式转变等改革新举措都给基础教育的课程设置、教学管理以及人才培养观念带来了重要影响。而校本课程以其灵活的课程设置、丰富而开放的课程内容、系统的课程管理最大限度地满足学生的真实需要，如中学的生涯规划课程便是以校本课程的形式去回应新高考改革对学生的客观要求。

最后，校本课程开发以课程改革为重要途径，深化我国教育改革。自我国第八次实施基础教育课程改革以来，素质教育广泛开展，应试教育压抑人性、阻碍教育进步的情况有了明显改善。而素质教育的深入开展、学生核心素养的有效培育可依托中小学的校本课程开发。在新时期的教育改革过程中，校本课程作为践行新课程改革重要理念、关键举措的重要平台，有助于完善学校的课程体系，改善传统的师生关系，促进教师的专业发展，明确学校的办学特色，落实立德树人的根本任务，从而深化我国教育改革。

（二）明确学校的办学特色

一个学校的办学特色是其办学理念的提炼和升华，是学校持续发展的不竭动力。它直接影响学校的定位，更间接影响学校的社会声誉。校本课程开发有助于学校厘清自己的教育哲学、教育目标、办学理念，完善学校的课程结构、管理与评价机制，进而在课程实施过程不断明确自身发展的特色。而学校的办学特色则会进一步潜移默化地影响培养对象，使其走出校门后仍具有鲜明的学校特色。

首先，校本课程开发的基石是学校特色。每所学校都有自己独特的历史文化背景、外部条件和内在因素，这些条件的综合就形成了学校特色的办学传统和校风。而校本课程可成为学校办学特色的重要载体，使学校拥有一个践行其教育哲学、办学理念的实践场域。

其次，校本课程开发关注学生的个性特征，使每一位学生都有其兴趣、爱好、情绪情感体验、个性的"闪光点"以及潜能发展的"生长点"。校本课程开发的立足点在于学生主体，着眼于学生个性潜能发展的独特领域，而每一个学生走出校门后又能成为学校办学特色的活招牌。

再次，校本课程开发能为教师个性品质和能力专长的凸显与发展提供重要路径，促进教师专业发展，完善学校师资队伍建设，提升学校办学质量，从而间接增加学校办学特色。总之，校本课程要体现"校本"之原则，必须从学校的实际和学校的办学特色出发，从学校、教师、学生的特点出发，有利于形成学校特色、发挥教师特点、发展学生特长。

最后，校本课程开发是学校提升办学实力和彰显办学特色的重要载体。学校在关注办学特色的同时也不能忽略学校的办学实力，而办学实力主要表现为培养出来的学生的综合素质高低。这二者的关系是相辅相成的：一所学校的办学特色需要其办学实力作为基本支撑，而办学实力也能外显为学校的办学特色。

（三）促进学生的个性发展

校本课程开发的核心价值在于促进学生全面而有个性地发展，为学生的终身发展奠基。在传统应试教育下，学生的课业负担重，其合理的学习需求往往也难以得到满足。新课改则重在转变课程功能、优化课程结构、更新课程内容、变革学习方式、改变评价理念与方式以及深化课程管理制度变革，从而使学校课程能最大限度地实现立德树人这个根本任务。任何一项教育的改革，其最重要的使命就是要帮助学生找到一条能发挥个人潜能和个性才能的发展道路，而校本课程开发为此提供了可能。

校本课程开发的基本出发点，便是在弥补国家课程、地方课程之不足的前提下，尽可能地满足绝大多数学生的个性化需求。学生可以根据自己的兴趣选择学校提供的校本课程，这就为学生张扬自我个性提供了现实条件。并且，修习校本课程的过程能提高学生发现问题、分析问题、解决问题的能力，形成自主、合作、探究的学习方式，养成勤于观察、勇于探索、乐于思考的好习惯。[①]

纵观校本课程开发的全过程，无论是课程目标的制定、课程内容的编制、教学方法的选择，还是课程评价方式的确定，都是以学生的个性化发展为前提的。校本课

① 陈宗华，蒋庆荣．漫谈校本课程开发的价值及流程[J]．当代教育论坛（教学版），2011(8):5-6.

程旨在最大限度地满足学生的个性化发展需求，尽可能地关照到每个学生的经验基础、能力倾向、兴趣爱好、个性特色以及知识拓展等方方面面。一直以来的实践也证明，校本课程开发能在遵循课程标准的前提下，丰富学生的知识结构，满足学生个性化、多元化的学习与成长需求。

（四）提高教师的专业发展水平

当下，学界对教师专业发展内涵的认识与理解大致可以分为两种：其一，教师专业的发展也就是教师的专业化，主要表现为教师群体通过参加学校、社会等组织的培训活动，完善专业知识结构、提升专业技能的过程；其二，教师的专业发展也就是教师个体的发展，即教师作为成熟的专业人员不断掌握新知识、锻炼新技能、培养专业能力，通过自主学习和不断探索来拓展专业内涵，达到专业成熟的境界的过程。① 而教师作为校本课程开发的主体，在参与课程开发的过程中则可以通过各种校本研修培训及课程开发活动，有意识地提高其专业发展水平。

首先，校本课程开发促进教师转变教育观念。教师在校本课程开发过程中，其教育观念发生了转变，从“教学是课程的传递，是学生接受知识的过程”的课程观转向“课程是灵活的、开放的 、可变化的生态系统”的课程观，从“教师是真理的化身，是学生命运的主宰者”的教学观转变为“教师是教学的组织者、参与者、课程的开发者，教学是课程的发展和创新，是学生参与获取知识过程”的教学观，从“学习的客体性、受动式、依赖性、阶段目的性”的学习观转变为“学习的主体性、能动性、独立性、创造性、终身受益性”的学习观 。②

其次，校本课程开发提升教师的课程开发能力。教师在课程开发过程中，通过自主学习，与专家、校内外老师交流合作以及与学生共同探究，不断积累经验，提高自己的课程开发水平，培养自己的团队精神。在过去的教师专业发展经验中，教师主要通过职前、职后培训，观摩学习其他优秀教师教学等方式，去提高自己的教学实践能力，往往是作为被动主体参与其中的。然而，校本课程开发能激发教师的内驱力，使其能督促自己投入到课程开发的实践中，不断增强自己的课程意识，修正自己的教学观念，学习课程编制的基本原理和技巧，磨练自己的教学技能，提升自己的教学机智，完善自己的课程与教学的评价方式。在这个过程中，教师秉持终身学习的理念，敢于突破自己的知识、技能盲区去了解新理念，学习新知识，掌握新技能。

---

① 吕诗琪.基于知识图谱的我国英语教师专业发展研究可视化分析[D].呼和浩特：内蒙古师范大学，2019：4.

② 吕诗琪.基于知识图谱的我国英语教师专业发展研究可视化分析[D].呼和浩特：内蒙古师范大学，2019：4.

最后，校本课程开发能真正推动教师走出舒适区，促使教师不断地对自己的教学行为进行反思，从而发现适合自己的教学方式，形成自己的教学风格和教学特色，提高自己的教学水平。此外，课程开发的管理机制也可以督促教师去主动探寻教研、科研的乐趣，在不断的尝试、反思与进步的过程中去践行终身学习的理念，全面提升自己的综合素质，逐步成为一名教、学、研三位一体的新时代优秀教师。

本章回顾

校本课程开发是在学校现场发生并展开，以国家及地方制定的课程纲要的基本精神为指导，旨在满足本校所有学生学习需求的课程开发活动过程。对校本课程开发的深度认识，不仅需要从校本课程的学校主体与目标建构、校本课程的内容开发与支持系统两个维度对校本课程开发的构成要素进行解读，还需要对校本课程开发的独特价值有所认同。在理论价值层面上，校本课程开发是课程开发范式与课程理解范式的有机融合。在实践价值层面，校本课程开发在深化教育改革、明确学校的办学特色、促进学生的个性发展以及提高教师的专业发展水平等教育实践方面有其独特价值。由此，校本课程开发的概念、构成以及价值组成了校本课程开发的认识框架，对校本课程开发的明确认识是开展校本课程开发系列工作的基本前提。

拓展阅读

由于社会的发展和时代的变迁，课程领域经历了一次影响巨大的变革，“泰勒原理”统治下的传统“课程开发”范式转变为以威廉·派纳等学者所提出的“课程理解”范式。前者以科学管理理论为基础，体现了程序主义和科学主义取向，关注社会实践，为社会生活服务，课程建设追求方法内容科学化；后者则不仅是对传统课程研究的技术理性倾向的集中反思，而且强调对人的存在性和创造性的重视，对知识的情境性和诠释性的再认识，以及对价值的导引和冲突的关注。概念重建运动后，新一代的学者为了与之前学者的研究有所区分和发展，“后概念重建”一词应运而生，其呈现了课程领域新的发展方向和未来趋势。当前，课程的后概念重建是课程学者在概念重建运动后面临新一轮挑战的专业理论应答。其模糊了课程开发与课程理解范式的界线，并且在定义上也尚无定论。它的特征表现为将概念重建时期原有的研究方向或相关领域进行交叉和融合，渗入历史的、种族的、性别的等多个领域，例如，后结构主义课程研究、后现代女性主义课程研究、生态后现代主义课程研究等。在此，笔者补充一些与课程的概念重建研究相关的书籍，供读者进一步阅读。

1. 汪霞. 课程研究：现代与后现代[M]. 上海：上海科技教育出版社，2003.

2. 派纳等. 理解课程——历史与当代课程话语研究导论[M]. 张华，等，译. 北京：教育科学出版社，2003.

3. 派纳. 课程：走向新的身份[M]. 陈时见，等，译. 北京：教育科学出版社，2008.

第二章

校本课程开发的组织

作为学校内部的一种有目的、有组织、有计划的课程改革行动，校本课程开发需要充分调动方方面面的人员参与、互动协商、民主决策，需要外部政策支持和内外部的组织保障以保证其基本的质量水准。可见，校本课程开发的组织是一项关键而又复杂的工作，它直接关系到校本课程开发的成败。究竟谁来开发校本课程？如何保障校本课程开发的质量？校本课程开发具体如何操作？这是校本课程开发的组织必然涉及的三个问题，其分别指向校本课程开发的主体与角色职责定位，校本课程开发的审议与实施程序，校本课程开发的流程。本章将就以上问题进行具体讨论。

思维导图

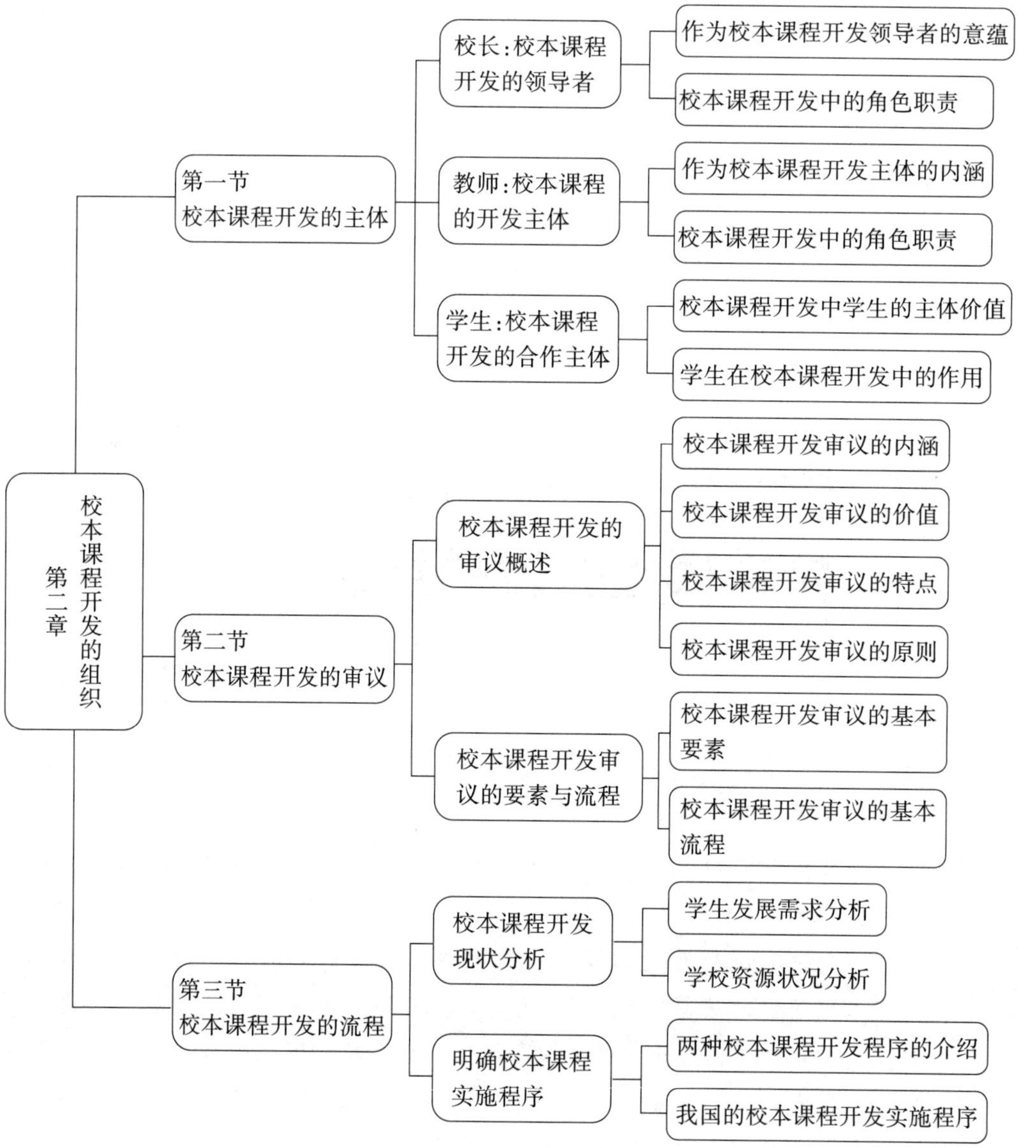
第二章 校本课程开发的组织
第一节 校本课程开发的主体
校长：校本课程开发的领导者
作为校本课程开发领导者的意蕴
校本课程开发中的角色职责
教师：校本课程的开发主体
作为校本课程开发主体的内涵
校本课程开发中的角色职责
学生：校本课程开发的合作主体
校本课程开发中学生的主体价值
学生在校本课程开发中的作用
第二节 校本课程开发的审议
校本课程开发的审议概述
校本课程开发审议的内涵
校本课程开发审议的价值
校本课程开发审议的特点
校本课程开发审议的原则
校本课程开发审议的要素与流程
校本课程开发审议的基本要素
校本课程开发审议的基本流程
第三节 校本课程开发的流程
校本课程开发现状分析
学生发展需求分析
学校资源状况分析
明确校本课程实施程序
两种校本课程开发程序的介绍
我国的校本课程开发实施程序

第一节　校本课程开发的主体

校本课程开发的主体涉及“由谁来开发”的问题，并且需要在此基础上明晰校本课程开发主体的角色、职责范围与功能定位。自2001年新课程改革实施以来，对课程结构的均衡性、综合性与选择性的强调为校本课程的开发与实施提供了新的契机。在这一背景下，学校教师不再是被动的课程实施者，他们开始走向课程反思、课程研究与课程开发；作为课程实施的主阵地，课堂教学“亲历”着教师与学生的教育生活，学生的个人经验、兴趣关注与新奇的创见成为课程改革新的关注点；学校的发展也需要寻求内部变革与特色化发展。

因此，立足于学校实际、为了学生发展、促进教师专业提升的校本课程开发也需要从封闭走向开放，系统整合与学生成长发展有关的多方面因素与影响来源，以“学生为中心”接纳校本课程开发的多元主体，即走出将校本课程开发仅仅视为学校内部由校长与教师完成的任务的思想误区，转变将其视为课程与教学专家独自研发—学校执行的线性思维，转而寻求包含家长、社区人士等相关利益主体在内的智慧贡献，并重视学生在校本课程开发前端需求分析及课程实施与评价中的效果反馈。

一、校长：校本课程开发的领导者

校本课程开发作为一个整体而持续的实施过程，不仅需要有宏观的课程体系规划与设计，更需要在此过程中有稳定的价值输入，即以为开发更适合学生发展的课程而进行创造与努力的教育信念作为不竭动力。学校校长作为校本课程开发的核心领导者(层)，在课程开发的决策、组织与引导等方面发挥着重要的影响力。

（一）作为校本课程开发领导者的意蕴

在所有学校相关人员中，校长无疑是一个核心人物，在很大程度上，校长的领导力决定着学校经营的好坏，校长也是决定校本课程开发成败的关键人物。[①]校本课程开发立足于学校实际，需要在对学校办学理念、办学目标与宗旨、学校资源、组织机构、教学单位、教师队伍以及学生发展需求等诸多方面进行客观评估与综合审定的基础上进行。此外，就具体的校本课程开发组织工作而言，它是在国家及地方课程改革纲要指导下组织校本课程的申报与遴选工作，包括确立课程开发目标、选择和组织学习经验(内容)、制定课程开发方案与实施计划以及对学习内容与结果进行

① 李臣之.校本课程开发［M］.北京：北京师范大学出版社，2015：54.

评价等一系列过程。因此作为学校发展理念与教育哲学的践行者，以校长为核心的领导层需要在充分利用校本课程开发一切有利因素的基础上集中群体智慧，细化各自分工，激发教师集体开展课程反思与实践活动的责任感与使命感，增强教师为学校课程发展献策献计的主人翁精神。

以往课程管理理念下的课程管理是一种由教育行政部门或学校管理层对课程的编制、实施与评价进行的自上而下式的管理活动，关注课程的外部权威(如行政的或管理的权威)，倾向于层级式的管理手段与方式，并期待其发挥奖惩的效果。在此种管理模式下，课程实施主体是被动的执行者，也较难认可管理的目标与规划。而课程领导则关注到了学校这一特殊的情境，重视对课程发展做出个人贡献的教师群体与专业权威，更注重愿景(vision)的作用。雷斯伍德与里尔把“领导”定义为：为了达成学校的共享目标和任务，对组织成员的一种流动的影响。他们认为其至少有五个方面的内涵：①领导存在于社会关系中并有为社会服务的目的，它首要是一系列有关团体的发展方向；②领导与目的、方向有关；③领导是一种影响过程，这种影响可能是直接的，也可能是间接的；④领导是一种功能，不仅仅正式领导者发挥着领导功能，那些没有正式职务的组织成员也可以发挥领导功能；⑤领导具有情境性特征与权变性(contingent)。[①]此外，还有西方学者从五个方面对管理与领导进行了比较(见表2-1)。[②]从中可见，课程领导的愿景、目标与规划以及具体的实施过程是基于民主开放的决策前提，对学校文化、发展目标、课程建设等达成共识，并乐于接受过程性问题与多元观点，分享课程发展成果。

表2-1　管理与领导的区别

管理	领导
实施一个组织的愿景规划	创造愿景(使命)并建立机构来实现组织目标
确定谁应该受到责难	确定问题并努力发现答案或解决办法
主要关注如何正确地做事情	主要关注远大的前景和共同的目标
对个人的表现进行奖励强化	认同团队或者群体的努力
掌管并告诉人们做什么，以及如何做好	提升合作并展示问题，提供及时帮助

有学者认为，传统的以校长个人为中心的“英雄式领导”时代已经成为过去，现今的领导者是由多维领导者共同构成的，他们可以是校长、助理校长、中层管理者、教师等。并且学校组织中的教学副校长、教研主任、备课组组长、年级组组长、学科带头人等这些非常具有特色的领导者，以及在教师群体中没有正式职务的教师领导

① LEITHWOOD K, RIEHL C. What Do We Already Know about Educational Leadership, A New Agenda for Research in Educational Leaderhip, 2005:12-27.

② 黄显华，朱嘉颖，等. 课程领导与校本课程发展[M]. 北京：教育科学出版社. 2005:49.

者都值得关注,即强调领导作为一种影响过程,突出其领导功能的发挥对于组织目标的达成,而非特定的领导职务。因此在校长与其余发挥领导功能的领导者之间存在相互影响,而具体如何开展领导则与情境特征相关,并且需要校长作为关键人物与其余领导者进行双向互动,明确各自的专业领域与职责所在,形成立体稳固的校园领导网。最后,在校本课程发展背景下课程领导的良性运行需要创设发展远景、建设组织环境、关注教师专业发展以及文化的更新与再生。①

一方面,由于课程领导关注课程愿景在群体中的凝聚力与影响力以及组织目标的达成,因此科学适宜的校本课程目标的制定是对学校本身的发展规划与资源状况等进行评估的结果。不同于课程管理集权下的齐一性与趋同化发展,课程领导关注校本课程彰显学校特色、个性化与多元化,以形成校本品牌,这决定了校本课程开发与实施关注组织成员的智慧投入与资源共享,而非强调单个成员的工作业绩与实施奖惩。课程领导旨在于实现课程目标的过程中形成浓厚的课程文化与组织文化氛围,推进学校的长远发展。

另一方面,传统的"研究—开发—推广"式的校本课程开发模式是一种自上而下的开发逻辑,在社会、技术和经济空前变革的巨大挑战面前存在诸多难以克服的弊端。譬如当课程开发的权力过度集中时,开发的绝对主体是国家课程管理者、课程及学科专家,无法使课程发展适应社会与学生的发展需求。②因此,课程的开发与组织迫切需要以课程领导的方式适度赋权于课程开发工作者,重视个人在组织中的领导魅力与课程愿景的清晰明了,从而激发课程开发工作者专业发展的内在自觉与深层动力,以学生的全面与个性化发展作为课程建设的价值旨归,与此同时,将课程开发组织的愿景与成员的领导责任相结合,关注课程领导过程中的作业分工与效果评估。

课程领导在政策层面符合当前新课程改革所推行的三级课程管理思想,学校及教师在课程的创新实施与特色开发上拥有一定自主权。相应的,学校教师作为课程实施的主要承担者,也从课程开发的边缘走向中心化、合法化。以学生适应新时代发展所需要的必备品格与关键能力为着力点,对课程结构、内容、评价等一系列课程要素进行重构,使其更加符合当前课程的社会化结构领域,超越了以往课堂教学的狭窄视域。对影响学生发展的各层面、各维度因素进行整合、组织与分类,对其中的有利因素进行开发和优化,最终形成更适合学生发展的校本课程,在这一过程中突出群策群力的民主协商与课程领导的持续影响。在此领导下的学校人员之间充满

① 靳玉乐,赵永勤.校本课程发展背景下的课程领导:理念与策略[J].课程·教材·教法,2004(2):8-12.

② 李臣之,陈铁成.高中校本课程开发与综合实践活动[M].天津:天津教育出版社,2005:4-5.

信任与互助精神，乐于进行个性化课程试验与教学探索，对课程开发抱以极大的热情与实践动力，而不是被动听命于上级或缺乏进行课程开发的资源支持与精神鼓励。

（二）校本课程开发中的角色职责

明确课程开发中校长及其余课程领导者的角色与职责定位是推进校本课程开发各环节工作有效开展的前提。长久以来，有关校长的角色与职责定位观点不一。其中，G.Hall 等人指出：在新课程实施时，校长所扮演的角色可分为回应者（responder）、管理者（manager）和缔造者（initiator）三种形态。作为回应者，校长很少倡导理念和学校的长远目标，而是强调与教师维持良好关系，似乎只是在教师提出需求时才予以回应。作为管理者，会对外部制定的课程目标稍加调整，重视任务的要求而非良好的同事情谊，并经常直接涉入教师的各项工作。作为缔造者，校长在接受外部订定的目标时会考虑学生的能力、兴趣与需求，对学校应达到的目标保持坚定的信念，有计划地加以完成，并常与教师沟通观念。其中缔造者的角色最符合课程校本化实施的理念。[①]此外，从不同的情境角度出发，布拉德利认为，课程领导者随着情境的不同，扮演指导者（instructor）、纷争调解者（troubleshooter）、倡导者（advocate）、服务者（servitor）、促进者（facilitator）等五种角色。[②] Henderson 等人提出的变革型课程领导者被用于描述广泛的领导行为，其主张领导者需要发挥被领导者（或称追随者）的潜在动力，满足其高层次需求，经过共同努力双方都得到改变。由此可见，领导角色的多样化与其所处的学校关系网络及教育组织的属性有关联，“实践—评估—开发”模式下对问题的关注与个体发展需求的重视，使得课程领导者在关注具体课程开发技术性工作与团队分工领导的同时，还要关注这一行为本身的教育价值，将其与追随者之间内在的职业道德感、获得感、集体荣誉感等进行联结，并通过组织文化的远景效应与可视化、情境化、个性化进行渗透与浸润，并允许因歧见与质疑产生的纷争与冲突的存在，在此环境下，内化角色期待与职责定位成为促进课程不断完善与改进的动力。

以湖北省宜昌市D中学为例，该校在校本课程开发与实施过程中，以校本课程价值为基准点，完善了9个步骤的实施机制。(1)教师自主选定课题。(2)教师根据选题拟定“讲义框架”及“课程推介”。“讲义框架”包含目录及课程内容提纲，“课程推

① 参见黄嘉雄：落实学校本位课程发展的行政领导策略，http://www.nioerar.edu.tw/new/1/881208.htm.

② BRADELY H L. Curriculum Leadership and Development Handbook [M]. New Jersey: Prentice-Hall, 1985: 92-94.

介”是教师向学生推广及介绍这门课程的“广告词”。(3)报学校一审。学校一审一般有“三看”:一看是否具有符合学校要求的明确且正确的价值取向;二看讲义的目录和基本内容是否符合教育方针、是否与该校引领学生实现自我优化的办学理念相一致;三看讲义的结构、内容是否自成体系,以及与课程的主题是否相一致。(4)讲义撰写。(5)送学校二审。二审一看讲义的“质”,二看讲义的“量”,主要是看讲义的内容是否能够达到学校所规定的授课18课时以上的量。(6)学生选课。每学年学校平均有70门左右的校本课程,教务处根据学生选修的人数由多至少排序,再次公布列前30位的课程供学生进行第二次选课,根据学生第二次选课的情况,每个年级每期校本课程开课一般在15~20门。一般选修人数超过20人的校本课程才可能被准予开设。(7)开课及巡查学生对授课情况进行评价。(8)教师再进行课程的完善或二次开发。(9)为提高教师开发校本课程的积极性,对校本课程教材择优公开出版。①

上述案例体现出在校本课程开发过程中,不仅需要学校层面的审核与通过,而且选题来源与课程设计、学生的学习体验与评价也同样作为关注对象成为课程开发成功以及课程获得良性发展的内在依凭。选题、内容与课时安排等充分体现学校的办学理念与价值取向,注重课程本身的设计与体系化,根据学生的学习兴趣与关注点提供丰富的选课与弹性化改进空间。另外,为确保课程的不断改进开展课程评价与反馈,并重视提升教师课程开发的自主性与积极性等,保证了课程开设的质量与效果。也进一步说明无论是学校整体的课程规划与实施,还是在校本课程开发上,课程领导者都起着关键作用。②

由此,可以将课程领导者理解为在课程开发过程中能够发挥个人贡献并将资源统合,从而保证课程开发与整体实施的最优化的课程共同体,其包括校长以及其余发挥领导功能的组织成员。同时,有效进行课程规划与实施、保障校本课程开发的质量,也能够提升领导者的课程领导力。值得注意的是,不同学校由于在学校传统、资源、师资、发展阶段与地域文化等方面存在着差异,课程开发难以采取统一的模式,达到相同的发展效果,因此相较于校际的校本课程优劣评比,明确学校各方面发展的实际状况,客观审视学校的发展层次与定位,突出校本课程开发本身的科学化、规范化与特色化更为重要。这也是课程领导者在课程开发过程中需要考虑的问题。

---

① 付全新,王坤庆.课程改革深化背景下校本课程开发的价值取向及实现路径——以湖北省葛洲坝中学为例[J].课程·教材·教法,2013(9):17-22.

② 李臣之.校本课程开发[M].北京:北京师范大学出版社,2015:246.

二、教师:校本课程的开发主体

校本课程开发方案的设计与规划只是提供了课程建设理论上的构想,即课程开发的可行性基础,如学校近期或长远课程建设目标、学生发展现状与理想状况的差距、学校文化传统与资源状况、教师专业发展等内容。其目标旨在为学生的有意义学习提供多样化与个性化的发展路径,为实现学生的素质发展创造机会与平台。为此,在洞悉学生的学业需求、兴趣所向以及未来发展要求等方面,教师往往能够提供丰富的实践信息,对学生的学业发展现状与存在的问题具有更直观深刻的感受,同时对课程发展的内在规律与结构的领悟更加深入。可以说,缺少教师的参与,校本课程开发也就脱离了“校本”的要旨,校本课程的操作与执行也将缺乏内在依据与动力,校本课程开发也将沦为“空中楼阁”。因此,在校本课程开发前端的需求分析、问题评估、目标的拟定、课程内容与实施方法的确定、资源条件的运用等方面,教师的主体作用不可或缺,这是校本课程开发过程中贴近实践的“亲缘主体”与中坚力量,也应当是校本课程的开发主体。

(一)作为校本课程开发主体的内涵

作为校本课程开发主体的教师,既承担着将学校历史文化、发展定位、育人价值转化为现实的课程纲要、课程计划与课程方案的任务,同时也负责开展课程的实施与评价,接受来自学生、教师领导者、家长等利益相关主体的效果反馈,必要时还须接受来自课程专家、学科专家等的理论指导与实施建议。在这一意义上,教师既是校本课程开发前端需求的评估者,同时也是校本课程开发中端具体实施的践行者,更是校本课程开发末端不可缺少的解说者,是校本课程最重要的开发主体。

教师作为校本课程开发主体有其现实依据。

首先,从政策层面来看,2001年,国务院召开全国基础教育工作会议,做出《关于基础教育改革与发展的决定》,指出实行国家、地方、学校三级课程管理。在保证实施国家课程的基础上,鼓励地方开发适应本地区的地方课程,学校可开发或选用适合本校特点的课程。在此基础上,教育部2001年6月制定的《基础教育课程改革纲要(试行)》更为明确指出:“为保障和促进课程适应不同地区、学校、学生的要求,实行国家、地方和学校三级课程管理。”并对学校的课程权责做了详细的规定。[①]从政

① 学校的职责:义务教育和普通高中阶段的学校在执行国家和地方课程的基础上,依据教育部颁发的《学校课程管理指南》,从实际出发,参与本社区学校课程具体方案的编制,同时,结合本校的传统和优势、学生的兴趣和需要,开发或选用适合学校的课程,并报上级主管部门审批。学校有权力和责任反映国家课程和地方课程在实施中所遇到的问题,同时建立学校课程的内部评价机制,以保证学校的课程实施与国家课程、地方课程在目标上的一致性。

策层面为学校教师实施课程开发及相关实践活动提供了一定范围内的自由度。

其次,课程与教学专家存在着实践盲区。一方面,课程与教学专家对学校、学生的认识易于抽象化、标准化或齐一化,因而也易导致片面化。这导致由其所编订与撰写的教科书、课程标准、课程计划等课程要素具有普适性与全面性,但却缺少满足不同地区、学校、学生个性化需求的课程设计;另一方面,教师自身的专业素养使其具备开展课程与教学研究的现实可能性,作为学校教学场域中的课程实施者,教师有着大量鲜活的教学案例、丰富的教学经验与扎实的专业功底,因此在把握学科结构、内在规律以及新的发展趋势等方面具有敏锐的洞察力。

最后,学校为教师之间的信任与合作关系的建立、发展的内在动因和专业动力的激发提供了良好的行动支持与外部氛围。

教师作为校本课程的开发主体也与校本课程开发作为一种特定场域下的主体性实践活动这一本质特征有关。它包含两方面的含义,首先,校本课程作为学校整体课程规划的一部分,是在国家课程框架范围内或其指导下进行的,其课程开发样态始终是以国家课程开发为基础的国家、地方和学校三者之间的平衡。[①]其次,校本课程开发是一个灵活动态、多元参与、随着实践发展不断调整的过程,也是一个权力从集中到下放并逐步分享的过程。因此,教师在校本课程开发过程中,其一,要有全面的课程意识与宽阔的视野,从整个国家课程建设与发展的角度审视本地区与本校课程发展,打破单一的教学本位的桎梏。校本课程开发使教师从接受教学指令与任务的执行者角色转变为需要凭借其专业知识与技能走向专业自主发展与实施课程创新的开发者角色。其二,校本课程开发作为一项课改政策与创新举措,赋予了学校领导者与教师集体进行本校课程“自留地”建设的权力与施展空间。校本课程开发也是多元主体互动协商的过程。其中,教师是联结课程专家、家长、学生等力量的中介与纽带,也是使课程开发方案由试验走向成熟与完善的重要助力。课程所蕴含的课程价值观是一种隐性课程资源,其影响着课程实施、评价与管理过程的效果与纵深发展,从而也决定了校本课程的建设质量。因此,利益相关者对课程开发方案的理念、价值是否认同与拥护,是课程文化建设的重要方面,也为教师实施课程提供外部动力与条件支持。此外,课程开发不仅是一种有关课程开设、课程实施与评价、课程管理的理论构想,同时,它还需要科学、规范、系统的课程开发技术保障其专业性与现实可操作性,如此才能将理想的课程开发方案付诸实践并检验,依据实施效果进行反馈,以确保课程取得预想的效果。

在美国学者古德莱德的课程层次划分中,理想的课程、正式的课程、领悟的课程、运作的课程与经验的课程共同构成一个完整的课程概念体系。从校本课程开发

---

① 李臣之.校本课程开发[M].北京:北京师范大学出版社,2015:24.

的角度，理想的课程与正式的课程以课程专家、学校课程领导者、参与课程开发的教师为主，确定校本课程的计划、标准与教材等实施要素；领悟的课程与运作的课程既是教师对正式课程解读与加工的过程，同时也是在搜集课程实施效果与各方对其评价的基础上进行改进与重新建构的过程，各方的评价包括来自学生的评价、家长参与教学过程的反馈建议以及外部社会力量的建设性意见等；经验的课程则是指学生实际体验到的课程，是学生所获得的知识、技能与情感态度等的综合反映，因而是个性化的课程建构过程，同时也是提供给课程开发者进行课程评估、改进课程以促进学生发展的现实依据。

（二）校本课程开发中的角色职责

校本课程作为国家课程与地方课程的重要补充，是鉴于当前我国统一的课程管理政策固有的弊端与局限性，旨在为适应各地社会、经济、文化发展的差异与特殊需求及此差异与特殊需求对学校教育产生的客观要求，以使课程建设能够充分发挥学校及社区资源的便利，在传承学校文化、激发社区发展活力、促进校区共建以及学校的内涵式发展等方面彰显特色与个性化。当前，知识经济社会的加速发展与知识的更新迭代对人才素质提出了高标准与严要求，而这也为校本课程开发提出了客观要求。

国家统一的课程存在着编制与修订周期，间隔时间较长，课程内容与要求难以及时反映知识生产的新变化与新形态，学生发展过程中产生的新情况、新要求、新问题与新的发展需求反馈渠道单一，课程选择范围有限，内容与实施方式单一。为此，如何让校本课程开发弥补国家课程的不足与缺陷？如何通过学生发展的现实状况进行需求诊断与问题评估？如何通过校本课程开发促进学生的多元发展与素质提升？如何检测校本课程开发的实施效果与目标达成状况？这一系列问题的回答与解决均需要通过教师与学生的情境互动，并贯穿于校本课程开发的全方位、全要素。其中，校本课程开发的全方位是指以学校作为开发现场，校本课程开发的范围、方式和策略的确定，均需要从学校的历史基础与现实条件出发，考虑学校自身的性质、条件和特点，研究课程开发现实情境，以充分而有效地利用教育资源，开发出适合学生身心发展特征的、可以有效实施的课程。[①]因而课程开发活动离不开教师这一“亲缘主体”对学生的发展分析。全要素则是指校本课程开发的课程目标、课程内容、课程实施、课程评价等一系列课程要素的实践落地与价值检验亦是通过教师对学生的学习过程与效果等信息资源的搜集与评估实现的。因此，明确与把握教师主体在校本课程开发中的角色与职责定位是课程开发从理论构想走向实践运用，使抽象的课程

① 李臣之．校本课程开发［M］．北京：北京师范大学出版社，2015：53.

话语与具体的学生相碰撞的重要保证,这也有利于践行学校发展价值理念与提升课程质量。

具体而言,校本课程开发过程中的教师主要包含正式且具有特定职务的教师,如学校分管相关工作的副校长、教研主任、年级组组长等,以及不具备特定职务但在学校中发挥着领导功能的教师,如学校中声望较高的特级教师。[①]两类教师在实际参与课程开发活动的过程中需要发挥其专业的引领力与课程领导功能。塞佩达等人认为,教师的课程领导是以教师作为课程发展的领导者,教师的领导并不是要教导、指导教师,而是更重视教师教学经验的分享、教师群体间的互动、生命经验的相互述说以及经验的连接。其主要任务是作为教师的亲密伙伴,由教师帮助教师,改善教师的处境,并作为教师群体与学校领导之间的联系者与转化者,同时也是教师群体间的知识管理者与协助转化者。在此过程中,更重视彼此的关系与相互信任,期待借助教学的实践,激发并延续教师对教育的热情,使彼此更能承担责任。教师课程领导者肩负了师资的改善、计划或课程的改善及学校系统性的改善与变革。[②]郑东辉根据布拉德利对课程领导者扮演的五种形态——指导者(instructor)、纷争调解者(troubleshooter)、倡导者(advocator)、服务者(servitor)和激励者(facilitator,或称促进者),并结合我国课程改革的特点,提出我国中小学教师应该是课程意识的主动生成者、课程实施与开发的引领者、学生自主学习与教师专业发展的促进者、同侪教师的帮助者、学习共同体的营造者。[③]可见,教师课程领导者往往身兼多种角色,并依据学校情境与具体的课程开发工作履行其职责。这种角色的分化也是由新课程改革背景与学校发展的情境所决定的。

长期以来,重教学轻课程的思想偏差导致教师之间各自为政,学科之间壁垒森严,教学合作意识淡薄。课程开发被视为高不可攀的高深工作,或被简单视为"编教材""走形式"等,从而产生角色固着,使得教师意识不到或很难完成新的角色转变,难以适应新的课程改革情境,对校本课程开发的价值与作用持质疑态度。因此,面对此种尴尬境况,为解除长久以来作为教学能手或教书匠的身份绑定,迫切需要教师重新审视专业发展以及所面临的新情况、新问题,以适应课程改革的时代要求。

在校本课程开发伊始,教师课程领导者首先需要从学校性质、定位、利益与愿景出发,对学校与本地(包含社区)教育资源的性质、类别、数量与历史状况等方面进行综合考察,辨别可被作为课程开发资源的支撑条件,以学生发展为中心进行价值论

① 李臣之. 校本课程开发[M]. 北京:北京师范大学出版社,2015:283.

② ZEPEDA S J, MAYERS R S, BENSON B N. The Call to Teacher Leadership, Larchmont, NY: Eye on Education, 2003:115.

③ 郑东辉. 教师课程领导的角色与任务探析[J]. 课程·教材·教法,2007(4):11-15.

证，充分听取来自课程专家、社区代表、家长、学生代表等的意见与观点，为实施校本课程开发工作提供良好的舆论氛围与民意支持，并对可能存在的问题与面临的困难进行预判，寻求课程开发的技术支持与资源共享。其次，教师课程领导者作为连接校长与一线教师的纽带，一方面需要听取教师群体有关课程建设方面的不同声音，了解存在的疑难问题，在有关课程规划、课程体系建设、学生发展、学校愿景等内容上广纳谏言，从促进学生发展、教师专业发展以及校本特色化发展的角度凝聚共识，推进相关制度的完善。学校发展愿景的制定，是领导者与学校教师共同讨论的结果，是一种分享型的目标，因此领导者需要更多地把教师纳入学校远景规划、方案制定中来，在课程规划的领导中引领一种民主、合作与共享的学校课程文化的形成。① 另一方面，要以促进学生的发展为价值基点设计课程，根据学习者的兴趣、特点与需求进行课程组织，并且新开发的课程应当与学校现有课程结构、课程类型、课时比例、课程形式等相互补充、相互支撑，使新开发课程能够有效弥补现有课程的缺陷与不足。同时，要提供多样化的课程选择，以有效促进学生能力结构的完善与综合素质的提升，但不致学生的学业负担过重。最后，开展课程评估与完善课程开发方案，提供推动教师进行课程改进的机会与平台。如运用SWOT分析法，将与研究对象密切相关的各种主要内部优势、劣势和外部的机会与威胁等，通过调查列举出来，并依照矩阵形式排列，然后用系统分析的思想，把各种因素相互匹配起来加以分析，提出应对策略，从中得出一系列相应的结论，以作为最终决策的依据。此种分析法可作为课程开发前期对情境与风险、资源状况以及面临的外部机遇与挑战等方面进行综合性评估的方法，以进一步明确开发校本课程的积极与消极因素、外部与内部因素，从而突出优势、减少阻碍、明确目标，增强课程开发的科学性、规范性与系统性，避免盲目开发导致的课程失范，未能体现学校特色或育人效果不佳，以致引发课程开发失败、课程教学质量降低等一系列消极后果。（见表2-2）

就改进课程设计与开发活动而言，有效的评估应当能够促进课程本身的持续改进与完善，体现校本特色、以学生为中心的课程开发理念。在此指导下，确定评价内容维度及指标体系，从而使诊断、调整、改善课程各要素及其行为活动有据可循，同时也为教师提供改进课程预设方案与教学活动的参照蓝本。例如，上海市教育科学研究院所开发的"L-ADDER"课程评估工具，以学习者为中心展开，共包含六个评估维度：学生学习（Learning）、课程管理与领导（Administration）、课程设计与开发（Design）、课程实施与发展（Development）、课程情感与认知（Emotion）、课程反思与调整（Reflection）。其中，针对课程设计与开发的分级评估框架从课程目标、课程内容、课程实施方案、教材设计四个维度进行搭建，每一维度又包含若干二级指标，并从优

① 李臣之．校本课程开发［M］．北京：北京师范大学出版社，2015：244.

良、一般、不合格三项进行等第评定，[1]从而为校本课程开发与设计的评估提供了客观、全面、科学的评估工具。在具体指导各学校开展校本课程开发时由成立的相关课程领导小组成员、专家团队、学校教学评估部等予以实施。与此同时，在整个评估过程中，通过协同相关课程教师及学生开展问卷调查、访谈座谈、测试调查、案例分析等，充分保障课程开发以促进学生发展为目标引领，调动学校教师参与课程开发的积极性与主动性，使教师真正发挥校本课程开发的主体作用，并推进民主、智慧、多元、包容的教师合作文化的形成。在这一意义上，教师课程领导者发挥着课程引领者的作用，具体表现在推动校内教师专业提升、提供专业帮助、分享课程智慧、搭建学习平台、推广课程开发经验、展示学校课程文化等方面。

表2-2　学校现状评估的SWOT模式[2]

项目	长处(S)	短处(W)	机会(O)	威胁(T)	备注(建议、注意事项等)
传统、校史					
学校教育哲学(办学的目标、宗旨、方针、理念)					
行政管理					
校园环境(整体布局、文化氛围)					
师资力量					
生源状况					
……					

三、学生：校本课程开发的合作主体

学生作为课程产品的享用者与消费者，同时也应当是参与学校课程开发的合作者。唯有明确学生作为课程开发合作者的主体价值定位，才能确保课程开发活动在育人层面的教育价值。若非如此，学生只是被动听命于课程安排或接受课程任务的边缘人。学生在课程开发中的作用主要体现为课程开发前期作为课程设置需求分析的来源、课程实施过程中的效果评价与反馈以及在校本课程资源开发中学生自身作为重要的课程资源。

① 陈瑾．聚焦学习的课程评估：L-ADDER课程评估工具与应用［M］．上海：华东师范大学出版社，2018：68.

② 李臣之．校本课程开发［M］．北京：北京师范大学出版社，2015：90.

(一)校本课程开发中学生的主体价值

重视学生在校本课程开发中的主体价值并非仅是教育主体价值理论的简单演绎或设想,而是基于当前课程开发新政策提出以来在课程开发领域因忽视学生的主体价值而出现的种种偏差。首先,在校本课程开发概念与定义上的认识误区。对于校本课程开发的概念,有些人对其进行了拆解,对“校本”“课程开发”分别进行解读,如将“校本”阐释为“通过学校”、“源于学校”和“为了学校”等,但实质上校本课程开发的目的与价值在于提供学生课程选择的机会,为了学生的个性化发展。学生才是这一行为背后的价值动因,而非学校。无论是通过学生的发展来促进学校的发展,或是基于学校要发展所以需要学生发展,其隐含的价值逻辑都不是以学生为目的,在这样的价值逻辑之下,学生沦为学校课程开发的工具或手段,从而背离了教育自由这一永恒的价值追求。其次,因无视校本课程开发活动需遵循的教育教学规律而产生学业负担过重的现象普遍。校本课程开发需要遵循学生发展的特点、规律与学段特征,将学生的兴趣转化为学生真实的学习需求,与国家课程、地方课程等其他课程进行科学统整,从而促进能力结构的完善与发展。否则,眼花缭乱的“兴趣课程”“兴趣小组”不仅无助于学生能力素质的提升,还易产生额外的学习负担,引发课程结构的混乱和无序。最后,校本课程开发话语体系中学生群体的失语。在诸多校本课程开发相关研究或论述中,研究主题或探讨重点主要是校本课程开发的价值、影响因素、存在的问题、对策与策略等的分析,问题的指向也是从学校或教师的视角出发,诸如课程开发意识薄弱、缺少专业指导、课程资源缺乏、制度建设乏力等,学生的立场与话语权被隐匿,学生参与课程开发的价值、机制、途径,学生的需求与课程学习状态以及学生对课程的评价等却鲜少论及。这样极易导致校本课程开发成为学校及教师主导的创作,而非真实反映学生学习需求、满足学生个性化发展要求、尊重学生主体价值诉求的课程实践。

学生在管理学校和决定自己的教育课程方面应被看作完全的合作者,并应受到欢迎,他们应被看作主体,而不是客体;儿童可以通过其富有洞察力的评论和行为提供惊人的例证证明他们是权力的拥有者,而不只是权力的领受者。在教育中,他们至少应被看作完全的合作者,而且在许多情况下,儿童就是教师。[①] 校本课程开发是基于学校发展实际、针对国家课程开发的局限性、突出学校建设特色、满足师生个性化发展需求而采取的一种课程开发策略,在这一语境下,校本课程的最终价值表现为满足学生的多元发展需求,而这作为衡量课程开发成败的绝对标准,贯穿于课程开发始终。一切课程改革活动脱离学生这一真实的生命体都只能沦为一种理论设

① 辛西娅,普林斯,科恩,等.国家会议与专题论坛综述[J].教育展望(中文版),2002(2).

想，只有以学生为价值目的，实现学生完整的人的发展才能最终检验课程开发成效，在此意义上，课程的存在价值即为实现学生主体的发展价值。

(二)学生在校本课程开发中的作用

学生在校本课程开发中的作用主要表现在三个方面：一是在课程开发前期作为课程设置需求分析的来源；二是课程实施过程中的效果评价与反馈；三是在校本课程开发中学生自身作为重要的课程资源。

首先，作为校本课程设置需求分析的来源。一方面，校本课程开发需要以国家和地方课程规划纲要、课程计划、标准为指导，课程理念或价值取向需要符合时代发展对人才素质的客观要求；另一方面，充分突出本校特色、文化取向与育人理念是校本课程开发的内在根基，学校是育人活动的现场，学校的课程设置必须符合学校自身的性质、定位、办学个性与环境条件。在充分考虑国家、社会、学校层面对人才培养的客观要求与发展需求基础上，还需要将其与学生个人的需求进行整合，才能开发出适合学生、为学生所喜欢、学生愿意学的课程，校本课程开发的价值也才能得到体现。具体而言，学生的需求既可以是显性的，也可以是隐性的。显性的需求往往是学生主动表现出的，如在课程开发过程中的情绪状态、交往状态等外显性的表现，其可以直接作为判定学生对课程感受的行为信息，具体表现在对课程开设类型、上课方式、活动方式等的参与态度与投入状况等方面。隐性的需求则需要通过教师挖掘，并将其作为校本课程开设的切入点。例如，新加坡P学校在数学校本课程开发的学生需求调研中，教师通过观察发现，学生可以在测验中重新回答出所需要的答案，但是通常都缺乏对数学概念的深度理解。在日常功课中，当学生在解决数学问题时，他们缺乏能力去解释和判断他们自己的答案，这种现象同样发生在单元测验和学期测验中。[①]据此，教师可将其作为校本课程开发中课程内容或课程组织要素的重要内容，实现学生数学相关能力的提升。诊断与分析学生需求的常用方法主要有问卷调查法、访谈法、表现评价法、观察法、测验法等。[②]此外，还应当确定需求诊断对象属于全体学生还是部分学生，即对校本课程开发所服务的学生对象范围予以确定。同时，学生的需求是动态变化的，课程开发者需要鉴别哪些属于学生真实的需求，哪些仅是学生随心所欲的表达，甚至是不成熟的、偶然的、零散的意见与观点。

其次，学生在校本课程实施中提供的效果评价与反馈至关重要。一方面，课程评估能为课程实施提供诊断意见，据此调整课程实施进度、内容与方式；另一方面，

① NGAN HOE LEE. The Singapore Mathematics Curriculum Development—A Mixed Model Approach, In Y.Li&Lappan, G. Mathematics Curriculum in School Education, Springer, 2014: 279-303.

② 田海燕. 学校课程开发中的学生学习需求分析[J]. 中小学管理, 2003(12): 21-23.

能够促进和激励教师反思课程方案、实施方式与开发初衷，从而推进课程的顺利实施，达到预期的课程目标。对于学生对教师教学的评价信息，可以通过召开座谈会、访谈和问卷调查等形式来获取。由于学生是课程实施过程最直接的感受者，因此课程的评价设计部分应能够充分反映学生的真实想法与感受，畅通学生评价反馈渠道。在课程开发的各个环节或不同阶段，从课程目标的设定、内容的选择、实施方式、评价方式等维度进行针对性评价，同时收集学生对于课程改进与完善的建设性意见与想法，使整个课程体系保持开放性、灵活性、可持续性，真正将学生置于课程中心地位，增强学生课程学习的参与感、获得感与幸福感。

最后，学生在校本课程开发中的资源价值体现。广义的课程资源指有助于实现课程目标的各种因素，狭义的课程资源则指形成课程的直接因素来源。学生本身就是一种课程资源，学生自身的知识经验、生活经历、情感状态、个性差异等都是新课程的起点。[①]作为新课程改革的重要理论参照，建构主义强调知识的主体建构性、情境性、社会性与复杂性，把学习过程看作社会建构的过程，新旧知识间的相互作用是学生学习的起点与前提，教师不能漠视学生已有的知识经验、感受、观念与认知系统。尽管这种对事物的认识是粗浅的，甚至是不成熟的，但具备生发新知识、开启学习的建构能力。这种学生已有的知识或初始状态的能力起点是课程开发不可忽略的重要因素，任何课程开发与设计最终都体现为特定的组织形式，而学生的认知发展顺序与心理逻辑是课程内容组织形式的依据。因此如何把握好、利用好学生个体的已有经验体系，将其作为课程开发的宝贵资源进行科学、合理的挖掘、设计，是衡量校本课程本身建设质量的重要标准。其次，学生作为资源开发的重要来源还在于前文所述的学生在课程前端需求分析、课程评价与效果反馈中都发挥着独特作用。此外，作为一种衍生资源，学生家长也是校本课程开发的重要人力资源，这也是当前课程开发主体多元化、课程民主观念与实践指导下的客观要求。一方面，家长作为校本课程需求端的主体代表，在学校课程建设、教学活动上具有话语权，其表达自身利益诉求的愿望是强烈且真实的。另一方面，学校课程决策权的下放，也为家长参与师生教学过程提供了机会，在提供家长资源的同时也能较好地促进学校课程文化建设、增进家校合作氛围、增强家长对学校发展的支持与信任。最后，任何资源的开发与利用都是主客体之间发生联系的过程，具有教育意义的资源最终对学生发展产生的直接或间接影响都离不开学生主体与情境的互动。如我国一些中小学美术教师引导学生在课堂上或课外，通过教师或其他途径所提供的中外美术馆或博物馆的网址，访问当地的美术馆以及博物馆，欣赏美术作品，检索美术史的资料、文献。[②]通

① 孙文静．试论学生作为校本课程开发的主体［J］．吕梁教育学院学报，2010(1)：14-16.

② 全日制义务教育美术课程标准(实验稿)解读［M］．北京：北京师范大学出版社，2002：185.

过学生自身的资源开发及与情境之间的互动才能真正实现资源的转化、扩大与叠加效应,实现资源的个性化运用,从而不仅达成课程开发的显性目标与预定目标,同时也能促进潜在的隐性目标与生成性目标的显现与达成,使课程资源的效用得以循环再生,课程内容体系得以持续改进与完善。

第二节　校本课程开发的审议

校本课程开发主体指明了“由谁开发”，具体涉及人员领导与组织。而如何确保课程实践是在预定的方向和轨道运行，如何保证主体的价值判断、课程理念与校本化育人核心、课程取向相一致则是课程审议需要解决的问题。课程审议是约瑟夫·施瓦布首次提出的课程研究方式。[①]相较于“课程是什么”或“实施怎样的课程”，课程审议更关注“课程应该是怎样的”或“应该实施怎样的课程”。实行课程审议有助于澄清校本课程开发的价值、发现课程问题并尝试解决课程实践问题。为此，首先需要把握实行校本课程开发审议的内涵；其次，要洞悉实行校本课程开发审议背后的价值取向；最后，在此基础上，进一步明了其构成要素与实施的基本流程。

一、校本课程开发的审议概述

校本课程开发审议既是一种课程实践活动，也是一种价值实践。校本课程开发作为新生事物，不仅需要政策层面的倡导与支持，更需要通过“实践的检验”以获得价值确证。因此，明确校本课程开发审议的内涵、价值、特点及原则有助于规范校本课程开发活动，增进校本课程建设的专业性、民主性、可持续性。

（一）校本课程开发审议的内涵

“课程审议”的概念由课程专家约瑟夫·施瓦布于20世纪60年代提出，是对泰勒课程模式或传统自上而下课程开发模式的反思与革新。发端于20世纪50—60年代的结构主义课程改革运动的失败使得专家在开发课程的实践中深陷瓶颈。为此，施瓦布提出了“实践性课程观”，组织和发起了课程领域的“走向实践运动”。他强调课程的实践价值和动态过程，重视课程开发中结果与过程、目的与手段的统一，重视教师和学生在课程开发中的作用，主张用集体审议的方法解决课程问题。[②]他将课程审议看作课程开发的一种重要方法，并认为参与课程开发的相关人员——包括课程学者、教师、学生、社会人员等采用“审议”的方式共同参与课程开发。[③]因而是一种“集体审议”。在集体审议中，要保证行动的直接影响者能够广泛参与到行动的决策

① 施良方．课程理论：课程的基础、原理与问题［M］．北京：教育科学出版社，1996：198-199.

② 蓝同磊．施瓦布的实践性课程开发理论及其评价［J］．南宁师范高等专科学校学报，2006(1)：97-100.

③ SCHWAB. The Practical 3：Translation into Curriculum［M］. London：Hodder and Stoughton Ltd，1989：29.

过程中，使他们的利益诉求得以表达，也使最后的行动决定能够被他人所接受、认可。审议最终将形成新的共同体(a new public)。①施瓦布的课程审议具有三方面特征：(1)形成和选择各种可能的备选课程问题解决方案是课程审议的首要特征；(2)课程审议遵循的是实践的逻辑，而不是形式的逻辑，即从提出课程问题到解决课程问题的过程，课程审议都运用实践的语言，依靠实践的智慧，进行实践的判断，最后得出行动的实践结论——最终一致性的行动意见；(3)课程审议具有集体和教育的特征。②

为使集体审议有效解决课程问题，施瓦布提出了三种课程审议的艺术。(1)实践的艺术③。实践的艺术是针对个体所感知的个别的、具体的、特定的情境而言的。它首先是"感知的艺术"，即通过一系列"无关扫视"，以帮助我们从背景中识别问题所在，并初步赋予其意义。其次是"问题形成的艺术"，即对感知到的问题及其所赋予的意义作进一步的诊断，并用最佳的方式来表述这一问题。最后是"问题解决的艺术"，即形成和选择备选方案。(2)准实践的艺术。准实践的艺术是实践的艺术的延伸，它不是针对个别的、孤立的情境，而是针对由相互联系、多样的个别情境所组成的准实践的情境。(3)折中的艺术。④折中的艺术是指对各种理论进行折中、调和，它包括以下三种：第一，将理论的或学术的知识和观点与实践情境中的问题进行比较的艺术；第二，对理论或学术的知识和观点进行修改、重组，以使其适应情境和问题的艺术；第三，超越现有的种种理论、知识、观点，产生新的行动方案的艺术。最后，他建议以学校为基础成立包括校长、社区代表、教师、学生、教材专家、课程专家、心理学家和社会学家等成员的课程集体对课程问题进行审议。并且审议重点应当放在教师、学生、学科内容、环境四个基本要素之间的平衡上，其宗旨是谋求课程四要素间的动态平衡。它们之间相互作用、相互影响的过程是课程审议的核心内容。⑤

根据前述专家学者对课程审议概念的阐释及相关主张，我们认为，校本课程开发的审议是通过审议小组之间的对话协商，针对课程实践情境中的问题，遵循特定的审议原则，采用灵活的审议方式对课程开发全过程进行追问并以此寻求课程的改进与应对策略的过程。它具备课程审议作为一项实践活动的基本要素与实施流程，

① 李玉珠．基于施瓦布的课程审议对职业教育课程开发的反思[J]．北京劳动保障职业学院学报，2015(4)：41-44.

② 施良方．课程理论：课程的基础、原理与问题[M]．北京：教育科学出版社，1996：109-200.

③ SCHWAB. The Practical：A Language for Curriculum [J]. School Review，1969：78.

④ SCHWAB. The Practical：Arts of Eclectic [J]. School Review，1971：79.

⑤ 蓝同磊．施瓦布的实践性课程开发理论及其评价[J]．南宁师范高等专科学校学报，2006(1)：97-100.

因此其不仅仅是指对《校本课程规划方案》与《课程纲要》书面文件的审议。[1]前者是指在地方一级由审议委员会组织的审议，后者是指学校一级（如学校课程委员会）的审议。在这里，我们强调的是在校本课程开发与实施整个过程中，由学校相关人员之间进行对话协商，针对具体的课程开发与实施情境（问题）开展的动态性、过程性审议活动。

（二）校本课程开发审议的价值

首先，校本课程开发审议有助于对课程整体认识的深化。崔允漷等人对中国校本课程开发状况做了一次比较全面的调查，其研究发现，90%的学校在不同程度上进行了校本课程开发，76.6%的教师认为自己能够胜任校本课程开发，有将近60%的教师积极参与校本课程的开发，一半以上的教师（56.8%）能正确理解课程的基本内涵，97.1%的教师常常或有时思考教学内容的问题。[2]从整体上看，校本课程开发在实践中尽管发展缓慢，但也积累了一定的经验，部分学校在实践探索中也形成了比较成熟的开发模式，推动了校本课程的建设，形成了学校发展特色，促进了师生的发展。但目前，人们对校本课程开发的认识尚浅，校本课程的发展尚处于起步阶段，课程审议的校本实践更是堪忧。如何保证课程管理领域不混乱？尽管学校获得了部分课程开发的自主权，但如何保证赋权增能？如何保证学校教师真正参与到课程开发过程中？对这一系列问题的回答决定着校本课程开发是停留于形式上的“编写教材”还是基于课程审议的价值实践。由于校本课程开发审议贯穿于全过程，它体现了对教育情境的敏感度与发现问题的意识，是一种基于专业知识的睿智审视。因此实行校本课程审议乃至形成常态化的审议制度，有助于增进教师对课程开发的全面认识，真正践行课程作为育人核心的重要认识，从课程实施走向课程反思，再由课程反思走向课程研究、课程领导。

其次，校本课程开发审议有助于凝聚校本发展共识，提升教师专业发展素养。目前校本课程开发如火如荼，课程校本化发展也各具特色，多姿多彩，各类校本课程开发主题层出不穷，极大地激发了教师群体参与学校课程建设的积极性。但也有部分研究指出，校长和教导主任是学校课程开发的主导者，教师参与机会不多，参与程度不深。[3]究其原因，一方面，长期以来国家课程一统到底，教师惯于被动执行课程或教学任务，加上外部升学压力及行政考核的重担使得教师群体很难从教学事务中

---

① 崔允漷，何珊云．亟需建立和完善校本课程审议制度［N］．中国教育报，2008-7-25.

② 崔允漷，夏雪梅．校本课程开发在中国[J]．北京大学教育评论，2004(3)：30-34.

③ 王嘉毅．课程决定中的校长与教师——基于我国中小学的调查[J]．课程·教材·教法，2008(8)：3-10.

抽离出来审视课程，反思课程，乃至寻求外部合作进行课程开发，将课程开发仅视为课程或教学专家的任务。另一方面，这也与教师群体的话语权不够充分、专业化程度不够高有关，这使得教师较难将自身置于课程开发的重要位置。如此一来，课程开发与课程执行的分离更进一步加剧了这种课程与教学之间的分化，导致课程开发内容理论化、抽象化，脱离教学实践，操作性不强，不能反映教师群体的意见与想法，教师也难以感受到自身在课程开发中的参与感与获得感。课程实施者没有机会参与课程基本架构和内容的审议，有可能不认同甚至不理解这些理念、架构、内容及预成的手段和方法。[①]但课程审议却是一种高度情境化的课程开发方式，客观上要求审议人员意识到自身的课程责任。审议小组成员的多元构成形成了理论与实践相结合的思维场域，因此，它不再偏向于专家的理论话语，也不热衷于教师的经验说教，而是“审议集体”或“课程集体”以问题为中心，各抒己见，多元对话，实现理论、实践与情境的高度契合，最终做出综合判断、决策的过程。参与者的主动性、积极性得以激发，审议小组在平等协商的氛围中感受到作为课程决策者的自豪感与获得感，凝聚着校本课程发展的共识，也有利于教师专业能力与综合素养的提升。

最后，校本课程开发审议有助于课程管理制度的创新。传统的自上而下式的单一课程管理制度所隐含的思想与校本课程的观念和方法存在一定程度的失配。校本课程计划要求从专家中心向学校教师中心的转移，这必然会受到这种中央集权的课程管理体制及其思维惯性的抵制。[②]刚性的制度规范束缚动态生成的课程创生，线性的“定规”与“执行”缺乏制度生长的内生活力，缺少“过程指导”的激励，也弱化了制度文化的内生价值。[③]由权威—指令的课程管理走向实践—创生的课程领导需要发展教师课程领导者的领导责任，校长、教研主任等作为顶层领导者通过创设参与学校制度建设的平台，真正提高教师参与课程实施、评价与管理的权责意识。同时，课程审议还提供给了教师集体参与学校课程建设的实践机会。美国学者舒伯特指出，在课程审议的四要素中，教师是课程的“探究者”，学生是课程的“创造者”，学科内容具有“动态性”，环境包括物质、文化、社会、心理等方面的学习情境及课堂生活中的规章、制度和期待等因素，制约着事态的发展过程。[④]由此可见，教师和学生作为课程开发的亲历者与见证者，参与课程审议与决策有着天然的优势。课程审议完全不同于自上而下式的行政指令或权威专家的课程管理制度，而是由教师、学生、家长甚至社会人士等有助于课程审议、推进课程建设的相关利益主体共同组织。各

① 虞永平．论幼儿园课程审议［J］．学前教育研究，2005(1)：11-13.

② 傅建明．校本课程开发中的教师与校长［M］．广州：广东教育出版社，2003：26-27.

③ 蒋敏杰．学校课程实施与管理制度创新的思考［J］．教学与管理，2017(20)：20-22.

④ 郝德永．课程研制方法论［M］．北京：教育科学出版社，2000：200-201.

方围绕共同的课程目标而非某个个体的权威，基于客观实践要求，督促学校内部建立起适应课程发展趋势的管理制度。

（三）校本课程开发审议的特点

校本课程开发活动发生于学校现场，是基于学生本位进行的课程创新。作为国家课程与地方课程的重要补充，校本课程突出学校特色与文化传统，立足于学校发展实际，注重学生的个性化与多元化发展，主张课程开发过程的民主、开放与权变性。因此，校本课程审议也必须尊重学校发展的现实情境与内在规律。课程审议活动呈现出如下特征：

其一，系统性。针对校本课程开发的审议是全面而系统的实践活动。一方面，就审议活动本身的内涵而言，它是审议小组（主体）对实践客体（对象）及其内容进行全面审查以做出价值判断的过程。因此对其进行审议的事项也必然是由不同环节组成的完整系统。自新课程改革提出以来，我国实行的是自上而下的三级课程管理政策，而校本课程开发作为新生事物，赋予了学校教师、学生及相关利益主体部分自主权，在实践过程中部分学校进行了组织课程审议的实践尝试。例如，东北师范大学附属小学在以“国际理解教育”为主题的校本课程开发过程中采取“自上而下的集体探究阶段”、“民主协商的课程决策阶段”与“审慎反思的课程行动阶段”三阶段进行课程审议。其中自上而下的集体探究阶段是以校长在内的课程领导者与教师相结合作为课程审议主体，历经课程问题的感知与识别、课程问题的明晰与澄清，通过教师群体的对话协商与问题反思直至解决问题的完整过程。[①]正是校本课程审议的系统性保证了校本课程开发活动的专业性、权威性与合法性。经过审议一致通过的校本课程决策能够增强课程主体实施课程的内在动力，增进其对校本课程开发的认同感，有助于学校争取更大范围内的课程资源与外部支持。

其二，协商性。课程审议的本质就是要求人们通过对话、沟通和商谈等平和、理性的方式达成对课程问题的共识，而不是靠强权或其他简单的方式来决定问题。[②]课程审议活动的协商性质一方面是由于审议活动是对客体进行综合权衡、做出判断与选择的过程，因此课程审议是对课程开发方案或实践过程进行价值评议的过程。而价值正是客体对主体需要满足的程度，不同的审议主体由于其专业性、实践经验、课程素养、价值取向等的不同，对校本课程开发的认识必然存在差异，其在审议的过程中也不可避免地会经历观念的碰撞、思维的激荡与价值观的冲突。但课程审议运用的是实践语言，依赖的是实践智慧，进行的是实践判断，实施的是一种实践的逻辑

---

① 脱中菲，熊梅．校本课程审议的实践过程[J]．中国教育学刊，2009(9)：53-56.

② 张家军．论课程审议的内涵、价值取向与过程[J]．课程·教材·教法，2012(6)：9-14.

过程，而不是形式的逻辑过程。[①]“实践的兴趣”是维护人际的相互理解以及确保人的共同性的兴趣。其核心是理解，强调对意义的一致性解释，强调集体审议和公开辩论。[②]因此，来源于实践又重归实践的课程审议活动，为主体之间的冲突提供了协商对话的空间。

其三，时效性。校本课程审议的时效性是指课程审议作为对校本课程开发活动或方案进行的全面评议与审核，应当确保其在特定的时间周期内做出审议结果与决策，以保证校本课程开发的连续性与长效性。校本课程开发需要从学校教育哲学高度整体研制，既有学校层面的课程整体设计，也有各类课程实施的具体指引，绝非零散的、随意的，而是一个有组织、有目的且不断改进与发展的过程。[③]这决定了课程开发的审议也应当与课程开发全程高度接洽，在学校课程规划方案建设伊始就应当组织审议，实施过程中也需要针对发现的问题、意见分歧，抑或是影响或危及课程下一步实施和开展的部分进行审议，以便及时改进失当的课程决策，直至达成群体的共识，提出协商后的解决方案与对策，保证课程开发活动始终行进在以学生为中心的轨道上。任何来自课程实施过程中的效果反馈以及与预期目标不一致的课程问题都应当引起审议主体的重视，而非选择性“忽略不计”，以致延误课程审议的恰当时机，导致校本课程开发审议的迟滞给学校课程建设造成的不良后果，影响学校课程建设质量。

其四，建构性。课程主体要想就课程实践中存在的问题达成共识并最终将其解决，就必须进行对话、沟通、交流，因为人类要达到“协同性”，没有什么路好走，只有诉诸对话。[④]对话过程即是主体之间以及主客体之间进行再建构的过程。一方面，课程审议总是遵循一定的教育信念或课程价值观，并将其作为进行决策的观念基础，因此当主体对校本课程方案进行认识、评议或开展对话时，即是与自身原有价值观进行匹配、辨认、批判与重组的过程，以试图与认识对象保持一致。在这一过程中，当认识对象或实践客体与主体原有认识不一致或产生分歧时，主体或寻求专业支持以获得对客体的“正确”认识，并修正原有的观念体系与实践理念，使其保持一致；或选择对客体进行持续追问，发现认识对象存在的问题，提出改进策略，进一步巩固与强化个体原有的认识或信念。另一方面，正如上文所述，课程审议活动是多元主体之间民主协商的过程，不同主体之间的立场、价值取向以及对课程开发认识

---

① 徐玉珍．群体审议——教师参与学校课程决策的一个参考框架［J］．华东师范大学学报(教育科学版)，1995(4)：23-24.

② 哈贝马斯．认识与兴趣［M］．郭官义，李黎，译．上海：学林出版社，1999：9-14.

③ 李臣之．校本课程开发［M］．北京：北京师范大学出版社，2015：54.

④ 王治河．扑朔迷离的游戏——后现代哲学思潮研究［M］．北京：社会科学文献出版社，1998：226-227.

的不一致，总是需要通过对话、磋商、释疑，直至达成一致共识，即“存异求同”而非“众说纷纭，莫衷一是”。据此，在审视与解决课程问题、矛盾与分歧的过程中，主体通过与自身、与客体、与同伴之间的对话最终建构起对课程开发审议价值理念的共识，澄清课程开发实践活动背后的价值动因，以做出合理的价值选择。

（四）校本课程开发审议的原则

校本课程开发的审议不能背离学校本位的课程开发这一特定语境。任何课程的审议活动必定会根据要实现的目的而存有差异，具有高度的情境性与方向性。课程审议必然遵循有关课程审议的特定原则，符合课程审议的价值导向与基本精神，如此才能进一步推进校本课程的顺利实施。

首先，校本课程开发的审议理念须遵循以人为本的原则。以人为本的价值理念是一切教育活动的根本原则，也是一切教育教学改革的内在动因。重视人的主体地位与能动性的发挥、关注人的生命价值是教育得以存在的前提，也是永恒的实践追求。2014年，教育部颁布的《关于全面深化课程改革落实立德树人根本任务的意见》指出，“课程是教育思想、教育目标和教育内容的主要载体，集中体现国家意志和社会主义核心价值观，是学校教育教学活动的基本依据，直接影响人才培养质量”。校本课程作为对国家课程的重要补充，充分尊重学校办学实际与资源条件，力图为学生的多样化发展助力，丰富学生的课程体验、增长才干、培养兴趣、提升素质。因此，针对校本课程的审议活动或制度也需要以促进学生发展为本。课程体系的改进与完善并不是审议的终极目的，通过课程审议改进课程情境、优化课程实施、营造有助于课程推进的环境氛围均以促进学生的发展为根本目的。与此同时，教师作为课程实施的主体，在新课程改革的进程中被赋予课程表达的话语权，作为与学生成长亲密互动的关键角色，其被要求主动参与课程开发，创新课程实施方式，自觉进行课程反思，善于从日常课程情境中发现问题，并能够开展课程研究，积极寻求课程建设的有利资源，提升自身课程素养。因是，教师群体有资格也应有能力进行课程审议，并提供有助于课程问题解决的丰富资源、智慧贡献与专业热情。正因如此，尊重教师群体的主体地位、充分发挥其主观能动性、重视其专业发展的内在需求与学生为本这一理念并行不悖、相互支撑、相互促进。同时，在课程审议过程中充分尊重教师参与审议的主体地位、充分践行以学生成长为核心的审议理念也是校本课程开发审议的价值所在与意义体现。

其次，校本课程开发的审议主体须秉持平等协商的原则。依据施瓦布的课程审议理论，课程开发中，校长、课程专家、教师、学生、社会人士等均可以参与到课程审议中，作为对事件后果有着直接关联的群体以表达自身的话语立场。同样，校本课程开发作为一项重要的课程改革政策,也需要广泛的公众参与进来,表达自身的课程价值诉求。平等协商的原则一方面是基于课程审议是以情境为关注中心,追问“应该教什么”和“应该学什么”的问题,回答这样的问题需要诉诸实践艺术。[①]实践的艺术包含感知的艺术与准实践的艺术,关注问题解决与备择方案的选择及行动预演,在充分的分析与比较之后实施最佳策略或方案(择宜的艺术)。它旨在关注问题解决,而非服从理论权威或接受排他性指令。因此课程审议多元主体之间需要通过平等、平和的协商与理解,共同探讨课程开发是否遵循了共通的价值理念,是否做到了以学生为中心,是否充分利用了一切可用资源等,在群体间建立起专业的信任与相互鼓励的氛围,甚至是大胆提出创新的想法、观点、建议,这比仅仅发现问题或相互诘难更为重要,有助于通过审议的方式推进课程开发,建立起开放包容的课程生态。

最后,校本课程开发的审议形式须符合情境最优的原则。由于校本课程开发立足于学校发展的现实性,是在充分审视学校自身的性质、条件与特点的基础上,根据课程开发的现实情境,充分而有效地利用教育资源,研制的可以有效实施的课程开发方案与实践方式,因此课程审议环节也需要符合学校课程开发的具体情境与设计。例如,审议内容可以是“某个具体的课程是否与学校教育哲学及校本课程总体目标相一致?”或“开设该类课程所需的条件与资源是否具备?”等具体的审议项。施瓦布认为,课程的四要素为教师、学习者、学习内容与环境。当我们面临一个具体的问题情境时,可以以这四个方面为“坐标轴”给情境绘图,识别问题所在。换言之,任何课程问题均来源于学校实践情境,而课程审议旨在提供最符合学校发展方向或最适合课程问题解决的策略。这样的课程审议是具有校本特色的审议,因此它排斥固定的标准或模式,而需要根据情境灵活变通。例如,虞永平从幼儿园课程开发所面临的具体问题出发,从课程审议解决具体的问题上对幼儿园课程的审议进行了类型划分,包含选择性审议、展开性审议、论证性审议、判定性审议、形成性审议五类。其中,判定性审议是对实践过程和实践背景进行深入分析的复杂过程,需要区分不同背景,作出多种判断。此外,审议方式也不仅仅局限于小组讨论,还包含面对面的会谈、书面资料的分享、电子邮件或网络的讨论等。情境最优原则符合校本课程开发的过程性动态以及教育情境本身的复杂性、不确定性与非结构性等特征,因此,课程审议需要根据实际情境的演变、发展,选择最能够反映问题性质及其情境特征的审议方式与最佳备择方案。

---

① 李玉珠.基于施瓦布的课程审议对职业教育课程开发的反思[J].北京劳动保障职业学院学报,2015(4):41-44.

二、校本课程开发审议的要素与流程

校本课程开发审议是保证校本课程有效实施的重要步骤和途径，也是深化校本课程研究的重要一环。目前，校本课程开发审议在幼儿教育领域开展得比较广泛，也形成了一些体现园本特色的审议制度，有力地保障了校本课程管理。一般来说，校本课程开发审议包含审议主体、审议内容、审议形式、审议结果四项基本要素。整个审议流程历经确定审议议题、展开审议、得出审议结果、形成课程认识等主要阶段。

（一）校本课程开发审议的基本要素

其一，审议主体。施瓦布认为课程审议主体构成“课程集体”，由此，集体审议成为课程审议的主体特征。在其《实践4：课程教授要做的事》一文中，他提出了“课程集体”这一概念，认为其包含校长、教师、学生、课程专家、心理学家、社会学家和社区代表等各方成员，即多元主体共同参与课程审议。由于“教师和学生本身是课程的构成要素”①，因而，教师和学生在课程审议中处于核心地位。一方面，多元审议主体作为审议结果的相关利益者，对课程发生过程具有知情权与表达权，参与课程审议能够保证课程决策与执行的民主化。另一方面，在教师作为课程的“探究者”、学生作为“创造者”之外，相关领域的专家、学者作为环境要素是促成决策不可或缺的人力资源，在补充相关学术观点、理论知识等方面能够提供专业支撑与方向指引，从而保证课程审议的基本方向与目标不致发生偏离。同时，审议活动作为集探究、决策、行动于一体的专业性问题探讨活动，并非是简单的、随意性的、零散的交谈，其遵循实践的推理逻辑，始终围绕议题展开“条分缕析”式的对话，特别是对于具有跨越情境的理论性问题更是如此。由此决定了在教师群体之外需要有课程专家、教学专家等的参与，以提供理论视域多样化的可能性。此外，还可以是在校长或学校课程领导小组及教师群体之间开展审议。总之，应当尽量保证审议主体的多元化，具体审议人员可以随着情境的变化有多种组合。

其二，审议内容。广义上，校本课程开发包含学校全新自主开发的课程（校定课程）、国家或地方课程校本转化后的课程形态（显性课程与潜在课程），以及在此三者基础上实行统整后的本校课程。狭义上，校本课程仅指学校自主开发的课程与国家或地方课程的校本转化。一般需要由预开发或已开发课程的教师撰写《课程纲要》并提交申请，由学校课程审议小组予以集体审议，审议的内容依据开设课程的一般要求与具体要求。一般要求如课程目标、课程时数、课程实施、课程评价、实施建议等；具体要求包括该课程目标是否符合学校校本课程总体目标、课程实施方式是否

① 张华．课程与教学论［M］．上海：上海教育出版社，2000：21．

有助于学生的个性化发展、课程资源的利用是否充分以及条件是否具备等内容。课程开发方案的审议除集体审议之外，也体现在日常教学情境中，如针对课程实施过程中某个特定的情境问题进行的审议。后一种审议并没有特别明确的审议目标，注重尊重实践问题的特殊性，通常是在模糊的问题情境中明晰真正的问题所在。审议内容可以是具有普遍性的教育理论问题，也可以是某一特定情境中的具体问题，还可以是对某一课程要素的改进或创新探讨。例如，长春市D小学在开设以"国际理解教育"为主题的校本课程中，针对"如何将国际理解教育融入课程体系之中"这一议题进行审议，最终确定通过学科和学年两个维度，按照国际理解教育的主题，根据各学科学生的学习兴趣和特点，研究和确定各学年国际理解教育课程内容体系，据此达成一致共识。随后针对课程实施中的问题再次进行集体审议，群策群力，直至问题解决。

其三，审议形式。由课程审议的内涵界定可知，对话与协商是集体审议的主要特征，没有对话与协商则无所谓审议。换言之，课程的集体审议形式并非是一拨儿人在物理意义上的集中，而是需要有就某个议题展开对话、理解、共鸣的思维过程，或称之为思维的实践活动。并且在这种由不同经验背景、立场、价值取向所组合而成的思维场域中的对话是平等的、民主的、包容的对话，是实质上的地位、人格与对话的平等。这样才能产生哈贝马斯所认为的"理想沟通情境"：每位教师均有参与讨论的权力；讨论过程中针对不同观点可以提出质疑或加入其他提议；整个讨论过程中没有教师会受到其他内在的或外来的阻碍。简言之，在审议议题面前，观点平等，它并不因为提出观点主体的外在标签而有高下或优劣之分。不同的审议情境因时间、地点、条件等因素的制约，会有不同的审议方式，在通常的面对面审议、书面审议之外，还包含新型的网络审议。在具体审议形式上，从审议主体划分，有班内审议、班际审议、校际审议；从审议对象划分，有年级组内的审议与学科组内的审议；从审议时间上，包含非正式的审议与正式的审议；从审议目标达成与否上，有产生决议的课程审议与信息共享的课程审议，后一种审议虽未解决问题或达成共识，但审议人员之间共享了信息观点并提供了众多可供参考的方案，对解决问题产生助力，或使教师受到了启发。[1]

其四，审议结果。校本课程开发的审议结果是在集体充分协商与讨论结束后达成的一致性共识，它可以是做出某项课程决策、解决特定课程问题、形成完整的改进方案等，即施瓦布所言的"达成课程四项基本要素(教师、学习者、学习内容、教学环境)的动态平衡"。正式的课程审议往往需要书面记录审议结果，以作为课程开发进程中的阶段性成果或标志，或作为增进课程审议公信力的在场依据，同时也有助于

---

① 马瑞园.小学课程建设中的教师群体课程审议研究[D].重庆：西南大学，2016：25.

二次审议或后续相关课程议题的持续改进。与此同时，课程审议结果的发布也有助于公众了解课程开发整体情况，增进其对课程开发的了解以及课程实施的信心，保证校本课程审议人员与审议过程信息的公开、透明，强化监督。最后，在审议结果的语言表达上应全面、客观、规范，严格按照课程审议的流程与相关事项予以记录。在特定的时间范围内将审议结果反馈给相关主体，并提供进行修改或进行复议的机会。

（二）校本课程开发审议的基本流程

校本课程开发审议的基本流程可用下图示之（图2-1）：

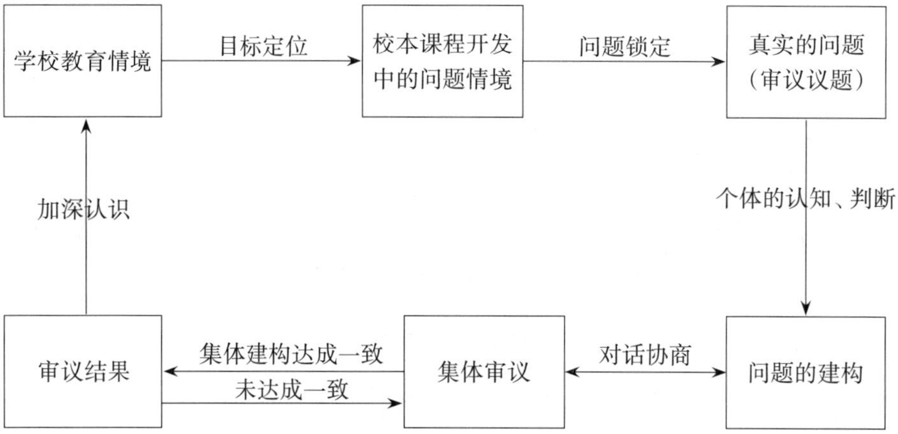

图2-1　校本课程开发审议流程

首先，确定审议议题。课程审议议题来源于对学校教育情境的认识，这是“宏观的”，在此基础上产生对校本课程开发情境的认识。一方面，校本课程开发总是建立于对学校办学性质、定位、目标、学校教育性资源状况与条件、学校管理制度等的综合感知与认识基础上。教师对校本课程开发情境与相关性问题的认知也是经过“学校情境化”的，是基于学校实践状况、立足于学校发展现状的。另一方面，厘清问题需要学校主体人员有着对情境的高度敏感与清晰的洞察，能够判定哪些问题是真正应该关心的有效问题，哪些属于无效问题。这是对校本课程开发审议对象与内容的核心聚焦，也是审议主体得以对课程问题进行建构的背景与条件。

其次，展开审议。审议过程中，需要审议人员之间就确定的议题进行多元对话与协商。教师与学生作为课程审议主体的核心，对课程开发问题的情境理解、认识、感受与想法等应当受到特别关注。在施瓦布看来，审议遵循实践的逻辑或实践理性，它反对对任何既定的、外来的“理论”的依赖或盲从，抽象的、普遍的理论脱离课程实践，并不能真实有效地解决问题，即理论需要经过实践的检验与改造，并最终通过集体的审议达成“一致性解释”。同时遵循哈贝马斯关于理想的沟通情境的主张，即每位教师均有参与讨论的权力，讨论过程中针对审议议题的不同观点可以提出质疑或加入其他提议，并且整个讨论过程中没有教师会受到其他内在的或外来的压制。

最后，得出审议结果，形成课程认识。审议结果是审议主体就有关审议议题的集体性建构。集体性建构并不是个体建构的简单叠加，而是对审议问题充分讨论之后形成的对情境的完整认知与对课程开发的再建构。具体言之，审议之后，主体之间达成一致性共识，这种共识并不意味着观念或立场的完全一致，事实上也不可能实现，但每个个体由于认知的局限性与思想观点的迥异，使得不同背景的主体之间能够对问题情境进行更新与持续建构，最终在理论与实践的相互比较、判断、选择的权衡基础上实现对课程问题或要素全面综合的认识与新的理解，从而推进校本课程开发的实施。

第三节 校本课程开发的流程

作为国家课程与地方课程的补充，校本课程在开发过程中需要尊重学校自身的办学传统与资源状况，并以促进学生的多样化与个性化发展为价值目标。尽管具体到每一所学校，其校本课程开发在具体目标、内容、实施方式等方面均存在客观差异，但校本课程开发的操作流程与实施步骤仍然存在着一般性的规律。本节内容主要涉及进行校本课程开发的常规步骤与基本流程，即在对校本课程开发的现状进行分析的基础上明确具体的校本课程开发目标，进而集中开展课程的集体审议，最终进行校本课程开发的实施与评价。

一、校本课程开发现状分析

《中国基础教育课程改革指导纲要》把学校课程定义为："学校根据本校的实际条件和学生的需求，充分利用本地和学校的课程资源而开发的多样性、可供学生选择的课程。"校本课程的开发需要通过资源的发掘、整合与科学设计才能最终为学生发展服务，也才能支撑起校本课程的有效实施与现实运作。因此，对学生的发展需求与学校相关资源状况进行科学分析是校本课程开发的首要任务与关注重点。

（一）学生发展需求分析

首先，对学生发展需求进行分析是将共性与个性相结合的过程，同时也是由一般到具体的转化过程。学生发展的共性需求主要涉及国家与社会两个层面对学生发展的普遍、统一与基本的要求。一方面，就国家与社会层面对学生发展的要求而言，它需要反映与体现一国文化与教育的优良传统并进行现代的转化，需要经过科学、全面、系统的调查分析，以研制出适合学生发展的目标要求与内容要素。如当前中国学生发展核心素养就涉及学生在文化底蕴、自主发展与社会参与三大领域的六种能力的培养。因此，各级各类学校所开设的校本课程均需要符合国家对人才的培养要求或改革指导，以此作为校本课程开发的政策指南。与此同时，就学校完整的课程体系而言，由教师自主开发的课程需要与国家（地方）课程、潜在课程等不同课程形态相互补充，形成体系化的课程结构，并反映国家与社会发展对人才培养要求的精神内核。另一方面，国家与社会层面的教育要求只有通过各级各类具体的学校结合自身办学实际才能予以体现。由于我国地域广阔，不同地域在社会经济、文化、地理、资源等方面均存在着客观差异，每一所学校都有其存在的精神文化根基与发展任务，这是国家制定相关教育教学政策与课程要求时必须予以考虑的。最后，除了国家、社会与学校三个层面的综合要求之外，还应当满足学生自身的群体需求，这不仅是将国家、社会与学校三者的要求进行具体转化的过程，也是学生需求动态生成的过程。学生个体的感受与经验是其发展需求产生的最直接来源。学生的性向、能力、动机、思想观念等都值得课程开发者关注与重视。[①]

其次，不同学生发展需求的诊断与内容的确定。学生在年龄、性别、认知、情绪、兴趣等方面的客观差异影响着需求产生的来源、范围与类型。人本主义心理学家马斯洛提出了需求层次理论，认为人的需求可分为生理需求、安全需求、归属需求、尊重需求与自我实现需求等五类；威廉·詹姆斯提出人类的基本需求包括物质需求、社会需求与精神需求。但需求理论仅向我们提供了一个分析的框架与粗略的范围，想要实现对学生发展需求的精准挖掘则必须基于学校场景进行调查分析，只有从学生实际状况出发才能使校本课程开发真正满足本校学生的发展需求。通过确定诊断对象、拟定诊断规划、实施诊断和撰写需求报告[②]有助于教师逐步确定学生的发展需求。第一，确定诊断对象即对所开设校本课程的服务对象进行评估，不同类型校本课程的开发目的、实施范围、时间跨度等有所不同，其所面向的学生群体也不同。例如，某小学所开设的"动画乐园"校本课程在授课对象的选择上"只针对部分喜爱动画的同学开展，原则上依据学生自愿报名的方式在六年级进行选择，人数控制在40人以内"[③]。第二，诊断规划的拟定。诊断规划不同于教师的纯经验分析或感觉判断，它是在学校实际情境、时间、地点、条件等的支持下对学生发展需求进行的科学诊断。一方面，其需要根据对象与变量的不同，选择质化或者量化方法，如测量法、问卷法、观察法等；另一方面，还要根据对象及方法对于抽样的要求，确定采取何种抽样方式及样本大小，拟定诊断工具，并选择与之相匹配的数据分析方法对相关数据进行整理、分析、聚焦。第三，实施诊断并撰写需求报告。经过诊断之后的学生发展需求报告应当包含所诊断学生群体的基本情况、需求的全面整体分析与单项具体分析以及各项需求的分布、频率等描述性统计或推断统计结果，得出比较全面、科学、准确的学生需求诊断报告，使其能够作为课程开发时进行内容设计、实施方式、评价设计等的信息来源与依据。

（二）学校资源状况分析

学校资源主要指有助于课程开发的教育性资源。广义上的课程资源包含一切

---

① 李臣之. 校本课程开发［M］. 北京：北京师范大学出版社，2015：79.

② 李臣之. 校本课程开发［M］. 北京：北京师范大学出版社，2015：83-84.

③ 张广利. 校本课程开发的实践与思考［M］. 福州：福建教育出版社，2013：92-94.

有利于课程目标实现的各种因素，包括政策资源、物质资源、文化资源、人力资源等。狭义上的课程资源则仅指形成课程的直接因素。资源状况的分析一方面是有助于明晰校本课程开发的目标，使其具备实施的可行性基础；另一方面是为了明了不同类型资源的性质、范围、开发方式，从而使其更有效地融入课程实施过程中。此外，资源能在多大范围内与程度上得到有效利用还与开发主体的能力有关，因此资源的开发利用往往需要教师群体秉持融合、开放、发展的课程资源观，共同合作协调，服务于教育教学和课程运作。

对学校资源状况进行分析，首先要在明确所开发课程的性质、类型与实施方式基础上锚定所需资源类型。资源不仅仅存在于学校这一物理空间范围内，它存在于一切情境中。一切有助于课程开发的资源都可作为储备，但所需资源的选取却与所实施的课程性质、内容与开展方式密切关联，课程资源开发也应遵循因地制宜原则。如某学校在校本课程开设之初将本地区的D自然博物馆作为资源，其中包含多种类型与不同性质的主题单元，均可以作为科学课程的资源，但经过筛选之后发现其中与课程内容联系紧密的仅有以下部分：适用于三年级的“动物的生命周期”单元；适用于四年级的“岩石探究”单元；适用于五年级的“生态系统”单元。[①]宏观上，课程开发者可将地方经济、政治、地理、历史文化等主要资源作为考虑范畴；中观上，进一步明晰某种资源的分布特点、性质、类型、存量等的状况；微观上，将特定资源类型与所开发课程的特点相结合，寻求资源利用的最大化，以促进学生对课程学习内容的理解、技能的掌握或情感价值观的渗透。其次要重视课程资源的动态生成性，开发显性资源的同时关注潜在的生成性资源，使之服务于育人目标的达成。课程资源开发具有开放性，要多种渠道、多种途径、多种方式开发可得性资源，特别是在信息技术与“互联网+”的开放性资源环境中，教师应当善于搜集、辨别、整合与创造性利用多样化的资源宝库，选取能够促进学生多元发展、课程特色化实施、课程效果最优化的重点资源。最后，重视学生作为课程资源的价值。学生资源是指在课堂教学中来源于学生的资源，包括学生已有的知识、生活经验、情感、动作以及通过师生互动生成的、有利于教学的资源。开发学生资源的最终目的是促进学生的完善与发展，因此，在运用学生的资源推进校本课程开发的过程中应当了解、尊重学生，坚持学生自愿的原则，保持学生学习过程的舒适与放松，让学生有安全感与愉悦感。教师需要时刻坚守育人初心，把握教学时机，捕捉意外的课堂资源，推进课程实施。此外，来自学生的学习感受、体悟与教育经验也是课程评价与改进的重要信息资源。

---

① 李君.博物馆课程资源的开发与利用研究[D].长春：东北师范大学，2012：67-78.

二、明确校本课程实施程序

在对校本课程开发的现状进行分析之后，接下来应考虑如何在学校的组织建制、人财物资源、师资结构、年级分布等既定背景下进行课程开发的整体设计与实施，以保证校本课程开发各环节、各要素之间的有序、灵活、机动。这里主要介绍两种开发程序——斯基尔贝克校本课程开发程序与托马斯校本课程开发程序。这两种模式均强调对学校、学生情境的分析，因此有助于我们在现状分析基础上进行校本课程开发工作。

（一）两种校本课程开发程序的介绍

1.斯基尔贝克校本课程开发程序①

斯基尔贝克将校本课程开发过程定义为，“对学生学习方案的规划、设计、实施和评价的过程”。其主要包括五大步骤：首先是对情境进行分析，其次依据情境分析结果拟定适切的目标，并建构适切的课程方案，然后进行解释、交付实施，最后对其进行跟踪与方案重建。以上五个步骤，学校可以从其中任何一个步骤着手，甚至可以几个步骤同时进行（图2-2）。

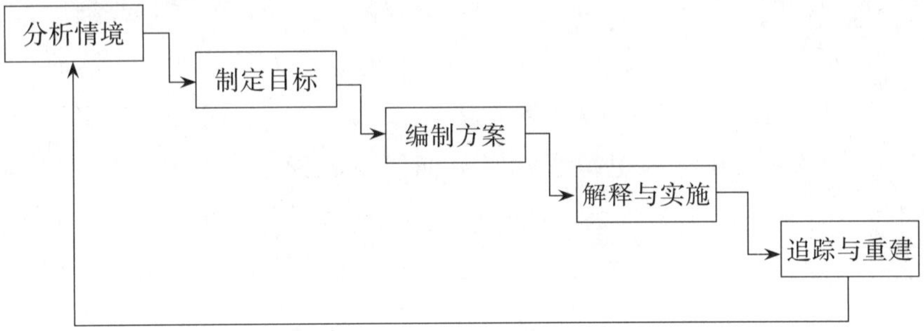

图2-2　斯基尔贝克的校本课程开发程序

首先，在情境分析时应当考虑到校外与校内两部分的因素（见表2-3）。其次，目标的陈述应当包含预期结果，所编制的方案应说明教学活动的设计、达成目标所需的教材、情境设计、人员安排与角色的定义。最后在评价时，应有明确的评价工具与评价模式，通过追踪、交流机制、搜集资料，了解目标与实施结果之间的差距，判断是否需要重新设计方案。

---

① Skilbeck, M.. School-based Curriculum Development. In J. Walton & J. Welton (Eds.), Rational Curriculum Planning: Four Case Studies [J], 1976, P. 161.

表2-3 斯基尔贝克校本课程开发情境因素分析

校外因素	校内因素
社会与文化的变迁、家长的期望、雇主的要求与社区的价值观	学生的身心发展、兴趣、能力与需求
教育系统中教育政策变革、考试制度的改变、教育研究的发现	教师知识、能力、态度、价值观与经验
学科的知识内容与教材教法的革新	课程现状与优缺点
教师支持系统(如教师教育机构或研究机构)的可能贡献	学校气氛与权力结构的关系
社会资源的情形	校内相关资源的配合

由斯基尔贝克课程开发实施程序可看出,该实施程序明确地划分了课程开发的各个阶段与关键步骤,并且各个实施步骤之间并不具有从目标到评价的逻辑顺序,而是可以根据实际情境的需要从任何一个阶段开始或几个阶段同时进行。此种实施程序需要开发者对影响课程的校内外各因素进行系统分析与考察,同时兼顾校本课程开发情境、目标的制定与过程的实施以及课程的追踪与改进,具有过程性、动态性、适应性的优势。这也表明校本课程开发的实施程序是一种动态的、持续的过程,而不是僵化的、线性的行动步骤。[①]尽管该模式关注到了校本课程的行动步骤与主要环节,但课程开发与实施的主体却被隐匿了。校本课程开发的最终目的尽管是为了促进学生的发展,但通过课程的开发同样有利于实现学校课程结构的完善,促进成员之间的相互合作并以此建立、丰富校本文化。这一切都需要通过强有力的学校课程领导小组与团结合作的教师群体,通过校本课程开发引领专业发展、增进人际氛围、践行学校发展愿景。后者与学生发展之间的关系是相辅相成的而非先后关系。由谁来进行课程开发与组织实施以及如何保证校本课程开发的质量与具体行动方案的落实等一系列重要问题却并未提及,这是其不足之处。因此,在1978年,托马斯的校本课程开发程序提出了成立课程开发委员会或相关工作小组,这成为校本课程开发的另一种新型模式。

2.托马斯校本课程开发程序[②]

托马斯认为,学校进行校本课程开发时,首先需要成立课程开发委员会或相关工作小组,承担相关的规划与决策工作;其次,确定参与课程开发工作的参与成员与具体开发程序;再次,经过集体成员讨论拟定课程发展方向、目标与计划,包含课程类型、课程焦点、时间安排与组织结构等;最后,进行此课程开发的具体工作,若课程成品是详细的教材,则必须确定课程主题、教学目标、组织顺序等(图2-3)。

① 崔允漷.校本课程开发:理论与实践[M].北京:教育科学出版社,2000:77.

② THOMAS I D. A Decision Framework for School-based Decision Marking[J].The Australian Science Teachers Journal. 1978,24(2).

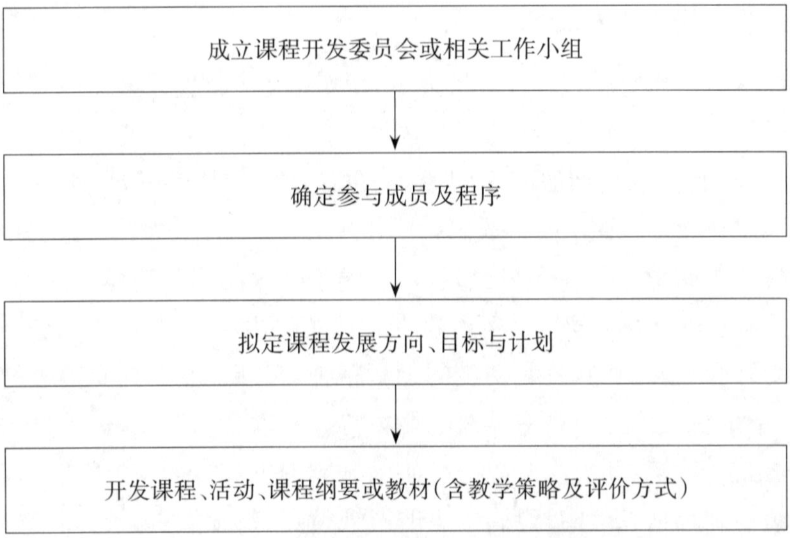

图2-3　托马斯的校本课程开发程序

托马斯校本课程开发的实施程序体现了组织建制—集体讨论—课程决策—课程实施(评价)的序列结构。其中,课程开发委员会与工作小组的成立、小组成员的确定与集体讨论以及具体的实施过程比较符合当前校本课程开发中的课程领导观和课程审议的特征。课程纲要、课程教材、具体的教学策略、活动以及教学评价等内容使校本课程开发工作具备了实践操作性,小组成员间的协作与职责定位能够促进校本课程开发的顺利推进与角色分工。当然,在实践过程中并不存在详细的实施步骤,不同的学校所涉及的工作范围与操作办法也会存在差异,在实践过程中仍然应以具体的学校课程开发工作安排与实施流程为主,根据学生的发展特点与需求、学校课程结构与教学秩序、管理制度等进行全盘设计。

(二)我国的校本课程开发实施程序

前文围绕学生的需求分析与资源状况分析明确了校本课程开发现状分析的内涵、方法与原则,介绍了两种基于情境分析的校本课程开发实施程序。特定的校本课程的开发既需要基于学校的制度设计与安排,考虑课程开发的领导、组织与实施的保障条件等,还需要通过教师主导实施,即具有具体的行动过程。我国进行校本课程开发的实施程序主要包含两部分:其一,编制、撰写《课程纲要》等;其二,行动实践及反思改进。两者是校本课程开发同一过程的不同方面。前者为后者提供制度规范与组织保障,民主开放的课程领导小组为教师的课程实施提供动力支持;后者则通过具体课程的开发与行动实施充实学校发展理念、丰富学校课程文化,通过反馈实施过程中发现的问题,为学校课程建设提供改进建议。

1.拟定校本课程开发的目标

在对校本课程开发现状进行分析之后，便对学生发展需求与学校资源状况有了比较清晰的认识，在此基础上要开展具体课程的实施，首先需要明确校本课程开发的目标。具体而言，需要回答三个问题：通过该门课程能够满足学生的什么需求？发展学生的何种能力？让学生形成怎样的情感、态度与价值观？对这三个问题的回答涉及课程改革的总体目标、学校的教育哲学与学校的实际情境。首先，要对新课程改革目标有正确认识与解读。第八次课程改革提出课程目标应当具有时代性，要使学生热爱社会主义祖国、具有初步的创新精神与实践能力、拥有健康的体魄与健全的人格、形成独立思考与自主学习的能力等。其次，学校教育哲学是学校在自身办学性质、定位、传统、环境与资源等基础上确立的发展方向与办学宗旨。最后，学校的实际情境则包括教师的特点、学生的发展特点、设施设备、校园时空环境、信息联系与人际氛围等的综合状况。因此，教师所开设的课程应当在符合国家对人才培养要求的基础上结合本校发展理念、学生的发展特点、所开设课程的性质及内容等制定课程目标。

校本课程目标的制定需要开发者对学生的成长发展有清晰敏锐的洞察，对各学段学生身心发展特点、规律与发展趋势掌握全面。总体来说，校本课程目标的制定应当坚持全面性、阶段性、发展性、可操作性与层次性。"全面性"是指课程目标应当对学生所需要掌握的知识与技能、学习方法、思维训练以及在此过程中的情感、态度与价值观三个维度涵盖完整；"阶段性与发展性"是指校本课程目标应当符合其授课对象的认知与心理发展水平，同时目标结构具有张力与弹性，以适应不同水平学生发展的要求，避免课程目标过高或过低；"可操作性"是指目标应当具体、明确、清晰、易于实施与测量；"层次性"是指该门课程总体需要达到的目标与每一阶段的具体目标，甚或每个学期、单元（主题）、课时等目标的逐步具体化。

2.撰写《校本课程规划方案》与《课程纲要》

编制与撰写的《校本课程规划方案》与《课程纲要》是作为校本课程实施的具体工作安排与实施指南。首先，学校层面研制的《校本课程规划方案》由学校课程开发委员会或课程开发领导小组制定。学校课程开发委员会或课程开发领导小组的具体成员有所差异，但均应当体现人员主体的多样性与代表性，以保证课程开发规划方案的科学性、权威性与实效性。其次，《校本课程规划方案》的主要内容应包含课程开发需求评估、课程总体目标、校本课程结构（课程门类、课程时数、课程内容等）、课程开发程序与课程管理办法。与此同时，《校本课程规划方案》作为记录、保存、体现学校课程建设的重要文本，应当向上一级教育行政部门报备以待审议。审议通过的《校本课程规划方案》应当通过正式规范的渠道对外公开，保障利益相关主体的知情权与参与权，这也是为正式开展、实施校本课程获取支持与相关工作的配合，保证课程的顺利组织与实施。

《课程纲要》由欲开设校本课程的教师编制与撰写，是以纲要的形式呈现某门课程的各种课程元素，是学科教师依据学科课程标准、学材、校情、学情编制的，体现学科各种课程元素的计划大纲。它是对一个学期或一个学年所要实施的教学进行整体设计，也就是从学生学习的角度对一定时期内的学习内容进行整体规划，研究并分析教与学中涉及的各方面因素。[①]简言之，《课程纲要》是教师为所开发课程撰写的，有关课程内容与具体实施的蓝本或行动依据。其次，《课程纲要》的撰写内容与构成要素包含一般项目、具体内容、所需条件与呈现格式。一般项目即课程名称、课程类型、课程开发者、课程开发对象、课程资源、授课时间、规模预设。具体内容包含课程目标（意图陈述）、课程内容或活动安排、课程实施与课程评价。所需条件是指为了顺利实施该课程而提供的所需要的各种条件。例如，某校教师所开设的“小记者”校本课程，为保障其顺利实施，提出该课程的保障条件为：构建校本课程管理体系，建设一支高素质的师资队伍，每班选取一两名小记者及时采写班级、校园新闻，定期学习、交流，定期进行“优秀校园记者”评选等。最后，呈现格式是指《课程纲要》的书写格式与体例。如按构成要素顺序呈现、按课程目标—评价任务—学习活动三部分进行呈现。[②]教师所开设的课程应当经由学校集体审议，对课程开发的现实可行性、价值作用等方面进行充分的论证与全面的考察。具体而言，审议的内容主要有：是否涵盖了完整的校本课程开发各项要素，课程理念是否与学校教育哲学、发展目标具有内在一致性，课程设计是否与校本课程的总体规划及整体课程结构之间具有一致性，目标要求、内容、实施与评价等是否符合国家对人才培养及课程开设的相关政策与要求，等等。

3.校本课程开发的集体审议

实施校本课程审议是使校本课程从静态、预想的方案或文本走向动态、具体的课程实践的必需环节。校本课程开发作为学校一级的课程开发，既是课程管理领域权力下放的结果，也是由学校作为课程实施的末端环节决定的。那么如何保证权力的下放能够发挥实质性作用？如何使学校能在此过程中确立自身的课程地位，从而维护自身赖以存在的根基及扩大自身的影响力？其关键在于整个校本课程开发的流程是否具备权威、正式且常态化的审议制度。集体审议既能发挥课程开发小组成

① 张广利．校本课程开发的实践与思考［M］．福州：福建教育出版社，2013：95.

② 张广利．校本课程开发的实践与思考［M］．福州：福建教育出版社，2013：96-101.

员的集体智慧，接收课程开发过程性数据信息以便及时作出调整，同时也有助于对课程方案本身进行实践式、连续性反思与追问，以强化课程目标意识，形成课程认同，发展课程理论。集体审议有助于课程开发人员转变角色定位，从而根本区别于那种将校本课程开发视为“可有可无、走形式”的旁观者或被动服从国家课程要求的心理与角色定位。

具体的审议过程主要包括组织课程审议小组、确定审议议题、集中审议、获得改进建议、形成审议报告等环节。由于课程审议最初是以解决具体的课程实践问题而提出的，因此它尊重实践状况，接受实践中的真实问题，并尝试用适应实践环境的方式与策略予以解决。首先，在课程审议小组的组织上，人员构成应涵盖课程开发、实施、评价等各环节的利益主体，以形成对课程开发的全面判断与完整认识。其中，将学生纳入课程审议小组是十分有助于真实反映课程的设计、构想、内容与学生的需求的一致性的，以此实现校本课程开发的初衷、价值追求与发展目标和学生“完整”的个体的结合；同时也有助于使抽象的课程语言接受来自学生视域与思维场域的检视，从而发现课程方案或实施方式潜在的价值立场、行动方式、语言表达等与课程实施对象之间的差异。其次，审议议题应当来源于真实的、感知得到的、与预想的课程设计不一致的方面，特别是引发实践主体深层次思维矛盾或与其经历、经验存在冲突的方面。学会区分、辨别、聚焦真实的问题，使审议过程始终围绕最核心的问题情境展开充分的对话、探讨与协商，增强审议的时效性与成果意识。其三，开展审议。就学校层面的课程审议而言，其实施具有灵活性、便捷性与综合性。由于成员是以改进课程实施与促进学生的能力获取为关注的中心，成员之间为着共同的课程目标而进行探讨，因此具备进行民主、平等交流与协商的心理基础。进一步而言，学校内部的课程领导与课程管理制度、规范等的确立应能够有助于形成教师集体之间的专业自主与共同体意识，应有助于深化对学校课程文化的理解与认同。更为重要的是，在教师集体之间能够建立起进行沟通与互动的研究氛围，从而为课程审议建立良好的外部环境与内在的认识基础。其四，获得改进建议。对于作为过程性、动态性的课程审议活动而言，围绕特定审议议题，经历充分的探讨与协商之后形成的改进意见与建议并不意味着取得了最终的成果，它还需要历经实践的检验、行动的验证与反馈，这正是课程审议的品质所在，它关注的重点或目标并不在于获得最终确定性的结果或解决办法，而是建立可持续的校本课程与深远的课程文化。这也因此凸显了课程审议的重要性。最后，形成审议报告。校本课程开发作为完整的课程设计、实施与管理的过程，需要重视历次审议的结果汇报，将其作为本校课程实践发展的档案资料或成果展示，特别是一些有价值的洞见、改进方案、特色创新与设想等，它们既是启发课程理念、激发灵感的重要来源，又有利于开发者获得课程实践行为艺术与智慧的碰撞。

4.校本课程的实施与评价

(1)校本课程的实施

校本课程的实施是学校课程开发方案正式执行的过程,同时也是某门课程正式投入实践,与学校的各项人、财、物真实互动的过程。因此,课程实施过程即是教师、学生、课程内容与学校环境四者之间互动的过程。美国学者古德莱德曾提出的课程分类体系中,理想的课程与学生实际体验到的课程之间,存在正式的课程、领悟的课程、运作的课程三种课程形态。每一种课程形态之间实质上都经过了主体的解释与转化,教师对课程的设计与组织安排、师生互动、环境的创设、资源的利用等因素的状况均影响着学生最终的课程体验与实际领悟到的课程价值。具体而言,校本课程实施过程既因校而异,也因课程类型不同而有所不同,在时间与空间的利用与安排上都存在差异。但总体上都包含选课、排课、上课与考核评价等环节。

一方面,学校应当保障课程实施过程中所需资源的调配,加强课程领导与组织,采取激励性措施与内部研讨,定期开展课程实施过程中涌现的典型课例与阶段性成果的展示;主动邀请课程专家、家长、社会人士等多元主体参与课程实施与评价,塑造有助于课程实施的积极价值导向。另一方面,在课程实施过程中,为保证校本课程的教育价值与效能的最大化,教师应当保持开放的课程实施观与课程资源观。开放的课程实施观意味着:课程的实施不拘泥于学校这一物理环境,能够多种渠道创设学生学习的平台与情境,通过线上线下相结合、校内校外相补充的方式挖掘丰富的课程资源,并重视社区资源的开发与利用。教师要充分感知与利用人财物资源,以课程目标为导向开展多样化的课程教学活动,采取灵活的授课方式。与此同时,还要充分发挥师生双方在教学中的主动性与创造性,建立起充满信任的师生互动关系,积极开展跨学科、多学科、主题式、项目式学习,激发学生的兴趣潜能与学习动力,丰富学生学习的过程性体验,提升学生的综合素质。此外,还要重视培养学生的实践能力与创新精神,创设有助于学生学习的良好环境与氛围,鼓励同伴间的合作与大胆探索,包容多元观点、新异想法。

(2)校本课程开发的评价

校本课程开发的评价是对课程开发对象及其实践状况进行的评价。主要有以下两种评价策略。

其一,以目标为导向的评价。[①]这种评价方式认为,课程开发者的意图旨在通过开设该课程达成教育教学目标。因此,需要以课程目标为导向,对达成该目标的课程内容、课程实施方案、课程教材三个要素同时进行评价。因此,完整的课程评价要

---

① 陈瑾.聚焦学习的课程评估:L-ADDER课程评估工具与应用[M].上海:华东师范大学出版社,2018:69-71.

素包含课程目标、课程内容、课程实施方案与课程教材。据此设计每一要素的评价指标，并对此进行分级评估。其中，“课程目标”要素的评价维度包含：课程目标体现学校的办学特色、课程目标体现本校的育人目标。“课程内容”要素的评价维度包含：有特色、有效性、有重点、有趣味、适合学、现实性、实用性。“课程实施方案”要素的评价维度包含：课程实施方案整体框架；课程实施方案能体现资源整合，多方合作；课程实施方案能体现学生的参与和实践；课程实施方案达成课程目标的可行性。“课程教材”要素的评价维度包含：主题、部分、图画、组织、书写和语法。每一维度按照“优良”、“一般”与“不合格”进行分级评估（见表2-4）。

表2-4　课程设计与开发分级评估工具量规之“课程目标”要素的评价内容

评价项目		等第		
		优良	一般	不合格
课程目标	（一）课程目标体现学校的办学特色	课程目标与学校文化相吻合，较好地体现了学校的特色内容，是名副其实的“校本课程”。	课程目标与学校文化相吻合，能够体现学校的特色内容，但还不够明显。	课程目标与学校文化不一致，无法体现学校的特色内容。
	（二）课程目标体现本校的育人目标	课程目标与学生相关的目标制定与本校学生的发展目标相一致，较好体现了满足和发展学生的兴趣，提供学生表现、表达兴趣的机会。	课程目标与学生相关的目标制定与本校学生的发展目标基本一致，能够体现满足和发展学生的兴趣，但没有提供学生表现、表达兴趣的机会。	课程目标与学生相关的目标制定与本校学生的发展目标不一致，无法体现满足和发展学生的兴趣。

其二，对校本课程开发与实施全过程的评价。[①] 此种评价方式认为，课程开发、实施与评价是三位一体的，对校本课程开发的评价就是对教师自身开发历程进行评价的过程，是对开发质量的一种监控过程。根据斯基尔贝克所提出的校本课程开发程序理论，校本课程开发需要经历分析情境、确定目标、编制方案、实施课程、改进完善五个阶段，因而完整的校本课程开发的评价也应当包含对校本课程开发的情境与目标定位的评价、对校本课程开发方案的评价、对校本课程实施过程的评价、对校本课程实施效果的评价。

首先，两种评价策略由于各自的评价理念（校本课程开发的评价是对评价内容的认识）不同，在具体评价内容与方式上也存在差异。基于目标模式的课程设计与开发评估框架突出各项评价要素与目标的内在一致性，在评价校本课程开发时具有普遍适用性与跨情境性，具有明显的“技术取向”。但由于每一所学校所开设的校本课程均有其独特的教育哲学与课程理念，在资源状况、教师特点、学生水平、校园环境与文化等方面有其特殊性，因此在实施校本课程评价过程中仍然应当与具体的学

① 李臣之．校本课程开发［M］．北京：北京师范大学出版社，2015：200．

校情境分析相联系，如此才能具体指导学校的校本课程开发的评价与改进。第二种评价策略则体现出“实践取向”，即认为校本课程并不是外在于学校而开发的，而是在对具体的学校情境的分析与把握基础上开发的，并且也是在学校情境中实施与完成的。因此，在对课程开发方案、实施过程评价（目标模式的课程评价）之外，还应当重视对学校情境与目标以及实施后的效果进行评价。

其次，重视学生在校本课程实施过程中的评价。学生作为课程的直接体验者，对课程实施过程与效果具有发言权，他们对课程的感受、想法与改进意见是校本课程进一步完善的重要依据，因为学生的多样化与个性化发展是校本课程开发的根本目的。可以通过问卷法、访谈法、座谈会等形式获取学生对校本课程的感受与态度。此外，教师的反思、教师同伴之间的评价也是课程实施过程中常见的评价方式，学校外部人员（如家长、社会人士等）的评价结果可作为学生、家长择校的依据，或作为政府决策、经费资助等的依据。①

其三，对课程实施效果的评价。课程实施效果评价作为所开设课程的总结与回顾，包括学生的学习成效、教师的专业发展与学校的特色化发展三方面的评价。其中学生的学习成效的评价是最主要的，其又包含学生该门课程的目标达成情况、学业质量提升及综合素质的发展状况等。对学生学习成效的评价应当涵盖认知、技能、情感、思维等多方面，突出过程性评价与结果性评价相结合，重视运用多元评价方式与工具，如表现性评价、档案袋评价、动态评价等。此外，还可以创新性地运用现代化信息技术开发评价工具，充分发挥学生作为评价主体的自主性，实现评价的去中心化、即时性、动态性。

① 林一钢. 略论校本课程的评价[J]. 课程·教材·教法，2003(9)：14-17.

本章回顾

本章主要讨论了校本课程开发的组织问题。基本要点涉及:(1)校本课程究竟由谁来开发?对于这一问题的回答是——校本课程是集体智慧的结晶。校长是校本课程开发的领导者,教师是校本课程的开发主体,学生是校本课程开发的合作主体,校外专家学者、家长、社区是校本课程开发的辅助人员。由此,校本课程开发的过程是多方合作的过程。(2)如何保障校本课程开发的质量?这就需要对校本课程进行审议,从而澄清校本课程开发的价值、发现课程问题、提出课程实践问题的解决方案。(3)校本课程开发具体是如何操作的?校本课程开发的流程大致分为以下五个步骤:对学校课程开发的现状进行分析,明确具体的校本课程开发目标,撰写《校本课程规划方案》与《课程纲要》,集中开展课程的集体审议,最终进行校本课程开发的实施与评价。厘清以上三个问题的答案有助于解决校本课程开发的基本技术问题。

拓展阅读

校本课程开发作为我国新一轮基础教育课程改革的热点问题,历经二十年的理论研究与实践探索,取得了丰硕的成效。但回顾我国中小学校本课程开发的实践状况,总体上仍存在着“数量多、质量低、效果不理想”的问题。因此,如何提升校本课程开发的质量,成为当前我国基础教育课程与教学改革迫切需要解决的问题。

在这里,笔者简要阐述一种提升校本课程开发质量的模型——PDCA模型理论。PDCA模型又叫戴明环,是全面质量管理所应遵循的科学程序和方法,被称为管理学中的一个通用模型。1930年最先由“统计质量控制之父”沃特·阿曼德·休哈特提出,当时他将其概括为“PDS循环”,即“计划—执行—检查(Plan-Do-See)”。1950年,美国质量管理专家戴明博士将“PDS循环”进一步完善,发展成为“计划—执行—检查—处理(Plan-Do-Check/Study-Act)”模型。PDCA模型是一个循环不停的运转过程,原有的问题解决之后,又会出现新的问题,问题不断产生而又不断得以解决。该模型理论提出之后,很快在企业界得到广泛的推广,并逐步应用到其他学科领域。目前,在教育领域,PDCA模型理论主要被运用于探索教学质量管理、教学改革、课程开发模式研究等三个方面。具体而言,PDCA模型体现了计划—执行—检查—处理的过程,而校本课程开发过程体现了设计—实施—评价的过程,因此,运用PDCA模型理论对于持续改进和提升校本课程开发质量具有重要的意义和价值。由于篇幅有限,其具体的运用范围、设计程序以及案例的阐述可以参考以下文章。此外,笔者提供一些书籍供读者补充阅读。

1. 邓宏.基于PDCA模型的校本课程开发质量提升策略研究——以L小学跳绳运动课程为个案[D].长春:东北师范大学,2020.

2. 宋立公,徐磊.基于PDCA模式的高校课程开发[J].开放教育研究,2007(1):91-93.

3. 高木展郎,矢ノ浦勝之.课程管理的推进策略[M].日本株式会社小学管,2018.

4. 钟启泉,崔允漷,张华.为了中华民族的复兴 为了每位学生的发展 《基础教育课程改革纲要(试行)》解读[M].上海:华东师范大学出版社,2001.

第三章

校本课程的设计

校本课程设计既是一个理论问题，又是一个实践问题。一方面，校本课程设计并不简单地指向课程开发的特别技术，它有着超出技术层面的理念，忽略这些理念往往会使校本课程设计流于形式，失去意义；另一方面，校本课程设计被看作一种“落实”的课程，这种课程设计强调课程知识的境域化，认为其是师生在课堂教学的实践中共同构建的。就二者的关系而言，科学的理念源于实践，而实践又离不开正确的理念的指引。由此，本章将对校本课程设计所涉及的课程目标、内容、实施建议、评价等诸多要素进行分析，提出学校在设计和组织这些要素时应该注意的原则，并在此基础上介绍校本课程设计的具体案例。

思维导图

- 第三章 校本课程的设计
  - 第一节 校本课程的基本要素
    - 校本课程的类型
    - 校本课程设计的价值取向
    - 校本课程的目标
      - 课程目标的内涵
      - 校本课程目标的特征
    - 校本课程的内容
      - 校本课程内容的内涵
      - 校本课程内容的特征
    - 校本课程的实施建议
      - 校本课程实施建议的内涵
      - 校本课程实施建议的特征
    - 校本课程的评价
      - 校本课程评价的目的和意义
      - 校本课程评价的特征
  - 第二节 校本课程的要素设计
    - 明确校本课程目标
      - 校本课程目标的来源
      - 校本课程目标的价值取向
    - 选择和组织校本课程内容
      - 校本课程内容选择的原则
      - 校本课程内容组织的方式
    - 提出校本课程实施建议
      - 实施主体
      - 实施途径
    - 形成校本课程评估计划
      - 成立课程评价小组
      - 确定课程评价的基本领域
      - 制定评价标准及指标体系
      - 课程评价的运作
  - 第三节 校本课程设计的案例
    - W小学校本课程开发的背景
      - 全民阅读的社会背景
      - “核心素养”的课改背景
    - W小学优雅·阅读校本课程的目标
    - W小学优雅·阅读校本课程的内容
    - W小学优雅·阅读校本课程的构成
    - W小学优雅·阅读校本课程的实施建议
      - 优雅·阅读课程实施的途径
      - 优雅·阅读课程实施的方式方法
    - W小学优雅·阅读校本课程的评价

第一节 校本课程的基本要素

在讨论校本课程设计之前，有必要区分两个概念："校本课程开发"与"校本课程设计"。校本课程开发是指以学校为本位建立学校课程体系并实践学校教育哲学的过程，它包括营造气氛、成立工作小组、评估情境、拟定目标、设计方案、解释和实施、评价和修正等；校本课程设计则是校本课程开发的一部分，它们之间的关系如下图所示。

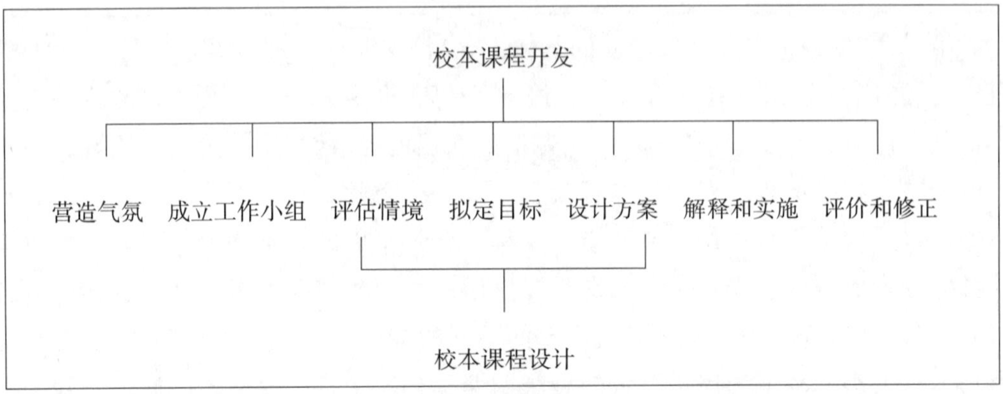

图3-1 校本课程开发与校本课程设计的关系示意图

要形成一个完善的校本课程方案，就需要解决"一份完善的校本课程方案包括哪些因素""如何对这些要素进行设计"等问题。校本课程是一个广阔的领域，有着丰富的类型，因此，学校在设计校本课程之前，需要明晰学校需要设计何种类型的课程。

一、校本课程的类型

不少课程专家在充分研究课程的基础上，对校本课程的类型从不同的角度提出了不同的见解，主要有以下几种：

第一，按开发校本课程的动力将其课程分为"学校内部自发"与"回应外部命令"两大类型。[①]前者是指学校的课程发展是由校内人员成功地发现问题，然后主动地寻求解决对策，开发出课程来；后者则是依照教育行政方面有关的要求或学校外部的压力，学校被动回应，开发校本课程。这种分类法是比较粗浅的一种。

第二，按照校本课程和国家课程的关系，校本课程开发可以分为"在国家课程范围内"与"超越国家课程范围"两大类别。"在国家课程范围内"的课程是指对国家课

① KELLY S V. The Curriculum: Theory and Practice (3rd ed.), 1989:140.

程方案进行选择、调整、拓展；而“超越国家课程范围”的课程是指学校自身进行短期或长期的课程创新。由此，这两大类型的课程可以细分为五种类型，具体见表3-1。[①]

表3-1　艾格森校本课程开发的五种类型

在国家课程范围内	1.选用国家课程方案
	2.调整国家课程方案
	3.拓展国家课程方案
超越国家课程范围	4.做短期或即时的课程创新
	5.做长期的课程创新

第三，依据校本课程开发活动的具体方式，校本课程开发可以分为课程改编、课程整合、课程补充、课程拓展和课程新编。[②]课程改编是指针对与原有课程准备对象不同的群体进行的学程上的修改，或者根据课程内容、结构安排等的不同理解而进行的调整。校本课程开发中的课程改编主要是指教师对正式课程的目标和内容加以修改以适应他们具体的课堂情境。课程整合是指以超越不同知识体系而加以关注共同要素的方式来安排学习的课程开发活动。课程整合的目的是减少知识的分割和学科间的隔离，把受教育者所需要的不同的知识体系统一联结起来，使受教育者形成对人类和环境的连贯一致的看法。课程补充是指以提高国家规定课程的教学成效而进行的课程材料开发活动。课程补充主要是开发一些课程资源和内容以补充正规课程。课程拓展是指以拓宽课程的范围为目的而进行的课程开发活动，旨在为学生提供获取知识、内化价值观和掌握技能的机会。课程新编是指以全新的课程主题，从无到有地开发一门全新的课程。

通过总结以上研究者对校本课程开发类型的观点，结合我国基础教育阶段学校的现实需求，为使校本课程开发活动更加清晰和更具现实操作性，我们认为应该把校本课程划分为两个层次：第一个层次是校本课程的整体的布局；在整体布局下即第二个层次，这个层次又分为两类，一类是学校对国家及地方课程的选择和改编，另一类是学校新编课程。

这种分类方法有以下几个优点。第一，它体现了校本课程开发的整体性。在校本课程的开发中，要把对国家和地方课程的改编与学校新编的课程进行通盘考虑，使之融为一个整体。第二，它体现了校本课程开发的层次性。它的层次性体现在校本课程的创新程度上，便于实践工作者进行由易到难的把握。第三，它体现了学校自编课程与国家、地方课程之间的关系，即几类课程互相补充，共同构筑学校的特色

① EGGLESTON J. School-based Curriculum Development in England and Wales. In OECD: School-based Curriculum Development, 1979.

② 徐玉珍.校本课程开发的理论与案例[M].北京：人民教育出版社，2003：105.

文化，实现学校的教育服务。第四，它突出了活动类型，化繁为简，便于学校操作。一看这个分类法，就明白了学校如何进行校本课程开发，以便具体安排开发活动。

因此，校本课程开发涉及两个层次：在整体的层面上，是对学校课程的整体结构进行布局和调整；在整体布局之下又分为两大块，一是对国家或地方课程进行选择和改编，二是学校新编课程。

二、校本课程设计的价值取向

价值取向是主体基于自己的价值观，在面对或处理各种矛盾、冲突、关系时所持的基本价值立场、价值态度以及所表现出来的取向。价值取向具有实践品格，它的突出作用是决定、支配主体的价值选择，因而对主体自身、主体间关系和其他主体均有重大的影响。学校校本课程的设计，首先要对课程设计的价值取向有一个明确的定位，也就是对“通过课程到底要培养什么样的人”这一根本问题要有回应。课程设计的价值取向，实则也是课程设计哲学理念和出发点，它决定了课程发展的基本方向。

校本课程设计是指在学校的教育理念指导下，为实现学校的育人目标，将学校教育内容的结构、类型和具体安排等要素加以整体设计而形成的有机整体。校本课程设计是学校师生进行学校教育教学活动，践行学校办学理念和实现育人目标的载体，促进学校的内涵式发展。可见，学校校本课程的设计既要遵循国家教育方针和培养目标的基本要求，又要考虑学校自身在长期的教育实践中所形成的具有学校特色的办学理念和育人目标。

学校校本课程设计，首先要立足于国家的教育方针和有关义务教育的政策规定。其次要立足于学校自身的办学理念。办学理念是学校发展中的一系列教育观念、教育思想及其教育价值追求的集合体，是学校自主建构起来的学校教育哲学。[①]办学理念是学校发展的灵魂，是学校的特色，更是具有纲领性的思想体系。办学理念对构建学校课程体系的指导作用体现在办学理念除了具有理想性、独特性以及内在的稳定性等特征之外，还需具有全局性和实践性，对学校发展进行综合考量，提出具有实践价值的教育哲学。学校校本课程的目标来源、结构类型、内容开发、实施取向以及评价等方面都要紧密结合学校办学理念。

目前，校本课程设计的基本取向主要包括三种：学科中心取向的课程设计、学生中心取向的课程设计以及社会中心取向的课程设计。三种校本课程设计取向的主要区别如下表所示：

① 郭元祥.论学校的办学理念[J].教育科学论坛，2006(4)：5-8.

表3-2　不同取向的课程设计比较

课程要素	学科中心取向	学生中心取向	社会中心取向
课程目标	明确表述课程目标，重视学习结果，聚焦认知目标。	课程目标具有协商性，重视学习过程，聚焦精神成长。	课程目标受到社会因素影响，强调学习目标的社会性。
课程内容	学科逻辑中心的内容组织，课程内容强调知识的完整性和系统性，教材非常重要。	学生兴趣中心的内容组织，课程内容的综合性和情境性强。学习材料具有很强的灵活性。	社会功能中心的内容组织，课程内容的现实性和问题性强。
课程实施	注重课堂教学，有计划的教学策略，强调教师的中心位置。	注重活动实施，有弹性的实施方式，强调学生主动学习。	注重社会适应，自上而下的事实理念，强调学生的社会适应。
课程评价	评价的主要目的是确定学生是否达到学习目标，重视定期评价和定量评价。	评价是学生和教师的共同任务。自我评价也是重要过程。强调过程评价的重要性。	评价集中于问题的结论和研究问题的过程，或问题研究中的行为特征。
课程管理	基于标准进行课程管理，强调课程理性。	地方和学校具有较大的课程自主管理空间。	国家统一编制或审定，地方和学校遵照执行。
课程环境	相对封闭的环境创设，通常是教室形态。	学习空间没有明确的划分和界限。	强调与社会问题和社区资源的结合。

课程设计的价值取向对课程设计在目标、内容、组织、环境等各个方面都起到决定性的影响作用。课程设计的指导思想正是基于课程设计的价值导向形成的。

校本课程设计的价值取向是多元的，校本课程的特殊性决定了学校育人目标是学校教育的终极价值，是学校教育教学实践的最终导向。如果说学校育人目标是学校对于“培养什么样的人”的愿景，那么，学校对于课程体系的设计和运作就是实现该目标的载体。学校的育人目标要紧密结合国家和社会的培养目标，在达成基本要求的基础上，根据学校自身的办学实际和愿景，凸显学校的育人特质，这就要求学校结合培养目标、学生发展核心素养进行学校育人目标具体内涵的校本化表达，以此作为学校校本课程设计的出发点和归宿。

三、校本课程的目标

（一）课程目标的内涵

1.什么是课程目标

目标是人们的行动所期望达到的标准、规格和状态。目标制定是人们对客观规律进行理想思考的过程和结果,目标在其形成中和形成后,都是指导、激励、制约人们行为的重要因素,它使得人们的意志和行为都要服从于目标的实现。

最早提出“课程目标”并将其作为课程开发的出发点和归属的学者是博比特和查特斯。其后泰勒对课程目标研究做出了突出贡献,但泰勒并未对教育目的、教育目标、课程目标做很细致的区分。20世纪70年代,美国课程论专家蔡斯将课程目标区分为三个层次,分别为“课程宗旨”(curriculum aims)、“课程目的”(curriculum goals)、“课程目标”(curriculum objectives)①。课程目标是一定教育价值观在课程领域的具体化。由于人们对学生身心发展的规律、社会需求的重点以及知识的性质和价值的看法存在着差异,对这三者之间关系的理解不同,因而对课程目标的取向就会有所不同。

2.教育目的、育人目标、课程目标、教学目标的区别和联系

在我国,有几个和学校育人目标紧密相关且容易混淆的概念,我们先将这几个概念从其内涵和特征作一些区分。

表3-3　育人目标相关概念的内涵与特征

概念	内涵	特征
教育目的	对所有受教育者提出的人才培养规格总的要求。	往往体现为党和国家在一定时期或历史阶段的教育方针。
育人目标	学校教育系统对学生培养的基本要求。	教育目的在学校教育系统的具体体现。
课程目标	通过某门课程实施所要达到的标准和要求。	往往针对某一特定学习领域或具体学科而言。
教学目标	某个教学过程结束时预期达到的结果。	表现为具体教学行为所要实现的变化。

可见,教育目的主要是国家对培养目标的总要求。育人目标主要是学校层面的培养目标。课程目标和教学目标则主要是针对某门课程或具体的教学行为,指向某一课程领域或具体教学活动所要达到的目标。教育目的具有宏观的方向引领性,课程目标与教学目标比较微观具体,而育人目标则是教育目的在学校教育层面的具体体现,同时又对具体的课程与教学目标具有指导作用。

校本课程的课程目标是在国家教育目的和学校育人目标的课程化和具体化表达,它规定了某门课程实施所要达到的标准和要求。

① ZAIS R S. Curriculum: Principle and Foundations[M]. New York: Harper Collins Publishers, 1976: 306-307.

(二)校本课程目标的特征

1.方向性

方向性即课程目标始终指向于学生德、智、体、美等方面基本素质的提高和发展。无论是国家课程、地方课程还是校本课程,课程作为教育活动的重要载体,都是由一定价值旨归牵引的,有具体目标指向的。校本课程目标的确立要始终遵循一定的方向指引,也要明确课程目标的最终所归。

2.从属性(层次性)

从属性(层次性)即课程目标从属于国家的教育目的和学校的育人目标。国家的教育目的是国家层面提出的对人才培养的总要求,学校的育人目标是各级各类教育机构对国家教育目的在学校层面的进一步明确。课程目标则主要是针对某门课程而言,指向某一课程领域所要达到的目标。校本课程是在国家课程整体规划下的校本化开发与设计,理应遵从于国家的教育目的与学校的育人目标。

3.阶段性

阶段性即课程目标是一定阶段的课程目标。人的身心发展遵循一定的规律,显现出阶段性与渐进性,因而在实践教学过程中,课程目标的制定必须符合教学发展规律,对课程目标的实现也应有侧重、有层次地进行。

4.整体性

整体性即各级各类学校的课程目标和各个不同方面课程的目标是有其内在联系的,各种课程目标会构成一个有机的课程目标体系。在校本课程的开发过程中,无论是前期的初探式开发还是后期逐步成熟的系列化开发,课程目标的设定都应该注重整体性,保证各层次目标在整体上协调一致。

5.可行性

可行性即课程目标反映了人们对课程活动期望达到的理想状态的主观追求,这种追求不是随意的想象,它是经过努力能够实现的。校本课程的开发主体是学校的各类人员,校本课程的开发是为了进一步更好地实现学校的育人目标,是为了促进学生更好地发展。学校在设计校本课程时应该关注学校自身的发展与特点,确保课程目标的可实现性。

四、校本课程的内容

(一)校本课程内容的内涵

校本课程内容是指各门学科中特定的事实、观点、原理和问题以及处理它们的方式。一旦校本课程的目标有了明确的表述,就在一定程度上为课程内容的选择和组织提供了一个基本的方向。自课程作为一个独立的研究领域以来,研究者们对课程内容的解释大多都围绕着三种不同的取向展开:一是课程内容即教材,二是课程内容即学习活动,三是课程内容即学习经验。显然,校本课程的内容更加倾向于后两个取向。活动取向和经验取向的校本课程内容重点是放在学生做些什么上,而不是放在教材体现的学科体系上。校本课程内容应该特别注意课程与社会生活的联系,强调学生在学习中的主动性,将学生作为课程活动的主动的参与者。学生之所以愿意主动参与课程活动,是因为环境中某些特征吸引他,学生是对这些特征作出反应。所以,校本课程内容设计和教师的职责就是要构建适合于学生能力与兴趣的各种情境,以便激发学生的学习主动性。

(二)校本课程内容的特征

1.综合化

随着边缘学科、交叉学科的大量涌现,科学知识的分类越来越细,相互之间的关系也越来越紧密。校本课程内容综合化的原因主要有以下方面。首先,社会发展的要求。各种具有普遍性的问题,如环境问题、生态问题、科学危机、贫困问题、粮食问题、文化冲突等,都不是依靠单一学科能解决的,而需要依赖多种学科的共同努力。其次,个性发展的要求。学生个性发展的标志不是知识的积累和技能的熟练,而是在复杂的情境中做出明智选择和解决问题能力的提高,这就需要突破传统的以分科为特点的“学科主义”的束缚。最后,脑科学研究的进展。相关脑科学研究指出,脑是以整合的方式而非分散的方式对知识进行加工,知识越整合越易于学习。

2.现代化

校本课程内容的现代化就是不断吸取新的科学技术和文化成果,变革陈旧的内容。实际上,校本课程内容只有不断更新才能跟上科学技术发展的步伐,也才能满足学生发展和成长的需要。校本课程内容反映科学技术的最新进展,不仅是全球课程改革的趋势之一,也是我国义务教育课程改革所追求的目标。与发达国家相比,我国的现代化进程起步较晚，但课程内容现代化问题也日趋突出。在我国新一轮课程改革中，课程内容一方面剔除了陈旧、繁琐和艰深的内容，另一方面注重吸收现代科技的最新成果，特别是现代信息技术的应用，使课程内容与时代需要紧密相连。

3. 生活化

校本课程内容生活化意味着课程直接面向社会，与生活融为一体，既使课程与学生生活和现实社会实际之间保持密切的联系，又使实践和生活成为学生发展的活的源头。美国教育家杜威曾指出："学校必须呈现现在的生活，即对于儿童来说是真实而生气勃勃的生活。像他在家庭里，在邻里间，在运动场上所经历的生活那样。"为此，校本课程应增加学生与社会现实生活相关的部分，使校本课程内容更加具体、更富有生活气息，校本课程内容的选择和编制应珍视童年生活的价值，承认儿童生活和成人生活的等价性，尊重他们现实的生活及其兴趣需要等的独特价值。总之，课程内容生活化作为现代课程发展的一个重要理念，已经渗透到了各国的课程改革实践之中。美国《2061计划——普及全体美国人的科学教育》提出的课程内容选择标准是：实用、社会责任、知识的内在价值、哲学价值、丰富孩子的童年时代、既非全新又非一成不变。荷兰的中等教育课程改革就追求一种"真实的教育学"，这种"真实的教育学"的含义是：在纯粹的真实的工作环境中建构知识，知识的建构要与学生的个体世界紧密相连，重视学校之外的学习活动的价值，合作与交流。

五、校本课程的实施建议

（一）校本课程实施建议的内涵

1. 校本课程实施建议的定义

我国有学者认为，校本课程实施是把新的课程计划付诸实践的过程，课程实施研究的焦点是课程计划实际发生的情况以及影响课程实施的种种因素。这种观点不仅指出了课程计划与课程实施的差异，即课程实施主要表明课程计划的实际运作状态，强调实施的过程性与动态性，它实际上还暗示了课程实施与课程变革之间的密切关系。研究表明，课程变革由三个阶段组成：起始阶段、实施阶段和常规化或制度化阶段。在起始阶段，计划者要提出诸如哪些人参与、所期望的支持程度是什么以及人们对革新是否准备就绪等问题。实施阶段是"做"的过程，它要求参与实施的人们在课堂中或在其他适宜的教育场所进行试验。常规化或制度化阶段则侧重于对革新的修改。

总体来讲,课程实施是将编制好的课程计划付诸实践的过程,是实现预期的课程理想,达到预期的课程目的,实现预期教育结果的手段。课程实施是通过教学活动将编制好的课程付诸实践,其焦点是实践中发生改革的程度和影响课程实施的那些因素。校本课程实施建议是课程开发主体对课程实施主体的建议,它要经过一段时间的研究、实践和论证而形成,使其具有科学性和可行性。但需要注意的是,校本课程实施建议并不是呆板和固化的,教师在执行过程中可以根据特定的教育情境进行调适和改造,允许教师有一定自主创造的空间。

2.校本课程实施与教学的关系

要澄清校本课程实施的概念和内涵,需要区分课程实施与教学之间的区别与联系。在课程实施与教学关系的探讨中,有三种基本观点。第一种观点认为课程实施的实质就是教学,教学过程是课程计划的实施过程。第二种观点认为课程实施和教学是两个不同的概念,课程实施更强调课程计划的实现,而教学聚焦的是具体教学目标的实现。第三种观点认为课程实施与教学两者交叉融合,教学是课程实施的主要途径,但各有其研究的内容,分属于不同范畴。根据对课程实施概念的界定,很显然,课程实施和教学之间相互关联,但又有所区别。

课程实施与教学的关联在于课程实施和教学都是内在统一于育人目标,课程实施通过整个课程计划的实施促进学校育人目标的实现,而教学则是通过具体课程内容的实施,以教学目标为中介指向育人目标的实现。

课程实施与教学的关联还在于两者在方法和手段上的叠合。毋庸置疑,课堂教学是教学的主要途径,对于课程实施来说,尽管在方法和手段上还会涉及其他方面,但课堂教学仍然是其主要载体和中心环节。一般认为,教学活动是课程实施的中心环节和基本途径,教师是课程实施的关键人物,而教学是以课程内容为中介的师生双方教和学的共同活动,是学校实现育人目标的基本途径。

但课程实施与教学是两个不同的概念,属于两个不同的认识领域和分析框架。首先,从具体内涵来看,课程实施所涉及的领域更为广泛。课程实施包括课程方案在实践中是如何运用的,涉及整个教育系统的变化以及对教育系统提供支持的社会系统的相应变化,如教育行政管理体制的变化、教学过程的改变、校长和教师角色的更新、学生角色的变化等。而教学更多是课程目标的实现过程,它所关注的是教师与学生在课堂中的教学行为。其次,从研究范畴来看,课程实施的研究主要探讨对课程变革计划的实施程度、影响课程实施的因素、课程变革计划与实践情境的相互适应机制、教师与学生创生课程的过程等等;而教学研究主要探讨教师的教授行为、学生的学习行为及二者之间的互动机制。课程实施主要研究的问题包括:一个具体的课程已经实施的程度有多大？影响课程实施的因素有哪些？为使课程方案更适应具体的情境，执行者是如何对课程进行调适的？用什么样的方法论研究课程实施？等等。教学研究则主要探讨教师的“教授行为”、学生的“学习行为”及二者之间的互动机制。

（二）校本课程实施建议的特征

根据对校本课程实施的界定及其与教学的比较分析，可见，课程校本实施建议首要的特点是要注重课程实施的动态性。课程实施不可能是一个线性的机械过程，因为任何课程方案都不可能适合一切教学情境和一切学生，在课程实施过程中必然要做出相应的调适。课程方案往往是从整体目标、标准的角度进行设计，并不是一个操作性很强的教学方案，即便是义务教育课程这一规定性很强的课程方案，也不会用“标准化”程序和动作要求实施主体按部就班地推进。因此，在课程实施过程中，由于学校发展和教师整体情况的差异，教师的特点、学生的需求和教育情境的突变性，需要灵活地调整课程方案，甚至在必要的时候需要协商生成新的课程方案。具体到教学层面上，教师就需要创造性地使用课程方案，而不是“复制”课程方案，在对课程方案的理解基础上，结合学生的个性需求，可以灵活地生成符合学生发展的课程。

校本课程实施建议的另外一个特点是整体性。课程实施是一个完整的过程或活动，它由多种影响因素共同推进。所谓整体性，是指课程实施涉及一个完整课程方案的实施，尤其是这种方案还蕴含着诸多的改革元素，因此课程实施所涉及的因素也较多，是由诸多因素共同作用而形成的一个具有整体性的课程实施系统。关于影响课程实施的因素，已有研究者提出二因素说、四因素说、五因素说等不同观点。归纳起来，影响课程实施的因素有课程方案本身、人的因素（包括教师、学生、学校领导、家长等）、物的因素（课程实施的物质条件）以及外部背景因素（学校教育环境、社会团体、媒体等）。显而易见，课程变革的成功单靠教师执行课程计划或者仅仅依赖于某一因素是难以达成的，必须加强各因素的彼此联系。另一方面，校本课程实施需要外界环境和其他事物的支持，需与外界其他方面彼此开放，如与社会环境、实际生活等方面有所联系和交流。事实上，校本课程实施不仅仅是课程本身的问题，它总会涉及课程之外的内容，因而校本课程实施始终要处在开放状况之中。

六、校本课程的评价

（一）校本课程评价的目的和意义

对课程价值的探讨，始于斯宾塞“什么知识最有价值”的提问。这提问通过对作为课程客体之一的课程内容作出价值评判，从而拷问课程本身的价值。知识的增长已经使社会逐渐演变为一种学习化的社会。[①]在这种背景下，学校教育成了终身学习和终身教育的准备，使个体养成终身学习的态度、习惯，掌握各种学习方法和策略以及具备利用各种教育资源的能力，即成为课程的主要目的所在。显然，对课程价值的探讨，与其提问什么知识最有价值，不如提问什么活动最有价值或什么经验最有价值。提问方式的改变从一个侧面反映了课程价值取向的演变路线：从知识本位到经验本位、活动本位，直至体现未来取向的学习经验本位。[②]

然而，围绕“什么学习领域最有价值”而展开的课程价值探讨把课程研究的重心集中在了课程机制的课题上。跟上述问题同等重要的是，这些学习领域对谁有价值，即课程的价值主体究竟是谁。课程价值研究之所以要考虑课程价值的主体，是因为价值并不是课程的一种纯粹客观的属性，而是课程属性与人的需要之间的对应关系，包含着人们对学校教育的一种主观要求和主观评价。

从课程价值的探讨史上可以看出，对课程价值主体的探讨主要集中在两个取向上：“个人本位”与“社会本位”。个人本位主义认为对课程价值的评价应把重点放在课程的参与者即学生身上，要看课程的开发与实施对课程的价值主体——学生造成何种影响；而社会本位主义把课程看作实现和传递社会价值的工具，对课程价值的判定自然要看该课程对课程价值主体——社会的发展有何种贡献。这两种价值取向实际上都遇到了一些困难，因为个人的价值与社会的价值是无法分割的，个人的价值要通过其对社会的价值来体现，而课程的社会价值作为一个抽象的概念，只是一种潜在的可能性，这种可能性必须通过教师并最终通过学生来实现。因此，从理想的状态来说，课程的价值应当具有普遍适应性，它既反映社会的要求，又和个人的发展相一致，而且要得到教育者理智和情感上的认同。从这个意义上说，课程的价值主体牵涉社会与个人、教师与学生及其家长等方面。值得注意的是，在长期的教育实践中，人们通过各种形式取消了教师的价值主体地位，要么认为教师对有益于受教育者或有益于社会的价值必须予以认同，要么规定教师对公立学校的课程必须

---

① 联合国教科文组织国际教育发展委员会.学会生存：教育世界的今天和明天[M].华东师范大学比较教育研究所，译.职工教育出版社.1989:3.

② 施良方.课程理论：课程的基础、原理与问题[M].北京：教育科学出版社，1996:287.

保持“价值中立”。但是,当教师认为自己被迫向学生实施的东西并不正确或不合乎自己的思想时,其价值的实现就难以得到保证。这一问题在校本课程评价中是一定要注意的,因为校本课程开发的依据之一就在于它能够提高教师的专业化水平,而专业化水平得到提高的主要标志之一就是教师有了自我的价值判断能力。此外,把教师列为校本课程的价值主体,提高教师对课程的认同程度,这对于课程的实施以及学生价值主体和社会价值主体的价值实现都是十分重要的。把教师作为课程价值主体的第三个向度就是要质问该校本课程的开发对于教师的专业化成长究竟有何种价值。

但是,把学生、社会和教师列为校本课程的价值主体还不够完善,依然忽略了校本课程评价的另两个重要的价值主体。其一,校本课程开发的重要目的之一是为了学校文化的重建,某一校本课程对学校文化体系究竟有何种价值,这是校本课程评价不得不考虑的问题。其二,校本课程开发意味着学校不再单纯是课程的实施单位,而要对课程开发本身负责。因此,校本课程评价就不得不把课程开发的过程本身也作为课程价值拷问的对象。

综上所述,当我们从校本课程价值主体的角度来看待校本课程评价的目的时,我们至少可以把其目的分为三个层次:评价课程对学生和社会发展的价值,评价课程对课程开发本身以及对教师专业成长的价值,评价课程对学校文化体系建设的价值。

这一目的体系体现了校本课程评价的根基是对学校文化体系的价值的评定,校本课程评价的最终目的指向课程对学生和社会的意义而达成这一价值的中间环节——课程开发本身以及教师的专业成长也得到了认真的对待。

在这三个目的层次上,校本课程评价的意义也得以体现出来。首先,通过校本课程评价,我们可以明了校本课程的开发给学生提供了什么样的发展机会,使他们获得了什么样的学习经验;我们可以了解该课程的开发对于学生的社会化起到什么样的作用,其对社会的发展有何意义。其次,通过课程评价,我们获得了大量有关课程开发的信息,为课程的修订和实施指明了方向,也为今后课程的发展提供了宝贵经验,同时,通过成本—效益分析,我们也知道了此次课程开发的资源利用和资源消耗的程度如何;课程评价也表明了在该课程开发中,参与教师的课程思想与课程态度有何种程度的转变,其专业化水平通过此次课程开发得到了怎样的提高。再次,通过课程评价,我们能充分了解该课程开发在整个学校课程体系中的地位,明了学校文化体系的建构的现状,今后应该如何发展。为体现这些意义,在校本课程评价中,我们不仅需要终结性的评价,更要注重形成性评价和诊断性评价,为课程的发展过程提供大量的信息应该是我们进行课程评价的重要目的。

(二)校本课程评价的特征

和国家本位的课程相比,校本课程评价在时间、评价人员和评价资源上都有一定的局限性。但是,校本课程评价也有着国家课程评价所不具备的便利。这些局限和便利构成了校本课程评价的独特之处。

1.评价对象的全面性

由于校本课程评价不仅要对课程的结果作出评价,更重要的是对课程开发的过程作出一定的判定,从而为课程的修订以及今后的开发活动提供信息,因此,校本课程评价在一般情况下,是对某课程的全面的评价,其涉及的对象是广泛的,而不是局部的。

2.评价主体的多元性

对于评价主体的多元性,我们前面已经予以论述。值得注意的是,评价主体的多元性具有民主的意味,是课程决策民主化的产物。因此,民主的精神应该是评价主体多元性的最好解释。

3.评价标准的差异性

所谓评价标准的差异性,是指在进行校本课程评价时要注意到校本课程开发是为了更好地适应学校的环境与学生个性差异的本质,在制定对学生的评价标准时要针对不同的学生采取不同的评价标准,对教师专业成长或课程开发本身的评价也要看到其背景的差异性。实现评价差异性的手段主要有:①对评价标准进行分层设计;②设计一定的基础平台,对于基础不足的课程予以一定分值的补充;③在统一评定的基础上对其背景予以说明,并指出其进步的意义。评价标准的差异性是校本课程评价的优势之一。

4.评价活动的及时性与全程性

校本课程的评价有一定的时效性要求。校本课程评价的这一要求给承担课程评价任务的教师提出了一个时间上的难题,因为他们还有教学任务,通常只能用部分时间来进行课程开发。但是,这一缺陷可以在以下情况下弥补:校本课程的开发与评价都是在学校内部进行的,评价者与课程设计者能够经常见面,对课程的意见或建议往往通过几分钟的碰头就可以解决。为更好地开发课程,校本课程评价需要对课程的开发过程时时予以监控,这就要求课程评价对课程的开发过程不停地给予审视,评价的活动要始终伴随课程开发的过程。

第二节 校本课程的要素设计

一、明确校本课程目标

课程目标是指导整个课程编制过程的最为关键的准则。确定课程目标,不仅有助于明确课程与教育目的的衔接关系,从而明确课程编制工作的方向,而且还有助于课程内容的选择和组织,并可作为课程实施的依据和课程评价的准则。[①]

(一)校本课程目标的来源

对于课程目标的依据或来源问题,在整个20世纪里有过许多争论。但一般而言,大家比较认可的课程目标的依据主要有三个方面的:对学生的研究,对社会的研究,对学科的研究。例如,杜威在1902年出版的《儿童与课程》一书中,论述了教育过程的三个基本要素:学生、社会、教材。研究这些要素相互之间的关系是教育理论的主要任务。[②]拉格在1927年美国教育研究会(NSSE)《年鉴》中,在总结课程发展史上的经验和教训的基础上提出,学生、教材、社会是课程编制中三个相互依赖的因素。波特在1931年的《处在十字路口的教育》一文中论及了课程目标的三个来源:教材专家的观点、实践工作者的观点、学生的兴趣。塔巴1945年在《课程设计的一般技术》一文中也论述了课程目标的三个来源:对社会的研究,对学生的研究,对教材内容的研究。可见课程目标的三个来源即对学生的研究,对社会的研究,对学科的研究。这已成为课程工作者的共识。

(二)校本课程目标的价值取向

课程目标的“取向”,主要是指课程目标所采用的形式,而不是指课程目标的实质内容。在课程目标的取向上,主要有行为目标取向、展开性目标取向和表现性目标取向三种基本形式。

1.行为目标取向

行为目标是以具体的、可操作的行为的形式来陈述课程目标,它要求明确说明课程与教学过程结束后学生身上所发生的行为变化。行为目标的特点是追求课程

① 丁念金.课程论[M].福州:福建教育出版社,2007:166.

② 杜威.学校与社会·明日之学校[M].赵祥麟,等,译.北京:人民教育出版社,1994:175.

目标的精确性、具体性和在教学中的可操作性。

行为目标是博比特在《课程》一书中首先提出的一种课程目标形式。在他看来，20世纪已进入科学的时代，科学的时代要求精确性和具体性，因此，课程目标必须具体化、标准化。基于这一思想，博比特在其后的《怎样编制课程》一书中具体列举了10个领域中的800多个目标。泰勒系统发展了博比特的行为目标理念。在《课程与教学的基本原理》中，泰勒主张，课程目标确定后，要用一种最有助于选择学习内容和组织教学过程的方式来陈述目标；而陈述目标的最有效的形式是既指出要使学生养成的那种行为，又言明这种行为能在其中运用的生活领域。即是说，每一个课程目标都应该包括“行为”和“内容”两个方面，前者指明要求学生表现出来的行为，后者言明这种行为所适用的领域。泰勒注意到了课程目标概括化的意义，对课程目标理论做出了巨大贡献，他也被人们称为“行为目标之父”。20世纪五六十年代，行为目标在布卢姆、马杰、波帕姆等人的推动下，越来越趋于具体、精细和机械。

2.展开性目标取向

展开性目标关注的不是由外部事先规定的目标，是在教育情境之中随着教育过程的展开而自然生成的课程目标。如果说行为目标是在教育过程之前或教育情境之外而预先制定的作为课程指令、课程文件、课程指南而存在的话，那么展开性目标则是教育情境的产物和问题解决的结果，是学生和教师关于经验和价值观生长的“方向感”。[①]可以说，行为目标更关注的是学习结果，而展开性目标注重的则是过程。

3.表现性目标取向

表现性目标是指学生在与具体教育情境的相互作用中所产生的个性化表现。当学生的主体性充分发挥、个性充分发展的时候，他在具体教育情境中所学到的东西及具体的行为表现是无法准确预知的。因此，表现性目标关注的是学生在活动中表现出来的某种首创性的反应形式，而不是事先规定好的结果。

二、选择和组织校本课程内容

在我们明确校本课程的类型和目标后，接下来的任务便是选择和组织每一类课程及每一个学习科目的内容，在确立好课程套餐后，便进入一个最具实质性的阶段——为每道菜精心选料、配料。学校本位的课程设计多集中于非学术的课程领域或单个学科领域，因此，在选择和组织课程内容时所应遵循的原则和策略均不同于国家本位课程开发过程中的专家型设计。

① 张华.论课程目标的确定[J].外国教育资料，2000(1):13-19.

在选择和组织校本课程内容时，除了要考虑到与目标的相关性之外，还要考虑到内容的科学性和有效性，即要考虑到它们对学生和社会的实际意义，它们能否为学生所接受，以及是否与校本课程的基本任务相一致等问题。这里主要论述学校在选择和组织校本课程内容时应该坚持哪些原则。

（一）校本课程内容选择的原则

泰勒曾多次系统论述过选择课程内容（他用“学习经验”一词）的原则。他看到，美国的一些课程改革通常都是由学科专家来确定目标的，他们很少关注学生的兴趣和需要。而泰勒认为，学生应该是学习的积极参与者，而不是被动的接受者。根据这一观点，他提出了选择学习经验的十条原则：[①]

①学生必须具有使他有机会实践目标所蕴含的那种行为经验；

②学习经验必须使学生由于实践目标所蕴含的那种行为而获得满足感；

③使学生具有积极投入的动机；

④使学生看到自己以往反应方式的不当之处，以便激励他们尝试新的反应方式；

⑤学生在尝试学习新的行为时，应该得到某种指导；

⑥学生应该有从事这种活动的足够的和适当的材料；

⑦学生应该有时间学习和实践这种行为，直到成为他全部技能中的一部分为止；

⑧学生应该有机会循序渐进地从事大量实践活动，而不只是简单重复；

⑨要为每个学生制定超出他原有水平但又能达到的标准；

⑩使学生在没有教师的情况下也能继续学习，即要让学生掌握判断自己成绩的手段，从而能够知道自己做得如何。

基于以上课程内容在选择上的共通原则，结合校本课程本身的独特性，学校在进行校本课程内容的选择时还应该注意以下两个原则：

1.校本课程内容要与学生和学校教育的特点相适应

校本课程内容是为特定教育阶段的学生而选择的，学校必须认识到，选择出来的课程内容最终是为学生学习用的。课程内容若不能被学生同化，成为他们自身的一部分，就永远是一种外在物。校本课程开发的出发点是满足学生的学习需求，校本课程的优势之一便是容易引发学生的学习兴趣，因此，所设计的任何课程内容都必须结合学生的特点，能够满足并不断地引发学生的内在兴趣。

---

① 泰勒.课程与教学的基本原理［M］.北京：中国轻工业出版社，2014：107-114.

2.校本课程内容应贴近现实生活

教育内容脱离社会实际，历来是教育改革家抨击的焦点。校本课程内容在学科基础知识和技能的基础上，结合自身的逻辑结构，真正考虑到让学生了解社会、接触社会，掌握一些解决社会问题的基本技能，尽可能地联系社会需要，以便学生所掌握的知识技能可以较好地运用于社会，更好地发挥社会效用。

（二）校本课程内容组织的方式

为了使学生的各种学习有效地联系在一起，使学习产生累积的效应，还需要对选择出来的课程内容加以有效组织，使其起到相互强化的作用。

1.国家课程的二次开发

这类课程往往以学科课程的形式出现，并且是学校课程体系中的重要组成部分。对此类课程的开发，要紧扣国家制定的学科课程标准，紧紧抓住学科独有的育人功能，深入探讨学科核心素养，并结合课程的评价标准体系及学业质量标准体系，将学校教育的办学理念、课程文化和育人目标的特质真正融入学科核心课程的内容中，将这些学科核心课程内容进行横向关联和纵向穿透。

2.学科课程的交叉融合

一些传统学科课程，其学科属性非常明显，学科自身的特质也非常鲜明，但有些学科课程可以学生发展的核心素养为主线进行适当的交叉融合，更好地实现课程的育人功能。如重庆市大渡口区某学校基于国家课程的二次开发理念，将心声呵护、中华武术等校本课程与传统体育课程进行有机融合，重构形成富有学校特色的体育融合课程。也有一些学校将相关学科课程进行群落化的交叉融合，如重庆市江北区某学校将学校课程语文、英语和校本的阅读课程整合为“游文”课程群，通过课程间的内容整合和群落化的课程实施，以提高学生语言建构和表达能力。

3.综合活动课程的跨界统整

某一门课程的跨界统整不同于“多学科式”或“多科目式”课程，综合活动课程是超越学科跨界整合后以活动为主要形式的项目式或体验式课程。譬如，学校可将“科学”课程和综合实践活动课程这一国家课程中的信息技术等内容板块进行有机整合，根据学校已有的课程资源平台，进行以问题为导向、以任务为驱动、以科学精神和实践创新核心素养的培养为目标，通过科学实践活动培养学生的科学意识和创造性的科学能力。此外，有学校设置了礼仪与节日这一统整课程，将学校的入学礼、行为礼、师生礼、校园大型节日、年级大型庆典等礼仪形式、典礼活动、节日活动进行系列化的设计和综合整理,形成学校教育理念之下的礼课程,让学生知礼、懂礼、守礼,激发学生的集体荣誉感和团队合作意识。同时也可形成学校主题活动,将班队主题教育活动、综合实践活动课程这一国家课程中的社区服务等内容进行有机统整,整体设计主题式班队课、体验式德育活动、主题演讲沙龙等,提升学生诚信、合作、法治、生态的社会责任感和能力,增加班级意识、国家认同和文化自信。

三、提出校本课程实施建议

课程实施是将编制好的课程计划付诸实践的过程,是实现预期的课程理想,达到预期的课程目的,实现预期教育结果的手段。校本课程实施建议是课程开发主体对课程实施主体的建议,它要经过一段时间的研究、实践和论证而形成,使其具有科学性和可行性。校本课程实施建议中需要明确校本课程的实施主体和校本课程实施的途径。

(一)实施主体

学校课程实施主体指的是将课程方案付诸实践的人。要将学校课程方案付诸实践,需要多方主体的参与,学校师生是课程实施的核心主体。

国家课程的实施主体是学科教师或由学科教师组成的学科教师团队,要紧密结合国家课程标准和学业质量标准,并进行基于学科文化属性的课程资源开发,深入把握学科核心素养,进行基于学科的校本化实施,切实提升学科教学质量,提高学生的学习效果,培养学生的学科能力,奠定学生进行终身学习的知识和技能基础。

跨学科课程的实施主体是由全科教师或相关学科教师构成的课程组。跨学科课程的实施打破学科界限,根据课程的整体目标进行基于国家课程的学科整合和深度开发,打造具有学校特色的以跨学科的实践活动为载体的系列化课程。

校本特色课程的实施主体是课程工作室或项目组。学校成立校本特色课程的课程工作室或项目组,从学生需求和学校课程资源出发,设计符合学校发展和学生成长需求的学生个性成长课程平台。项目组实行课程负责人制度,负责人由学校进行统一遴选审定;流动选修课程实行课程招标制度,谁中标,谁负责,谁实施,学校要根据课程评价标准进行流动选修课程的审定和效果评估,建立课程工作室的进入与退出机制和奖惩措施。

（二）实施途径

学校课程结构的多元化和课程内容的多样性决定了学校校本课程的实施途径也是多渠道并举的。

学科课程主要以班级课堂教学为主要实施途径。课堂教学是实施以学科为主的国家课程的主要途径，但学校的课堂教学并不局限于传统的教学方式，而是可以根据学校自身办学理念和特色，形成学校自身的课堂文化，打造校本的课堂教学范式，使学生对学科课程开展高品质的深度学习，形成扎实的学科知识和能力基础，为学生的可持续学习提供保障。

活动课程的实施主要通过主题式活动教学的途径进行。将活动课程围绕年段主题的综合性学习课程或特色实践活动进行“小课堂”的活动教学，培养学生优良品行。年级层面的活动课程通过年级的集中性综合活动，而学校层面的活动课程则通过节假日序列化活动、寒暑假生活体验周等课程，分别开展以学校或家庭为主的社会实践活动，提升学生的人文素养和社会实践能力。

学校的一些特色校本课程实施主要以课程工作室的途径进行。所谓课程工作室，指的是学校教师个体或教师团队根据自身的课程能力，结合社区、学校和工作室的课程资源进行自主设计和开发形成的，提供给学生进行个性化学习的课程学习平台。学生根据自身的兴趣爱好和个性需求，在学校指导下，对校本特色课程学习平台的课程进行自主选择并开展学习活动。

四、形成校本课程评估计划

校本课程评价的设计是一个动态的有序过程，需要评价人员进行周密的考虑与详细的计划。一般而言，校本课程评价的设计要经历如下过程：成立课程评价小组，确定评价对象，拟订评价标准，制定评价计划，按计划进行评价。

（一）成立课程评价小组

对于评价小组的构成，我们需要坚持以下原则：

第一，评价小组尽管成员多元化，但是要坚持一个原则：以教师为主干。这是因为：①教师同课程及学科专家相比，更了解校本课程开发的情况，也往往比专家有更多时间参与其中；②同其他成员相比，教师具有更多的课程评价专业知识，更容易全面了解课程开发所出现的优劣利弊；③以教师为主干对教师专业成长的帮助更大。

第二，评价小组要制定比较详细的规程，定期组织会议，讨论有关课程评价的问题。同时,小组成员与被评价对象间的利益关系要得到妥善的处理,以减少评价过程中发生人际矛盾。

第三,评价小组的成员之间要进行价值观的协调活动,通过这些活动,达成价值观的基本一致。一致的价值观可使小组成员之间具有有助于交流和合作的共同语言、处理各种评价问题的一般准则以及在指导评价过程中关于各种研究的比较一致的工作性定义等等。这一协调活动通常是通过一些概念化的活动来达成的,比如,对课程的概念、课程价值主体的概念以及评价对象的概念的确定。

(二)确定课程评价的基本领域

对校本课程评价的基本领域的确定通常要依据两个标准。一是课程评价的目的。我们前面对此进行了一些探讨,确立了课程评价的三重目的,但就具体的某次课程评价活动来讲,完全可以选取其中的某些侧面作为评价的目的。评价的目的不同,评价的基本领域也要有所变化。例如,如果我们仅仅要对某一课程对学生的作用进行评估,则我们评价的焦点主要集中在学生在课程学习过程中所产生的变化以及学生学习的背景;如果我们要进一步了解学生获得这些经验的原因,我们就要进一步关注教师的课程实施情况、课程的内容、结构目标等,学生的课程外影响也要考虑在内。二是课程评价的程度。课程评价的程度实际上也是由课程评价的目的所决定的,它是指课程评价想要达到何种深度。我们不妨把它分为四个层次:①理解的层次,即对要评价的对象进行了解;②评判的层次,即对评价对象评出优劣与等次;③批判的层次,即要进一步对评价对象的优劣的原因予以追究;④预见的层次,即在上述工作的基础上对评价对象本身或整个教育体系作出一定的预言,或者提出修改的意见。随着层次的深入,评价的基本领域也在不断地扩大。

概括来讲,校本课程评价的基本领域主要有以下几个部分。

1.对课程设计过程及其结果的评价

对课程设计过程本身的评价是校本课程开发中十分重要的一个环节。泰勒曾经提出:当为编制一个计划、一套教材或一种教学手段提出一种或几种想法时,马上就进行评价,以发现在早先的实验或经验中,是否有表明这个想法的有效的证据在提出想法阶段就进行评价,可以避免许多徒劳的尝试。[①]在课程设计阶段进行课程评价的目的是:一方面,通过对各种设计的合理性进行比较,判断哪些设计、设想更为合理有效,以便在众多的备选设计中作出选择;另一方面,发现所提出的设计、设想的合理性与谬误之所在,找出其中的可改进之处。它主要从三个方面进行评价:

① 泰勒.课程与教学的基本原理[M].北京:中国轻工业出版社,2014:144.

第一个方面是确定课程设计是否依照科学的原理、原则，是否有正确的课程理论做指导，等等；第二个方面是考察课程设计过程中是否遵循了一定的合理程序，包括参加设计的人员是否合适，其知识结构是否合理，是否考虑了各方面的因素，等等；第三个方面，也是最为重要的方面，就是要考察课程是否正在遵循最初的设计、设想不断地向前推进，需要在哪些方面进行改进，等等。在这一阶段对课程进行评价时，所依据的是评价者自己的观念和理解以及所了解的理论、所掌握的相关最新研究成果(通过调查等手段收集到的最新的系统的有关资料，如关于某些知识的社会需求状况的调查)，这一依据往往通过评价者所制定的一套评价指标体系集中地体现出来。在这一阶段中，评价所采取的方式往往是集体审议。

对课程结果的评价是指判断制定好的课程方案、教材和各种活动指导书跟我们最初确定的教育思想、课程目标是否吻合。再进一步，还要评价我们的课程目标是否符合学校的教育哲学，是否最大限度地促进了学生的发展，是否很好地利用了课程资源。在对校本课程设计结果进行评价时，课程方案或教材是评价的核心，重点评价它的科学性、思想性、知识结构和学生认知结构的关联性、组织方法与排列方式的合理性以及是否符合教学原则并具有足够的可行性等。具体地讲，在对课程结果的评价中，我们主要评价以下几个方面的内容。①

(1)课程目标

对课程目标的评价主要参照如下标准：

A.目标是否既符合学生当前的心理发展水平，又对他们的心理发展有促进作用；

B.目标是否具有一定的弹性，可为不同的学生提供发展空间；

C.目标是否符合社会需要，特别是社会未来发展的需要；

D.目标是否符合学科特点，体现学科特色；

E.目标是否具有可操作性与可检验性，以便于教学实施；

F.目标是否具有连贯性，即同以前和今后所开发的课程处于同个链条上，是学校总体课程目标的有机组成部分。

(2)课程内容

主要从以下几个方面进行评价：

A.内容是否具有科学性，是否反映了科学研究的新进展；

B.内容的广度和深度是否反映了学生的年龄特征，能否为他们所把握，能否激发他们的学习动机和兴趣；

C.内容能否为不同的学生提供发展空间；

---

① 丁朝蓬.教材评价的本质，标准及过程[J].课程·教材·教法，2000(9)：35-45.

D.内容是否联系社会生活与生产实际；

E.内容与课程目标是否具有一致性；

F.内容是否考虑到了其中的潜在假设或潜在课程的因素；

G.内容是否最大限度地利用了现有的课程资源。

(3)课程内容的组织

其评价标准如下：

A.内容的组织方式对课程内容是否适合，有没有违反知识内在逻辑的事情发生；

B.是否符合学生的心理规律，以便于他们理解和掌握；

C.是否符合教育教学规律，以便于最大限度地利用教材；

D.文字与图表是否科学严谨、规范，表达的方式是否符合学生的心理特点，易于为他们所接受和理解；

E.是否有利于学生自主地使用教材。

2.对课程实施过程和结果的评价

对课程实施过程的评价包括对课程表、教学任务、学习方法、学习风格、教学原则与方法、教学组织形式、人际关系、校风、学风、教师态度与作风、教学设备、教学环境等的评价，借此了解课程实施所达到的水平，如记忆水平、理解水平和创造水平等。对课程实施结果的评价在于指明学生通过课程的学习是否已达到了课程目标，同时还要明确课程实施产生了哪些非预期的结果。换言之，对课程实施结果的评价应包括预期的结果和非预期的结果两个方面的内容，不能片面。

一般来讲，课程实施有三种取向：①忠实的取向，即实施者严格按照课程计划的要求进行课程实施；②缔造的取向，即把课程实施看作自己创造的一个过程，对原课程计划进行一定的改动与创生；③相互调适的取向，即把课程实施过程看作课程实施者与课程计划相互作用的过程，通过调适把两者统一起来。我们倾向于认为，相互调适的取向是一种比较理想的实施方式，因为它既讲究对原有课程计划进行研究，又重视教师的再创造，符合教师专业发展的方向。因此，在课程评价中，我们不仅要考察课程实施对课程计划达到的程度，更要认真地考察在课程实施过程中教师对课程的变革程度以及变革对教学所产生的影响。具体来说，课程实施中的变革主要包括五个层面，见表3-4所示。[①]

① 钟启泉，李雁冰.课程设计基础[M].济南：山东教育出版社，2000：454.

表3-4 课程变革涉及的五个方面

1.学科内容或教学内容
课程内容
教学材料、评价
顺序
2.组织结构
学生分组
空间、时间的分配
担任新角色的人员
3.角色关系之转变
新的教学风格
新的任务
师生关系
校长与教师之间,教师与教学顾问之间的关系
4.知识及理解
教师、校长对新课程(包括其哲学、价值、假定、目标等)之感观、认识
5.价值内化
使用者对创新实施的评价和投入(如学校对某些实践的支持力度、家长对某些实践的支持和理解程度)

在对课程的实施情况进行评价时,通过对上述五个方面的评价,可以比较详细地了解课程在实施过程中的变革情况。

3.对教师专业成长的评价

校本课程的一个重要功能就是促进教师专业化的发展,因此校本课程的评价也要评估通过这一课程的设计、实施,教师在专业知识和专业能力,尤其是在校本课程开发能力上有何提高,并要详细地考察其中的原因。

通过对现有的校本课程的分析,结合我国校本课程开发中教师的实际情况,我们认为教师在校本课程开发中可主要从四个方面获得专业成长:对待课程的态度、课程意识、课程开发能力和知识。对教师专业成长的评价也要依照这四个方面来进行,具体地说,要依照如下标准。

(1)对待课程的态度

A.教师在课程开发与实施中投入时间的多少;

B.教师对课程开发是否充满热忱;

C.教师在课程的实施中对课程的改进情况如何。

(2)课程意识

A.教师在课程开发中是否有比较清晰的课程理念;

B.教师在课程开发中提出了多少合理化的建议或意见,这些建议或意见有无创意;

C.教师在课程的设计或实施过程中能否为自己的行为作出合乎理性的解释。

(3)课程开发能力和教学的能力

A.教师能否合理地利用课程设计或课程实施的原理和技巧;

B.教师学生在学完课程后达到了什么样的学习水平。

(4)知识的增长

A.教师所设计的课程或所进行的教学变革需要哪些他以前所不具备的知识背景;

B.教师对课程中所包含的专业知识和教育方面的知识究竟理解程度如何。

对教师专业成长的评价有两个问题需要注意:一是要注意对课程开发和实施的背景进行评价,只有在清晰的背景的基础上,我们才能比较清楚地了解教师究竟在这一开发过程中取得什么样的专业进步;二是要注意评价的目的主要不是对教师进行考核或奖惩,而是为了发现教师在专业化过程中出现的问题以及处理在评价过程中和评价之后的教师个人的利益问题,这关系到学校人员的团结情况和今后校本课程开发的进展,不能不慎重。

4.对课程开发成本的评价

影响校本课程运作的一个重要因素就是课程资源。由于一个学校的课程资源是极其有限的,因此学校在实施一门课程之后,一定要严格考察课程开发成本与课程成效之间的比率,在这方面作出定性与定量的分析,以利于今后的改进和发展。

(三)制定评价标准及指标体系

课程评价是依据一定的标准进行的,不确定标准,评价工作就失去了参照系,也就无法进行。因此,在实施评价之前必须先确定评价标准和具体的指标体系。一般说来,评价标准是依据价值标准来制定的,是一种理想的要求,而指标体系则是依据评价标准来具体规定评价对象的全部因素所要达到的要求。指标体系不仅要包括各具体因素指标的集合,还包括各项指标的权重系数的集合以及各项指标的描述和测量。①

(四)课程评价的运作

在确定了评价的对象、评价的标准及指标体系之后,校本课程评价小组就应该着手进行评价工作。一般,评价工作的运作要设计一份评价计划,然后依据评价计划进行评价运作。最后,要得出评价结论,并把这一结论及时地反馈给有关人员。

---

① 靳玉乐.现代课程论[M].重庆:西南师范大学出版社,1995:429.

1983年，勃林克霍夫等细致地分析了评价阶段的问题与任务，具体如表3-5所示。

表3-5　课程评价计划阶段的问题与任务

关键问题	任务
评价什么	调查应该评价什么
评价的任务是什么	确定任务，并证实它
评价将会影响谁	确定评价的听众及参与者
环境中的哪些因素可能影响评价	研究评价的环境
什么是评价的关键性问题	确定主要问题
评价有没有成功的可能性	决定要不要把评价继续下去

评价计划设计出之后，评价小组要按照计划进行评价工作，校本课程评价的核心是要分析问题，诊断问题，提出今后课程改进的方向、措施和方法。

第三节　校本课程设计的案例

重庆市W小学在已有课程的基础上，从学校教育哲学和育人目标出发，通过对优雅·阅读课程目标、课程内容、课程结构和课程实施的整体设计，形成了具有W小学特色的优雅·阅读特色课程方案，优雅·阅读校本特色课程方案是学校优雅·阅读课程的课程纲要。W小学校本课程的开发较为完善且具有参考意义，本节将对W小学校本课程开发的背景、目标、内容、构成等进行展示，以供借鉴。

一、W小学校本课程开发的背景

"腹有诗书气自华"，中华民族历来崇尚读书。所谓开卷有益、读书增智，阅读是一个国家精神发育的基本途径，是建设学习大国的重要内容，也是社会进步、文明发展的重要标志。自2014年起，"全民阅读"已经连续多年写入我国政府工作报告，"倡导全民阅读"升级转型为"大力推动全民阅读"。倡导全民阅读，建设书香社会已经成为国家发展的重要战略之一。W小学的优雅·阅读正是立足于"全民阅读"的社会背景和"落实学生核心素养"的人文背景有序展开的。W小学本着"以人为本"的育人理念，力求在聚焦学校教育哲学的基础上，通过制定切实可行的阅读素养标准，集中"家校社"之力共育少年，以使优雅·阅读课程达到培养学生形成良好的阅读素养、引导学生形成健全的人格和品性的目的，并且使学生在不断树立正确的世界观、人生观和价值观的过程中，逐步成为为社会建设添砖加瓦的有用之才。

（一）全民阅读的社会背景

1972年，联合国教科文组织首次提出"全民读书"(Books for All)。十年之后的1982年，其又提出"走向阅读社会"（Towards a Reading Society）。1995年，每年的4月23日被定为"世界读书日"(the World Book and Copyright Day)。1997年首次面向世界提出"全民阅读"（Reading for All)的口号。

改革开放以来，我国国民文化需求日益增长，阅读环境也大为改善，全民阅读俨然成为一个国民化的趋势。2006年，中宣部、原新闻出版总署（现国家新闻出版总署）等11个部门发出《关于开展全民阅读活动的倡议书》，并联合成立全民阅读组织协调办公室，之后，中国全民阅读开始了从活动到战略、从理念到实践、从量变到质变飞跃的十年。

在未来，我国将形成学校以阅读为教育主轴，国民以阅读为生活方式，城市以阅读为文化形象和气质，国家以全民阅读事业提升国民文化凝聚力、国家文化软实力的整体格局。

(二)“核心素养”的课改背景

教育部关于“中国学生发展核心素养”的研究成果呈现了我国学生全面发展需求的整合，与我国传统文化相呼应，将人文底蕴排在首位，可见其重要性。人文底蕴是我们内心蕴藏的对人类文化中的先进和核心部分的才智和见识，是对中华传统文化的深厚理解，是推动我们健康持续发展的精神原动力，是支撑言行的综合体。其中的“人文”决定着人的精神走向，“底蕴”指出了人的才智与见识是带有内敛和隐含特点的。人文底蕴的不断积淀与丰富，可以提升人的品位和气质。有人文底蕴的人，心智豁达、情感纯净、意志经得起磨砺。拥有丰厚人文底蕴的人是一个大写的人、舒展的人，是内心包容、有大爱的人。

二、W小学优雅·阅读校本课程的目标

W小学遵循“成一个优雅少年”的育人目标，构建了“优雅课程体系”。学校的优雅·阅读是在优雅教育理念指导下，旨在通过精选阅读内容、精挑阅读方法、精设阅读活动，提高儿童阅读能力、发展儿童阅读素养的教育活动。

W小学的优雅课程体系可分为基础课程、拓展课程和探究课程。优雅·阅读课程体系是优雅课程体系的一部分。在优雅·阅读课程体系中，W小学设置了阅读经典、“亲近母语”诵读、亲子阅读、“走过四季”阅读活动、阅读实践和兴趣阅读等课程。其中，阅读经典课程和“亲近母语”诵读课程为基础阅读课程，亲子阅读课程和“走过四季”阅读活动课程是拓展阅读课程，阅读实践课程和兴趣阅读课程是探究阅读课程。三种层次的课程对学生的阅读能力有不同的要求，并且分别设置了不同的阅读课程目标，三种课程目标各有侧重点，旨在全方位培养学生的阅读能力和阅读品格。

基础阅读课程包括阅读经典课程和“亲近母语”诵读课程，目标是让学生学会阅读教材，培养自学能力；拓展阅读课程包含亲子阅读课程和“走过四季”阅读活动课程，目标是拓展学生的阅读面，培养阅读习惯；探究阅读课程包含阅读实践课程和兴趣阅读课程，目的在于培养学生运用信息的能力。三种课程目标由易到难，基础阅读课程侧重培养学生获取、理解信息的能力，拓展阅读课程侧重培养学生判断、评价信息的能力，而探究阅读课程是学生在达到前两个阅读课程目标的基础上形成的运用信息的能力。这体现了优雅·阅读课程发展性目标的特点。

表3-6　W小学优雅·阅读三级课程结构

基础阅读课程	获取信息	能多渠道搜集自己需要的阅读材料
		能快速从材料中找到与自己所需信息有关的信息
		能比较各信息,找出最能说明自己探究问题的内容
	理解信息	能认读各类阅读材料,包括连续性和非连续性文本
		能整体把握阅读材料的主要内容,正确复述内容
		能正确分析、解释阅读资料中各信息的含义
		理清思路,理解主要内容,体会材料的主题及表现形式
		阅读中能够抓住材料中的主旨或关键来整体理解
拓展阅读课程	判断信息	能区分自己观点与阅读材料之间的联系,并通过自己的思考作出判断
		阅读中能够积极地展开推断、假定、联想等思维活动
		能把所读内容与其他知识联系,产生一种与文章有关的、新颖独特的、有意义的联想和领悟
	评价信息	能对阅读材料中的观点作出评价
		能针对阅读中获取的信息说出自己的体验,从中获得对自然、社会、人生的有益启示
		反思阅读材料的形式,对文章的遣词造句、布局谋篇以及所表达的思想情感作出评价
探究阅读课程	运用信息	能对阅读材料中提供的信息进行整理,形成新的观点
		能将阅读中的知识储存起来并在新的阅读中灵活使用
		能通过阅读解决自己生活、学习中的问题

基础阅读课程主要依托教材及相关的学科资料,以“做实”的原则来指导学生研读教材文本,目的在于使学生读懂教材、理解教材,掌握基本阅读方法,培养自学能力。该课程以课堂教学为主,教师也可以随机指导学生在课外阅读和教材内容有关的资料。

拓展阅读课程目标是拓展学生的阅读面,培养阅读习惯,培养判断信息、评价信息的能力。拓展阅读课程主要是以“做精”的原则来对原有的必选课程所依托的学校教材进行重新设计和建设,减少随意性,加强科学性、系统性;同时以“做宽”的方式,通过整合各种资源,在调查研究的基础上尽量根据学生爱好开发新的供学生自选的课程,如诗歌欣赏和写作、科普文章欣赏、古典文学赏析等。

探究课程以“做活”的原则来设计探究的课题,通过开展各种探究活动,指导学生广泛阅读文献资料、调查问卷、表格报告等不同体裁的文本,并指导学生对各种资料进行梳理、归纳、总结、提炼,从而培养他们获取、处理信息的能力,进而提升他们在社会活动中运用信息的能力。

三、W小学优雅·阅读校本课程的内容

W小学优雅·阅读课程内容主要分为阅读指导内容和阅读材料。学校形成了适合各年级学生的阅读资源包，并对阅读教学方法进行了探讨和总结，形成了具有W小学特色，适应学生需求和未来发展的校本课程内容。

四、W小学优雅·阅读校本课程的构成

优雅·阅读校本特色课程属于W小学课程结构中的探究课程。探究课程以培养兴趣、发展特长为目标，通过科学训练，使学生启智强能，张扬个性，培养特长，获得自主发展，实现素养提升。为了培养学生的优雅阅读能力和优雅阅读品格，学校整体规划了“优雅·阅读”课程体系，构建了多样的阅读课程，包括阅读经典课程、阅读实践课程、“亲近母语”诵读课程、亲子阅读课程、“走过四季”阅读活动课程和兴趣阅读课程。学校“优雅·阅读”课程的构成情况如下图：

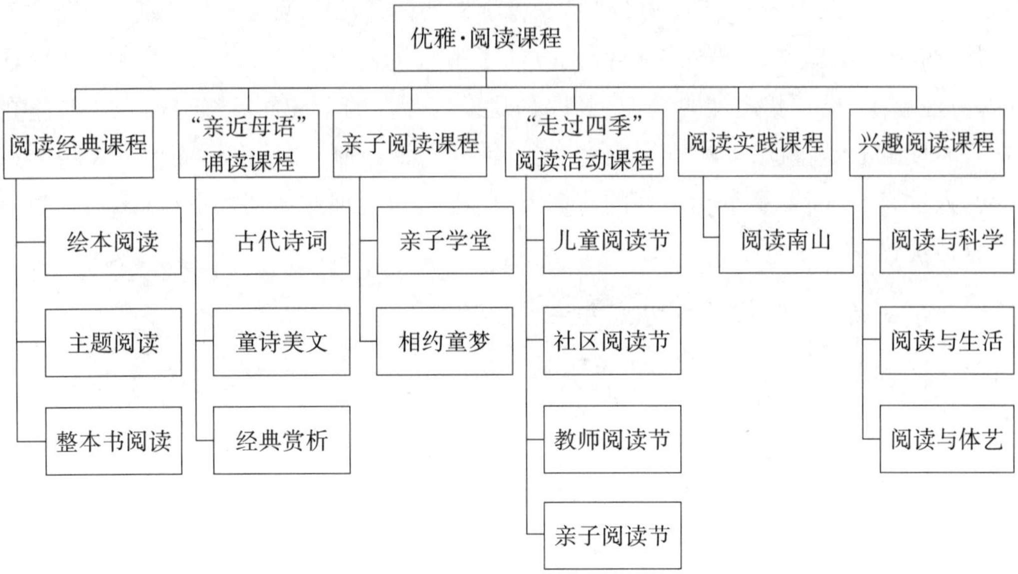

图3-2　W小学优雅·阅读课程的整体架构

五、W小学优雅·阅读校本课程的实施建议

（一）优雅·阅读课程实施的途径

在不断的阅读教育实践中，W小学开创了一条用优雅·阅读课程推动学校发展，

提升师生阅读素养的路径。W小学优雅·阅读课程的实施途径包括创造书香氛围，构建立体阅读环境；全学科阅读，开展灵动课堂教学；搭活动平台，组织广博的课外活动；家校合作，多渠道联动家庭和社区，共建书香社区。这样全方位、立体式的课程实施途径保证了优雅·阅读课程的有效实施。

（二）优雅·阅读课程实施的方式方法

1.阅读经典课程实施的方式方法

为保证课堂质量，指导老师从激发学生的阅读兴趣、分享阅读的快乐、培养阅读习惯、指导阅读方法入手，详细制定本班的课外阅读指导课的上课计划，编写好每一课时的教案。学校教师组成阅读工作坊，进行经验分享和研讨，基本确立了课外阅读推荐课、阅读指导课、阅读分享课和自由阅读课四种阅读课型。

2."亲近母语"诵读课程实施的方式方法

小学每节课一般固定为40分钟，少有学校会随意改变课时长度。但是，W小学在构建优雅·阅读校本课程时把目光投向了课程的时间要素，试图从优化学时(课时)方面着手，实行长短课时制，打开课程建设与开发的新局面。经过研究小学生在特定时期的心理特征，W小学提出并实施的"长短课时制"改革应运而生。W小学从课时入手，以时间要素牵动课程的诸多要素，把时间管理作为切入点，立志达到教学过程最优化。

3.亲子阅读课程实施的方式方法

学校致力于联动家庭、社区，助力学生阅读能力的发展。联动家庭、社区是亲子阅读课程实施的主要方式方法。

4."走过四季"阅读活动课程实施的方式方法

"走过四季"阅读活动课程的实施主要依赖于四季读书节。W小学坚持开展和丰富"春夏秋冬"四季读书节活动，进一步激发师生的读书积极性，并带动家长一同参与读书活动，共同创设书香氛围；开展师生、生生、亲子、社区等共读活动，形成良好的校园文化，促进学生身心健康成长。适机联系附近书城在学校举行好书采购活动，号召全校师生积极行动起来，买好书，读好书，好读书，让浓郁的书香充盈校园的每一个角落，激发孩子们的阅读热情，引领孩子们踏上美妙的阅读之旅。

5.阅读实践课程实施的方式方法

学校利用南山教育资源，积极开展"阅读南山"实践课程。为了更好地开展阅读实践课程，W 小学开发了《阅读南山》校本教材。校本教材是阅读实践课程的依托，开发校本教材能更好地满足学生的兴趣和需要。

6.兴趣阅读课程实施的方式方法

兴趣阅读课程以选修课的形式开展。学生通过基础阅读课程、拓展阅读课程形成一定的阅读能力后，可以根据自己的兴趣个性化地参加不同的阅读选修课，包括阅读与科学、阅读与生活、阅读与体艺等等。这一课程可以满足不同学生的发展需求，引导学生个性化发展。

六、W小学优雅·阅读校本课程的评价

W 小学的优雅·阅读课程改革与教学创新旨在逐步培养学生探究性阅读和创造性阅读的能力，拓展学生的思维空间，提高学生的阅读质量。优雅·阅读独特的课程建构与教学改革实践最终将通过学生的阅读素养展现出来。优雅·阅读校本课程评价是一种对“优”和“雅”的评级，对“优”的评价指向学生掌握的阅读能力，对“雅”的评价则指向学生持续的阅读品格。“优雅”是学生阅读素养的集中体现，是阅读能力和阅读品格的动态结合，以实现学生的阅读素养的全面发展为最终目标。为此，学校经过扎实有效的研究，研发出了基于阅读素养的优雅·阅读校本课程评价工具体系，即以“基本阅读任务完成评价表”和“阅读星级考核”为主，以“书香之旅”分享综合等级、天天晨诵见证表、学生阅读见证卡等为辅的系列评价工具。除此之外，在学生评价的基础上，学校成立课程评价小组，多维度、多元化对课程方案、课程设计、教学实施等方面进行评价。

本章回顾

本章主要就校本课程设计的相关问题展开讨论。校本课程设计作为校本课程开发的重要组成部分，涉及课程目标、内容、实施建议、评价等诸多基本要素。这就需要课程开发者首先在课程设计的价值取向上有一个明确的定位，也就是对“通过课程到底要培养什么样的人”这一根本问题作出回应，并在此基础上明确校本课程目标。在明确校本课程的类型和目标后，接下来的任务便是选择和组织每一类课程及每一个学习科目的内容，在选择和组织课程内容时要遵循课程内容要与学生和学校教育的特点相适应、课程内容要贴近现实生活这两大原则。与此同时，在校本课程设计过程中还需要提出实施建议，明确究竟由哪些人来将课程方案付诸实践以及通过哪些途径来实施课程。最后，还需要对校本课程评价进行设计。校本课程评价是一个动态的过程，既需要对课程设计和实施过程及其结果进行评价，也需要针对课程开发的成本和促进教师专业成长的情况展开评价。由此，构成校本课程设计的全过程。本章第三节还提供了W小学校本课程开发的案例，展示了该校课程开发的背景、过程、结果等，以供借鉴。

拓展阅读

2014年的《关于全面深化课程改革 落实立德树人根本任务的意见》提出了“明确学生应具备的适应终身发展和社会发展需要的必备品格和关键能力”。2016年，我国林崇德教授课题组发布了中国学生发展核心素养的三个方面六大素养，包括文化基础(人文底蕴、科学精神)、自主发展(学会学习、健康生活)、社会参与(责任担当、实践创新)。这些为校本课程发展提供了指南，要求校本课程开发在目标、内容、实施、评价等方面更加聚焦核心素养，更加注重育人效果。

基于此，笔者以唐山市小学校本课程开发为例，介绍其构建的适合学生核心素养发展的校本课程体系，以期能为读者们提供一些启发。一方面，唐山市各小学从课程目标到课程内容，从教学形式到教学方法，从过程考核到阶段评估，都依据核心素养的要求进行，使得核心素养体现在每一个环节；另一方面，在确定了以培养核心素养为课程建设理念的前提下，依据本地区的特色与优势，围绕核心素养构建了五类校本课程，每一类都由相对独立的一个或多个课程群组成(见下表)，其地区参与实验的一百余所学校最终开发出了200余门特色鲜明、优势突出的校本课程，做到了一校一课。[①]

① 王立宽，胡玉平，张翼.构建适合学生核心素养发展的校本课程体系——以唐山市小学校本课程开发为例[J].课程·教材·教法，2016(7)：108-115.

课程类型	核心素养	课程名称
品德养成类	社会责任 国际理解	感恩博爱、生命教育、君子文化、文明礼仪、法制规则、低碳生活、国际理解教育等
文化传承类	国家认同 人文底蕴	唐山陶瓷、乐亭皮影、乐亭大鼓、评剧艺术、玉田泥塑、滦州文化、满族风情、红色传统、阅读与欣赏、亲近古诗词等
科学探究类	科学精神 学会学习	科技遨游、快乐探索、思维训练、绿色未来、海之韵、身边大自然等
尚美健体类	审美情趣 身心健康	河北民歌、瓷盘绘画、中国结、剪纸、书法、多姿多彩的空竹、腰鼓、竹竿舞、健美操、乒乓球、校园足球、篮球等
生活技能类	实践创新	乐学厨艺、采撷四季 润泽生命、开心小农场、理财、去远方、集邮、交通安全等

此外，笔者还补充了一些书籍，供读者进一步阅读。

1. 蔡清田. 核心素养导向的校本课程开发[M]. 长春：东北师范大学出版社，2020.

2. 顾明远，孟繁华. 国际教育新理念(修订版)[M]. 海口：海南出版社，2003.

3. 田立君. 小学国学校本课程设计与开发的行动研究[M]. 长春：东北师范大学出版社，2015.

第四章

校本课程的开发模式

课程的开发并非是一个随意的过程，需要有一定的思想作为指导，在课程研究的长期实践中，形成了多种课程开发的模式。校本课程的开发遵循一定的结构模式，这些结构模式是各学校开发校本课程的操作方式与过程步骤。受不同教学理论与理念的影响，当前校本课程开发模式主要有基于课程对象的开发模式和基于理论逻辑的开发模式。后者包含目标模式、过程模式、融合模式、互动模式等几种主要模式。此外，还有基于需求的校本课程开发模式。每种开发模式对实践操作的要求也不尽相同，明确每种开发模式的具体操作有助于校本课程开发的理论与实践的对接，更有利于校本课程开发主体在实践中开展工作，确保理论与实践紧密结合并契合一线教育现状。

思维导图

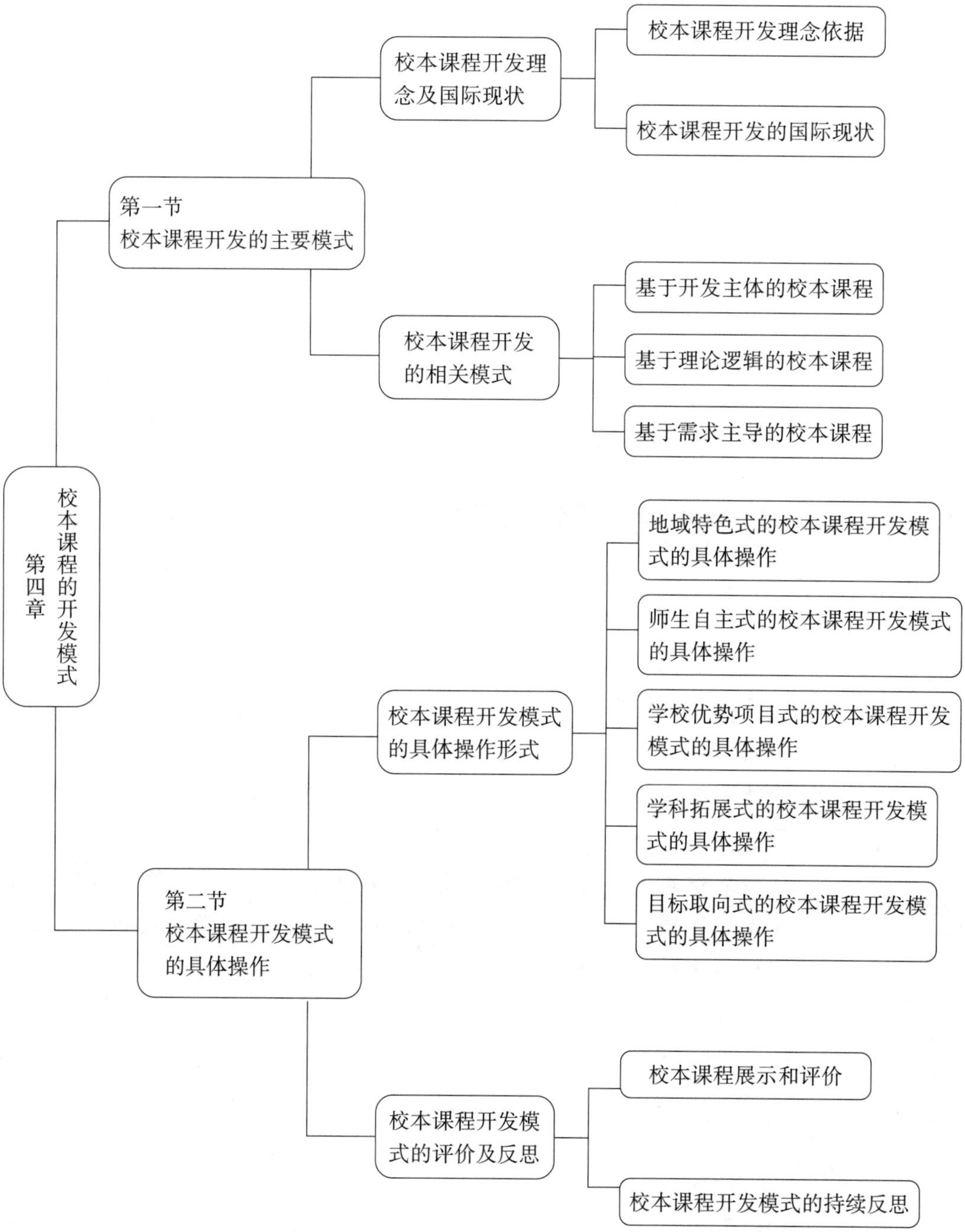
第四章 校本课程的开发模式
第一节 校本课程开发的主要模式
校本课程开发理念及国际现状
校本课程开发理念依据
校本课程开发的国际现状
校本课程开发的相关模式
基于开发主体的校本课程
基于理论逻辑的校本课程
基于需求主导的校本课程
第二节 校本课程开发模式的具体操作
校本课程开发模式的具体操作形式
地域特色式的校本课程开发模式的具体操作
师生自主式的校本课程开发模式的具体操作
学校优势项目式的校本课程开发模式的具体操作
学科拓展式的校本课程开发模式的具体操作
目标取向式的校本课程开发模式的具体操作
校本课程开发模式的评价及反思
校本课程展示和评价
校本课程开发模式的持续反思

第一节　校本课程开发的主要模式

校本课程是学校在执行国家课程和地方课程的同时，根据当地社会、经济发展的具体情况，结合本校的传统和优势、学生的兴趣和需要，自主开发或选用的适合本校的课程。一般意义上，校本课程开发分为课程选择、课程改编以及课程新编，但无论哪种课程开发类型，都需要系统设计，确保课程开发活动有序有效的同时彰显校本特色、共享课程理念以及推广开发方案。

模式亦称“范型”，一般指可以作为范本、模本、变本的式样。在普通心理学中，指外界事物贮存在记忆中的有组织的心理图像；在认知心理学中，指信息加工的过程或者事物有组织的结构。在社会学中，指研究自然现象或社会现象的理论图式和解释方案，同时也是一种思想体系和思维方式。总而言之，从课程层面来讲，模式作为一种深层次的课程开发策略，涉及学校课程的不同领域，并且适用于所有学科。学校可根据自身的传统优势和基础条件，本着“针对实际、突出重点、量力而行、重在实效”的开发策略，从学科课程和活动课程两大领域展开创新模式的研究与探索。

一、校本课程开发理念及国际现状

（一）校本课程开发理念依据

校本课程必须基于学校育人目标以及学生发展的实际需求，其开发主体必须是教师而不是专家。同时，校本课程开发必须充分利用现场的课程资源。校本课程开发的理论基础主要有施瓦布的“实践与折中模式”课程理论、斯滕豪斯的“过程模式”课程理论、劳顿和斯基尔贝克的“情境模式”思想、多尔的后现代课程观以及具身认知理论。

一是施瓦布的“实践与折中模式”课程理论。约瑟夫·施瓦布是美国20世纪50年代著名的课程论专家、生物学家。他强调课程开发的终极目标是“实践兴趣”，强调课程开发的主体是教师与学生。这一理论首先明确界定了教师的角色，即课程的设计者与开发者；其次强调学生要根据自己的喜好来选择课程；最后强调教师与学生的相互作用，并主张在这过程中教师和学生要尽可能地发挥彼此的无限潜力，强调通过集体的“课程审议”方式来解决课程开发中的问题。这体现了校本课程开发的基本精神，也为破解课程开发中的困境提供了思路。

二是斯滕豪斯的“过程模式”课程理论。斯滕豪斯的“过程模式”课程理论蕴含着教师是校本课程开发主体之一的观念，提出“教师即研究者”。这一理论强调行动研究的研究方法以及反思性的探索方式，这些为校本课程开发奠定了思想基础。

三是劳顿和斯基尔贝克的“情境模式”思想。劳顿的“宏观情境分析理论”是从整个社会文化出发，认为学校的课程是传承社会文化的主要载体，应从公共基础文化中选择课程内容，使其反映社会中的文化内容。斯基尔贝克的“微观情境分析模式理论”主张依据各个学校自身的实际条件，在对本学校进行全面考量评估的基础上研制课程。“情境模式”思想从社会文化分析着手，依据现实灵活调整，具有较强的适应性，它的“文化性”“适应性”特点为基于核心素养的校本课程开发提供了很好的思路。①

四是多尔的“后现代课程观”。多尔的后现代课程观重视多元文化课程，认为课程应是开放的、动态循环的。多尔反对课程的预设性，也反对由课程专家来决定课程，他认为，课程应依据学校本身的文化与学生所具有的文化，校长、教师、学生、家长、专家、社区人员等多方主体在尊重文化多元性、差异性的基础上，通过相互的沟通、交流、辩论来建构、生成课程。这些都为校本课程的开发及资源的利用提供了有力的理论基础。

五是具身认知理论。“具身”概念由美国加利福尼亚大学语言学教授拉考夫和俄勒冈大学哲学教授约翰逊提出。具身认知理论强调身体在认知过程中的关键作用以及认知身体与环境交互的重要性。该理论认为，认知有赖于人的身体结构以及最初的身体和世界的相互作用，因而只有植根于情境脉络当中的知识，才是“活”的知识。学习者要想真正掌握知识，只有通过参与生活情境中的活动才能实现。教学内容应该来自现实生活，并且提供完备而多样的范例。这为符合时代背景的校本课程研究提供了启示与思路。

（二）校本课程开发的国际现状

校本课程开发是国外教育研究者最先倡导的。校本课程开发的专家斯基尔贝克提出了课程开发的经典模式：首先，分析具体的课程情境，了解实际状况；在以上基础之上，尝试厘清校本课程开发的思路，确立课程的具体目标；在目标清晰的情况下，进而编制课程开发方案；同时，对开发过程中所出现的相关创新进行解释与实施，并重点追踪、重建课程开发的新思路。

经济合作与发展组织针对校本课程开发提出了基于学生发展的相关模式：第一步是分析学生的相关学情，具体掌握学生学习与课程相关情况；第二步是分析开发者当前掌握的资源与限制，厘清存在的相关问题；第三步是详细制定课程开发的一

①靳玉乐．校本课程的实施：经验、问题与对策[J]．教育研究，2001(9)：53-58.

般目标以及特殊目标,从而确定开发的方法与工具;第四步是评估学生的学习效果及学习动机,进而分析人员、设备与时间资源,制定实施、评价与修订的计划等,从而形成一个完整的课程开发闭环,实现课程开发的理论与实践的契合。

塞勒等人在分析前人的校本课程开发模式基础上,提出要从感知相关问题入手,分析校本课程开发的具体问题,针对这些具体问题确定相关开发目标,进而寻找解决问题的相关途径及对策,课程开发者采用或改编现成的课程或新编教材,以期在下一步开始使用新开发的课程,并在使用的过程中展开相关性评价以及过程性评价,以便在使用中继续改正,达到持续改进的目的。

二、校本课程开发的相关模式

(一)基于开发主体的校本课程

校本课程开发是课程呈现的形态之一,而“由谁进行课程开发”则显得尤为重要,一般来讲,课程开发主体主要是教师、学生、社会及专业机构共同体。基于主题进行划分,课程开发模式可分为以教师为主导的开发模式,以学生为主导的开发模式,以学生、社会及专业机构共同体为主导的开发模式。以教师为主导的开发模式是指根据教师的专业特长和优势爱好等因素,面向全体学生学习成长的实际需要而组织力量进行校本课程开发。以学生为主体的开发模式是指根据大部分学生的学习成长和兴趣爱好的需要进行校本课程的开发。以学生、社会及专业机构共同体为主导的开发模式是指组织教师团队、高校学者和社会相关优势资源进行相关校本课程的开发。以上三种开发模式是根据课程开发主体进行的分类,其归纳总结了课程开发的一般主体,实现了校本课程开发主体的多元化,有助于校本课程开发理论与实践的对接,具有理论与实践紧密结合、契合一线教育现状等特征。

(二)基于理论逻辑的校本课程

按照教学理论的相关逻辑关系,课程开发模式一般分为校本课程开发的目标模式、校本课程开发的过程模式、校本课程开发的融合模式、校本课程开发的互动模式。

1.校本课程开发的目标模式

美国著名的课程专家泰勒提出:课程开发应重点关注学校应该达到哪些教育目标、提供哪些经验才能达到这些目标、怎样才能有效地组织这些教育经验、怎样才能确定这些目标正在得到实现这四个问题。基于此理论,他认为,如果我们要从事课程编制活动的话，在课程实施中应考虑的问题有：安排课程表，明确各门课程的开设顺序和课时分配；确定并分析教学任务；研究学生的学习活动和个性特征；选择并确定与学生的学习风格和教学任务相适应的教学模式；对具体的教学单元和课程的类型与结构进行规划；组织开展教学活动；评价教学活动的过程和结果。综上可知，泰勒的课程开发模式尤其重视确定课程目标环节，以课程目标的最终确定为校本课程开发的切入点，故而被称为课程开发的“目标模式”。其基本含义是：以目标为课程开发的基础和核心，围绕课程目标的确定、实现和评价而进行的课程开发模式。泰勒认为，只有确定了课程的相关目标，才能选择学习内容和确定学习方法，并且实施相关教学，才能最终评价目标的实现程度以及实现效果。但是从目前看来，把目标模式普遍应用于课程开发还存在两个基本障碍：一是目标模式误解了知识的本质；二是目标模式误解了改善课程实践的过程的本质。校本课程开发目标模式的一般技术包括选择与界说目标、陈述目标、选择和建立学习经验、组织学习经验、进行课程评价等。

目标模式是以学校的办学目标为主要依据，以凸显学校的办学特色为目的的校本课程开发策略。这种模式有利于学校的特色化建设，突出学校的办学优势，对我国专业化人才培养有积极作用。如山东某小学以科研兴校为目标，于2008年开展了“体验教育”的校本课程，通过“活动式体验”“情境模拟体验”“情感交流体验”“参观调查”“角色互换”“观赏式体验”“阅读感悟式体验”“参观访问式体验”等方法，让学生走出教室、走出课本，进行“学习体验”、“行为体验”和“内心体验”，参与到社会实践当中，在体验中学习，在体验中成长，把教育要求内化为品质，外显为行为。山东某小学开展校本课程开发研究的时间虽然不长，但教学已见成效，直接带动了其他工作向前发展。

因此，一般意义上，目标模式导向的校本课程开发需遵循以下五个基本原则：一是学生要有机会去实践教学目标所含载的那种行为经验；二是学生的学习经验必须使学生在从事实践目标含载的那种行为时获得满足；三是学习经验所期望的反应须在学生能力所及的范围内；四是有许多特定的经验可用于达到同样的教育目标；五是同样的学习经验往往会产生不同的结果，且有效的学习经验应具有四个特点，分别是培养思维技能、有助于获得信息、有助于培养社会态度、有助于培养兴趣。

当然，上述分析更多的是从目标开发模式的优势来进行的，目标模式也有自身的诸多不足之处，比如：一个阶段接一个阶段的线性模式过于讲究顺序，而导致课程开发过程过于冗长，不利于学生学习；忽视课程开发过程中非预期性因素，导致影响课程开发的因素一旦出现，课程开发的进程就会中断；同时，目标模式的目的和手段非常容易割裂开来，而实践者和理论研究者往往过于强调目的而忽视了课程的实施过程,从而影响教师主导作用的发挥。这些不足之处也需要课程开发主体在课程开发过程中加以关注。

2.校本课程开发的过程模式

校本课程开发的过程模式是由英国著名的课程理论专家斯滕豪斯确立起来的。过程模式也称历程模式,这种校本课程的开发模式是基于校本课程开发目标模式的不足和弊端而提出的,是在批判目标模式的基础上形成的,同时,也是继目标模式之后又一种具有代表性的校本课程开发模式。斯滕豪斯确定了校本课程开发的过程模式,而布鲁纳、阿特金等研究者也对校本课程的过程模式提出了自己的见解和思考。我国学者大量地介绍和评介了这种课程开发模式,这对我国校本课程开发理论与实践的建设发展起到了一定的推动作用。

(1)校本课程开发过程模式的思想渊源与理论基础。过程模式的思想可以追溯到卢梭以及后面兴起的进步主义教育运动,及至现代,又受到发展心理学、认知心理学的深刻影响。

(2)校本课程开发过程模式的主体思想。过程模式的主体思想在斯滕豪斯的课程设计理论中得到了全面、深刻的体现。斯滕豪斯在其代表作《课程研究与编制导论》一书中归纳总结了多种课程开发理论,并吸收了英国许多课程改革的经验,在此基础上提出了自己关于课程开发的新方式,即过程模式。作为研究者,他提出,教育的目的在于使人获得独立思考能力,不再屈服于固定知识的权威,把已有的知识作为思考材料,来发展理解、判断和批判反思的能力。课程设计不是预料学生将出现的行为结果的行为目标,以及为这些目标的实现去选择和组织课程经验,而应该首先去确定能够反映知识的内在价值的课程内容和过程原则。过程模式就是希望通过对学习内容和过程原则方面的重视来弥补目标模式的局限性。整体上看,校本课程设计的过程模式的基本思想可以概括为:人们可以通过详细说明内容和过程中的各种原理来合乎理性地设计课程,从具有内在价值的知识形式中挑选出那些能够体现该知识形式的内容,而不必用目标预先指示所希望达到的结果。这样选择出来的内容能够代表那些重要的过程、关键的概念和该知识形式中固有的准则。同时,校本课程在设计的过程中要详细地说明所要学习的内容、所要采用的方法以及活动中固有的标准、所创造的最终产品,不是按照行为目标事先指定出来,而是在事后根据那些建立在该知识形式中的标准来加以评价。总之,一旦我们确定了课程内容的价值标准,我们便获得了课程开发的准绳,课堂教学实践、编制、评价等具体事项是合而为一的,课程开发实践是过程开发模式关注的焦点,教师则应该在整个过程中遵守校本课程的开发步骤,提出一个细致的、严谨的流程,从而确保过程模式的内容选择、活动的组织种类以及课程的实践性。

(3)注重课程开发过程中的基本原则及基本方法。校本课程的开发与设计必须坚持一般目标与程序原则:过程模式不是进行目标预设,而是确立总体教育过程的一般性的、宽泛的教育目标;注重课程设计及课程内容选择的依据,这些依据是在师生实践经验中产生并经由实践者、研究者共同提炼而得到的;坚持开放的课程系统与形成性评价,开放的课程系统能形成良性的课程理路,提升课程研究的广阔性和融合性,而课程的开放性强调学生的学习不是直线式的、被动的过程,而是一个主动参与、多方探究、独立研究的适应过程。

上文提到,校本课程开发的过程模式有其固有的理论基础,一般意义上,知识及其教育本身具有内在的价值,无须通过教育的结果来加以证明。人们可以对它们本身具有的价值进行争论,而不是对其作为达到目的的手段的价值进行争论,在所有其他条件都相同的情况下,如果一项活动允许儿童在活动过程中做出自己的选择,并对选择带来的结果作出反思,则这项活动比其他活动更有价值。在所有其他条件都相同的情况下,如果一项活动在学习情境中允许学生充当主动的角色而不是被动的角色,则这项活动比其他活动更有价值。在所有其他条件都相同的情况下,如果一项活动要求学生探究各种观念,探究智力过程的应用,或者探究当前的个人问题、社会问题,则这项活动比其他活动更有价值。在所有其他条件都相同的情况下,如果一项活动使学生涉及实物教具的使用,则这项活动比其他活动更有价值。在所有其他条件都相同的情况下,如果一项活动能够由处于不同能力水平的儿童主动地完成,则这项活动比其他活动更有价值。在所有其他条件都相同的情况下,如果一项活动要求学生在一个新的背景下审查一种观念、一种智力活动,或者一个以前研究过但仍然存在的问题,则这项活动比其他活动更有价值。

3.校本课程开发的融合模式

课程融合和融合课程之间有雷同之处,但也有很大的不同。课程融合是以超越不同学科知识体系而关注共同要素的方式来安排学习的课程开发活动。通过课程融合把不同背景下的知识有机地联系起来,使学生全面整体地面对问题背景,引导学生通过主体的、创造性的思考参与问题的解决,提高学生解决问题的能力,促进学生个性发展。不同学科之间存在着可以融合的要素与内容,这是课程融合的前提,而课程融合的目的与意义在于避免学科教学的重复与交叉,提高教育教学的质量和效益,从而实现课程教学整体育人的功能。一般意义上,学校从知识、儿童、社会三个角度,将融合模式具体划分为学科本位的课程融合、儿童本位的课程融合、社会本位的课程融合三种形式,随着融合的要素与内容逐渐增多,融合的难度逐渐提升,课程融合由课内发展到课外,实现了全方位的拓展与延伸。而融合课程是把有着内在联系的不同学科合并为一门新学科。例如,把物理学和地理学的某些领域合并成地球科学课程。其最早见于英国哲学家怀特海的倡议。1912年,怀特海主张将现代历史与数学结合起来,称为"统计社会分析"。20世纪30年代以后,在欧美的大中小学课程中,融合课程已较普遍,而今,融合课程在世界范围内也已极为普遍。相对而言,融合课程的综合范围比相关课程宽,但比广域课程窄。

学科本位的课程融合依据学科知识的相关程度可以分为学科内融合与学科间融合,它们主要是以学科作为融合的基本切入点。不同学科或同一学科内部总是存在着可以融合的要素和内容,这给课程融合带来一种潜在的可能性。课程融合能够凸显学科的特色,实现教育效益的最大化。学科内部融合多数在常规的课堂教学中就可以完成,时间跨度短,涉及的范围比较窄,多是在某一个班级或几个班级进行;而学科间的融合需要课堂教学与课外活动相结合才能完成,时间跨度长,涉及范围较广。

儿童本位的课程融合是以儿童现实的直接经验、儿童的需要和动机、儿童的兴趣以及心理发展为核心,其目的在于促进学生的经验生长和人格的发展。从一般意义上来看,学校在综合实践活动课程领域中,按照"学习"和"活动"两大领域进行校本课程的开发。在具体的开发过程和具体的学习领域中,主要是从"儿童与自然"、"儿童与社会"和"儿童与自己"三个维度,在低、中、高年级中分别确定各年级的学习主题,并将其儿童化;综合活动则是以集体活动为主要形式的活动。将综合活动的开发作为校本课程开发的一个重要组成部分,拓展了校本课程开发的内涵,从大型活动、小型课余活动、班团队活动以及志愿者活动等几个方面深入开发学校的综合活动,各类活动共同构筑了内容丰富、形式多样、方式互补的校本课程开发实践模式。

社会本位的课程融合以社会生活经验为中心,通过主题形式统整课程内容,具有学际性的特点,通过师生、学生之间的合作来共同完成学习任务,体现了学习小组和班集体的力量,通过研究性的学习,让学生经历发现问题、解决问题的过程,学会合作、交往,实现学生主体性、创造力的全面发展。学校一般从自然体验、社会体验、文化体验三个角度构建校本课程开发的体系。这种模式的校本课程以社区的生态资源作为融合的核心内容,集中了学生、教师、家长和社会多种资源,涉及多个学科的知识与技能,将课堂教学与课外活动有机地联系在一起,使学生在关注社区的过程中获得知、情、意、行的全面发展。

4.校本课程开发的互动模式

课程互动是对国家颁布的课程标准和审定的教材在学校实施层面中由教师所进行的校本化处理,目的是使互动的课程教材对教师和学生更具有适切性,从而进一步提高教育教学的质量和效益。互动模式需要如下的条件或基础:一是课程教材发展得相对比较成熟，不需要做大的调整；二是教师能够较好地把握本学科课程教材的优势与不足，具有比较深厚的研究基础和研究能力；三是本学科在学校发展中具有较好的历史发展积淀；四是在继承中寻求发展和创新。校本课程互动渗透在教学实践中的各个环节，具体包括教学目标的互动、教学内容的互动、教学方法的互动和教学评价的互动。

教学目标的互动主要包括目标的延伸以及目标的具体化。教学目标的延伸是指适当提高教学目标要求并将其具体化；教学目标的具体化是指结合教材与教师指导用书，将课程标准中的目标与教材中的目标落实到每一节的课堂教学中，分解成具体的课堂教学目标。教学内容的互动是课程互动的核心环节，具体包括简单内容的合并、部分内容的改编与补充、教学内容先后顺序的调整。调整教学内容必然会带来教学方法的更新与变化，教学方法手段的选择要符合教学内容的要求，符合学生的实际。纸笔测试的不断优化是探索校本化评价的一个重要方面，近几十年，大多数学校尝试将期末的应用题测试由以往的笔试调整为口头分析，并开发课堂观察评价量表，围绕学生参与课堂教学的广度与深度，针对学生对问题的理解、主动思考的意识和解决问题的能力三个方面进行评价，进而掌握学生对于问题的理解程度。

（三）基于需求主导的校本课程

需求是新事物产生的原动力。校本课程开发的需求主导模式是以最大限度满足学生实际发展需要为主要依据，以学生个性发展为终极目标的校本课程开发策略。这种开发模式能从学生的切身需要出发，充分尊重学生的个体差异和独特个性。这类校本课程的开发是基于现实需要的，是基于中小学教育教学现实的要求的，因此具有比较广阔的市场，并且在整个实施的过程中，教师、学生、社会团体都比较容易接纳，有比较强的实践性。

校本课程开发需求主导模式以成绩为校本课程开发的外在诱因，同时以兴趣为校本课程开发的内在动力，以学生成长和个性发展为目标导向而实施。校本课程开发需求主导模式的开发流程是：课程开发者（教师、学生、社会相关人员等）组织前期的相关建设，进而对课程开发的相关需求量进行重新调研、评估并确立新的开发目标，从而进一步组织与实施课程开发。值得注意的是，在课程开发的过程中，为有效实施课程开发，必须对相关需求课程进行多样化的课程评价，基于评价而开展课程的管理与实施。

第二节　校本课程开发模式的具体操作

校本课程开发近年来热度不断攀升，各个高等学校、基础教育一线中小学等主体单位率先对校本课程开发进行理论研究和实践探索，但目前看来，校本课程开发是一种基于实践的课程发展过程，必须适当借鉴、参照经典模式，这些经典模式能对我们现行的课程开发予以启示，从而使我们更加有效地进行校本课程开发。纵览当前国内已经进行的校本课程开发实践探索，已开发类别大致可分为以下五类。

一、校本课程开发模式的具体操作形式

在上述校本课程开发理论的指导下，各地各校在实践过程中逐步建立起符合校本特色与特定需求的开发模式与操作方式。这些迥异的课程开发实践，或基于地域特色，或基于师生自主发展需求，或基于学校优势项目，或基于学科拓展，或基于目标取向，在课程开发与实施过程中始终进行持续性评价及反思，并将评价与反思作为课程过程性体验与实践改善的来源。

（一）地域特色式的校本课程开发模式的具体操作

地域是反映时空特点、经济、社会、文化特征的一个概念，是经济地理学和文化地理学中经常用到的核心概念，是自然要素与人文要素的有机融合。而地域特色指的是在某个区域或者地域内，有一些和其他地方不一样的事物，这些事物具有独特性、唯一性等典型特征。从这个意义上来考察，校本课程开发的地域特色实质应该是一种功能性的界定，这一类型的校本课程开发的主要特点是学校在实施课程开发时，更多地关注外部的可用资源以及当地的唯一性、独特性资源，利用地域特色来进行校本课程的开发，开发的课程作为校本课程用于教学，实现地域特色的普及化。

基于以上的基本分析和学理整合，地域特色式的校本课程开发模式所遵循的理念已经较为明晰，但在实践操作层面，究竟应该如何在校本课程开发过程中凸显地域特色？下面这个案例可提供一些思路借鉴：

重庆Z学校地处重庆九大主城区之一的北碚区复兴镇。复兴镇的居民历来有在闲暇之余研习书画的习惯，故此地书画人才辈出，而农村儿童线描画正是基于这样的历史氛围和环境的产物，其于2010年被评为重庆市非物质文化遗产。Z学校抓住这一地域特色，在2009年借由区级课题“农村儿童线描画特色文化研究”活动来开发学校的校本课程，经过多年探索，学校形成了系统完整的校本课程开发队伍，建立起

由学校、文化馆、教研机构、美术学院课程专家等构成的校本课程开发共同体，拥有完备的教材和活动基地。校本课程的教学内容浅显易懂、贴近学生生活，有助于学生了解这项非物质文化遗产，有助于学生的个性化发展。同时，也为当地的特色文化传承创造了新途径。该案例中，学校主要利用历史环境创造出来的原型进行校本课程的开发，从而以更加节省资源、节省成本的方式，开发出了既具有本土特色，又兼具时代内涵的校本课程，对学生理解本地文化有很好的帮助。该校的校本课程开发是典型的地域特色式的校本课程开发，所开发的校本课程具有地域性、独特性等特征。地域特色式的校本课程开发尽管具有很强的地域特色，但是其在一定条件下也具有一定意义上的推广性。下面的案例将有助于提供一些实践参考。

萧山J中学地处杭州湾南部，属海涂沙地。2001年，学校在引导学生进行研究性学习时，发现有关沙地人生活、生产活动的课题相当多，于是试图对这些课题进行融合，把这些有关沙地的研究性课题以文化为纽带、以研究性学习的方式，组合开发成一门校本课程，名为“沙地文化”，后改为“融入沙地”。萧山J中学这一校本课程开发与实施在社会上产生了广泛的影响，《教育信息报》等先后对其做了专题报道。该成果先后获得浙江省年度基础教育科研成果一等奖和浙江省第二届基础教育教学成果一等奖。这一校本课程基于当地生产实践，是当地人民群众以及相关课程开发主体共同的劳动成果。

萧山欢潭是大岩山云雾茶的故乡，是萧山有名的茶乡。H小学就坐落于欢潭白竹湾的山坳，与大岩山咫尺之遥，学生生活于此，在当地浓郁的茶文化氛围中耳濡目染。学校有劳动实践基地“四园一池一田”（茶园、果园、中草药园、竹园、养鱼池、试验田），其中茶园规模最大。学校因势利导，开发以茶文化为主题的校本课程，把茶艺引入课堂，融入学生的生活，以此引导学生认识茶、了解茶、制茶、泡茶等，培养学生的各种能力。

重庆L小学位于重庆沙坪坝区红岩革命纪念馆附近。学校依托毗邻革命传统教育基地这一得天独厚的地理优势，通过开展“红岩魂”研学活动，坚持对学生进行革命传统教育，使学生了解英雄们的传奇故事，体会烈士们的红岩精神，激发学生的爱国热情。其主要形式有：老师讲解关于小萝卜头等英雄的故事，学生参观“红岩魂”陈列馆、渣滓洞、白公馆，为烈士献花，等等。同时，因为毗邻四川外国语大学，L小学充分利用优秀的高校资源，加强与四川外国语大学的合作，利用四川外国语大学的师资与资源优势，强化学校的外语教学，积极开展双语教学的教学实验，为学生从小奠定良好的英语听、说基础。学校还开展了艺术体操（啦啦操）训练，教练均来源于川外的专业老师。

基于上文,可以看出地域特色式校本课程开发的优势在于挖掘本区域内独有的优质资源,真正实现“人无我有”的课程开发特色。它从一定程度上反映出学校充分挖掘了区域优势资源,让地域文化与学校教育融合在一起,充分发挥其独特优势。这些地域性的独特社会、自然资源,既是社区资源,又是教育资源;既是经济载体,又是文化承载体;既是课程开发的显性资源,又是课程开发的外在形态;既体现了区域文化的典型特征,又渗入了学校的深厚文化底蕴。

(二)师生自主式的校本课程开发模式的具体操作

师生自主式的校本课程开发模式遵循的是一种自下而上的开发思路。学校给教师、学生提供一个平台,让他们根据自己的意愿与能力,共同开发校本课程,在实践中生成、发展。杭州市A小学教师在寻找校本课程开发的切入口时,推翻了学校的方案,提出很有创意的主题,把开发定位在“还给孩子童年”上,最终形成了主题为“寻找童年乐事,还给童真童趣”的“非常生活”课程。在课程开发过程中,体现了以下特点:一是让学生参与课程开发,来整体思考、构建课程开发体系;二是形成两大课题开发组织,即以教师为主体的课程开发和以学生为主体的课程开发;三是建立以社团类活动为主的有效活动机制,所有的课程开发及运行机制都是以课程开发为线索的。学校探索的这条“自下而上”的校本课程开发之路,获得了各方的好评,《中国教育报》对其成果予以了整版介绍。

杭州市B小学的校本课程开发也很有特色。杭州的地域特色比较明显,且对课程开发的要求比较独特。一是让家长全程参与且融入课程开发,使家长成为孩子部分信息的传递者、课堂教学的评价者;二是课程设计注重学生的体验与投入度,学生作为课程开发的主体和课程学习的主体,以“双主体”的身份参与到课程建设过程中;三是教师参与课程开发,把自己的知识、经验与他人分享。

这类校本课程开发有以下特点:一是强调课程的终极目标是“实践兴趣”。它在校本课程开发中明确了课程、教师、学生是一个有机的“生态系统”,逐步把课程的生态系统直接指向对学生兴趣需要的满足和能力、德行的提高;二是强调通过“集体审议”来解决课程问题。

(三)学校优势项目式的校本课程开发模式的具体操作

作为面向未来的深度学习方式的代表,项目式学习逐渐被许多学校重视并被用于实践。基于学校优势项目的校本课程开发突出的是强化特色与优势课程。它有两个特点:一是地域特色不很明显;二是学校在某一方面有较深的积淀与优势,以此作为课程开发的基础。学校优势项目式的校本课程开发案例如下：

重庆市A小学，科技教育、绿色办学是其办学特色之一。走进A小学，随处可以看到彰显生态环保、可持续发展的设施建设。为了保留原有地貌，学校利用建筑屋顶及联廊建成了架空跑道。而跑道所环绕的是学校最具特色的蔬菜种植农地、梯田和人工湿地系统。学校将该区域分成12个部分，分给各中队，在教师的组织下，学生们可以走出教室，在属于自己的土地上进行翻地、播种、施肥等。教师还把自然、劳动、美术等课堂搬到科技园，增强了课堂的趣味性。通过参与蔬菜种植项目，学生充分享受了劳动的艰辛和快乐，也加深了对自然生命、绿色环保的感悟。

杭州市C小学是一所百年老校，书画教育是学校的办学特色之一。为使书画教育更有内涵、更具有人文性，他们把特色教育与学校深厚的历史文化积淀融合起来，开发了“书画人生”校本课程，着力培养学生的文化素质。课程以“学书画，学做人”为理念，提出了五大主题，即我们眼中的世界、让童眸映五彩、书画与生活、心灵的成长、插上想象的翅膀。以活动为主线，让学生在书画飘香中成长。

杭州市D小学利用寄宿制与英语特长两大优势，进行生活化的英语校本课程开发。他们充分利用了校园内的所有资源，让学生在仿真的英语文化与生活世界里活动，在活动中生成课程的基本体系和学习内容，在学生的体验中培养其英语交际能力和英语素养。

学校优势项目式的校本课程开发有以下好处：一是优势项目是学校的强项，在此基础上发展比较有把握；二是发挥学校优势项目可以创建特色。同时，从学校角度出发开展项目式学习，能够真正落实国家基础课程的课程目标，能够弥补常规单一评价的弊端。这些校本课程开发的做法都充满了智慧，也为其他学校实践项目式学习提供了一份可持续发展的、真正落地的经验。

（四）学科拓展式的校本课程开发模式的具体操作

学科拓展式的校本课程开发，是一些学校对于国家颁发的标准或大纲的重新诠释，是结合本校学生需要对标准、大纲、通用教材进行调整、拓展、延伸。

杭州市E小学的领导及老师在分析学校当前英语教学所面临的困难的基础上，提出了基于英语学科拓展的校本课程开发，将课程命名为“ABC PARTY”，开展以学生之间、师生之间的会话、游戏、表演为主要形式的交往活动，把开发定位在学校英语课程的拓展与补充上。课程实施把学生兴趣作为首要原则，以游戏式活动为主，激发学生参与的兴趣，提高语言实践能力。

“走进学习”是杭州市F中学开发的校本课程。他们把生物教学与元学习训练结合起来，把元学习训练、学习习惯训练、探究式教学方式等结合起来，设计具有学科特点的课外学习体系，让学生在研究性活动中训练思维，培养创新精神和社会实践能力。F中学依据学生的学习特点，把课程内容分为基础性学习、探索性学习、拓展性学习等三大板块，其途径为探究性学习。

重庆市B小学充分利用学校的优势学科来进行校本课程的开发，将传统的语文课程开发为"1+N"的阅读成长课程。B小学的"1+N"阅读成长课程是在"群文阅读教学"的基础上开发的课程。群文阅读就是师生围绕一个或多个议题进行阅读和集体构建，最终达成共识的过程。简单来说，群文阅读就是在阅读教学中，强调以课内文本为主的同时，要突破教材，增加课外文本阅读。B小学对"1+N"阅读成长课程的探索投入了大量工作，除本校语文老师全员参与外，还联合了重庆R小学的优秀教师进行探讨，邀请了相关教研员进行指导。

这类校本课程开发以学科为依托，重点分析学科之间、学科内部的相关节点，从而通过整理、融合、分析，建立一种新的课程学习模型，其有如下优势：一是与学科课程有密切联系又不为学科课程所限制，可以为学生在学科学习领域中自主发展创造条件，更能为一些学有余力又喜欢某门学科的学生提供深入学习的机会；二是使更多的学科教师有用武之地。大多数教师更喜欢开展具体学科课程的开发，但在开发过程中要注意避免把课程开发变成应试教育的借口，妨碍学生形成真正的学习兴趣。

（五）目标取向式的校本课程开发模式的具体操作

目标取向式的校本课程开发是以学校发展特色为导向的综合性校本课程开发，根据学校的办学哲学和学生多样化的需要，提出一类融合型的开发思路，其主要特点是体系庞大、主线鲜明。

杭州市G学校是一所职业高中，为树立自己的办学品牌，学校在对现有资源进行分析的基础上，开发了"职业与创业"校本课程。它是从培养学生创业能力的需要出发，紧紧围绕培养职高学生创业能力这一办学目标开发的跨学科、个性化、系统化的校本课程。学校探索了课程学习的基本模式，即"自主定标—探究实践—交流展示—多元评价"，提出了课程实施的保障措施，即"创设情境、组织资源、建立基地、搭建舞台、反思拓展"。

以烈士命名的杭州市H中学一直利用与该烈士有关的人文资源教育学生。为赋予相关人文资源以新的时代精神，学校决定以此开发校本课程，实现三个目标：一是以校本课程的开发为载体，利用相关人文资源对学生进行教育；二是在师生互动的过程中，形成利用相关人文资源对学生进行教育的结构体系；三是根据时代的需要，不失时机地挖掘可用于学校教育的相关人文资源。为体现该课程的活动特点，课程的实施分大型活动类、班级活动类、研究活动类三大板块进行。通过课程的开发与执行,学生的人文素养得到提高。

重庆市C小学位于重庆市沙坪坝区,为了满足孩子们对传统艺术文化的追求,学校开发了“少儿国画”这一校本课程,让学生传承和发扬中国传统艺术文化所蕴含的品质和精神。C小学“少儿国画”校本课程实施的内容层次比较全面,主要包括校本课程的具体实施以及对校本课程的评价:校本课程的具体实施包括了解国画,熟悉墨、笔等材料,学会运笔方法,理解国画内容,掌握国画的构形和上色技巧;对校本课程的评价包括对授课教师的评价(课堂教学效果由学生对本课程的兴趣程度决定,教师指导学生的作品数量、质量以及教师本人完成作品的质量)和对学生的评价(调查学生学习该课程的学时总量,作好考勤记录,观察学生在学习过程中的表现,如态度、兴趣、参与状况等),而这些评价可分为“优秀、良好、一般、较差”几个等级。

这类校本课程开发有以下特点:一是体现融合性。这是明确体现学校特色的融合性校本课程开发,明确体现了学校的办学宗旨。二是具有综合性。它在课程开发中,跨越了多种学科,涉及方方面面。当然,如此庞大的一个系统,实施难度相对要大得多。

二、校本课程开发模式的评价及反思

对校本课程开发模式的评价是一项系统工程,主要包含理论评价与实践评价两方面内容。理论评价的主要评价内容是校本课程开发各环节与要素是否符合科学及育人目标的精神内涵。校本课程开发模式因时因地因人而异,因而需要对校本课程开发模式进行实践评价,实践评价的主要内容包括在特定的教学时空与文化环境中,校本课程能否顺利实施,是否灵活应对实践中出现新情况的对策,学生的课程体验与学习获得等内在与外在目标能否达成。

(一)校本课程展示和评价

校本课程评价的目的在于改变过去课程评价过分强调甄别和选拔的功能,发挥评价促进学生发展、教师教学水平提高和改进教学实践的功能。同时,在借鉴国外关于校本课程开发评价经验的基础上,我国中小学校本课程评价必须回归育人本位,基于能力与个性进行顶层设计,评价方法必须多样化,重视校本课程评价的发展性,切实推进我国中小学校本课程的发展。

1.校本课程开发理论的教育评价

根据校本课程开发理论要求，校本课程的名称开发要有创意性，背景开发要有逻辑性，目标开发要有专业性，而内容开发则需要兼顾丰富性、科学性及精彩度。校本课程的具体实施则需要灵活，评价体系则要多元，并且需符合学生的心理发展规律。教育评价是指在收集信息的基础上，对教育目标以及实现目标的教育活动进行信息分析和价值判断，因此，收集信息要全面系统。一般意义上，教育评价的类型有如下几种：一是根据评价所发挥的功能可分为过程性评价、诊断性评价、总结性评价；二是根据评价主体可分为外部评价和内部评价；三是根据课程评价结果表现形式可分为定性评价和定量评价。这些评价方式都会在一定程度上推动校本课程开发的持续改进。

2.新校本课程开发下的课程评价

课程评价是为了检查课程的目标、编订和实施是否实现了教育目的，实现的程度如何，以判定课程设计的效果，并据此作出改进课程的决策。一般来讲，根据评价对象的不同，课程评价有广义和狭义之分，狭义的课程评价仅指对课程本身的评价，而广义课程评价则包括学生评价、教师评价、学校评价、狭义的课程评价等；根据评价主体的不同，可把课程评价分为自我评价和外来评价；根据评价的目的不同，可把课程评价分为诊断性评价、形成性评价和总结性评价；根据评价的参照标准或评价反馈策略的不同，可把课程评价分为绝对评价、相对评价和个体内差异评价；根据评价手段的不同，可把评价分为量性评价和质性评价。

课程评价一般有科学主义取向和人文主义取向二种，这可以被看作评价取向上相对立的两端。持科学主义取向的人相信实验，而实验通常集中在结果或影响上，课程评价采用实验处理的方式，评价的目的是了解实验所产生的结果，为了使评价结果具有信度和效度，必须控制课程以外的各种变量，以免妨碍人们了解实验处理与实验结果之间的关系。而且，评价者必须持中立的态度，以防个人的价值观影响评价的准确性。人文主义取向也称自然主义取向。坚持人文主义取向的人认为实验是无法接受的，因为社会现象是很复杂的，各种事物都是相互关联的，我们不可能把它们切割开来分别加以研究。在坚持人文主义取向的人看来，自然主义的个案是一种“万灵药”。因为人类的行为表现都是与特定情境联系在一起的，若要了解人类的行为，必须将这些行为置于其原来的情境之中。而且，评价者作为一个人，要完全排除个人主观倾向是不可能的，所以他们主张评价者与实际情境的交互作用。换言之，人文主义评价所分析的材料，与科学主义评价所收集的材料是有所不同的。人文主义评价中收集的材料大多是定性的，而不是定量的。通过与参与者的交谈和讨论所获得的材料，也可用来作为评价的依据。

综上，新校本课程开发下的课程评价是指通过系统地收集信息，对课程进行分析与价值判断的过程，主要包括教学评价、学习评价、课程方案评价。在校本课程开发中，主要研究课程评价中的学习评价。而在一般意义上，课程评价体系的发展方向包括建立促进学生全面发展的评价体系，建立促进教师不断提高的评价体系以及建立促进课程不断发展的评价体系。课程评价要符合目标、符合内容、符合实施，评价方法要多元，评价以定性为主。

3.新校本课程开发下的学习评价

学习评价作为学习系统的反馈调节机制，在学习与教学过程中起着重要作用。只有全面、科学地了解学习评价的功能，才能树立正确的评价观。

(1)学习评价的功能

一是学习诊断功能。通过学习评价，可以了解学生学习已达到的水平和学习中存在的问题。例如：学生在学习上的难点是什么，有哪些缺漏。由此分析学习不利(或有利)的原因，确定进一步学习的对策和措施。二是反馈调节功能。学习评价所获得的结果可以提供学习过程中的各种信息，对这些信息的分析和及时反馈，可以对学习过程的各个环节(包括学习目标)进行有效的调节和控制，而且能让学生及时了解自身学习和发展中存在的优势与不足，不断提高学习效率，使学习活动进入良性循环。三是激励功能。科学、合理的学习评价可以激发学生学习的内在动力。通过评价，学生学习上付出的努力以及获得的成绩与进步得到教师、家长的了解、肯定和赞扬，学生在心理上获得满足；同时，学习中存在的问题也能及时发现，并转化为继续努力的方向和动力，这有助于帮助学生认清自己的学习现状，看到学习的进展和成效，增强学习的信心和主动性、积极性。四是学习导向功能。学习评价对现实的学习活动具有定向和引导功能，评价的标准、内容和方式在很大程度上左右着教师、学生努力的方向，如同“指挥棒”一般，对学生的学习和教师的教育工作起着重要的导向作用。

(2)学习评价的主要类型

学习本身是极其复杂的活动，因此，学习评价的分类也多种多样。根据学习过程的不同阶段，学习评价可以分为诊断性评价、形成性评价和总结性评价。按照评价的不同参照系数，学习评价可以分为绝对评价、相对评价和个体内差异的评价。绝对评价也称客观标准评价或目标参照评价，指以事先确定的目标为基准，通过检验评价对象达到目标的程度做出评估。相对评价又称相对参照评价或常模参照评价，指通过比较不同评价对象之间的差异所做的评价。个体内差异评价是根据评价对象现在和过去的情况或自身不同的侧面进行比较所做的判断。按照评价的不同方式，学习评价可分为定量评价与定性评价。按照评价的不同主体，可以将学习评价分为他人评价与自我评价。他人评价指除学习者之外的人对学习者所作的评价，他人评价客观性较强，更能反映学生学习的实际状况。自我评价指学习者依据一定的标准，对自己的学习进行的评价。

(3)学习评价新理念强调新特点

学习评价应以促进学生发展为目的。基于多元智能理论的评价观认为，评价是获得个体智能特点和潜力等信息的过程，以传统智力观为基础的众多智力测验不能全面准确地反映学生的能力。评价的主要目的是促进学生个性的发展，帮助学生认识自我、发现自我。评价人员有责任为学生的发展提供有益的反馈。

学习评价应是真实的、重视实践能力的情境化评价。多元智能理论强调智能是一个人在现实生活情境中解决问题的能力和创造出新产品的能力，评价要为培养这种能力服务。加德纳认为，除非把评价置于现实生活和社会环境的联系中，否则，我们怀疑它能否恰当地代表人类的智能表现。多元智能理论还认为，评价应该成为自然的学习环境中的一部分，在个体参与学习的情境中"轻松"地进行，而不应成为在学期末强制外加的内容。评价应该无时不在，不需要"为评价而教"。评价的情境化意味着教学和评价"一体两面"，学校有意识地模糊课程教学和评价的界限，使评价更有效地融入日常教学活动之中。

评价主体多元化，重视被评价者在评价中的地位和作用。新的学习评价理论强调评价主体的多元化，注重他人评价和自我评价的结合，认为教师、同学、家长和社区都应参与到对学生的学习评价中。他人评价一般较为严格，也较为客观，可信度高，但是如果片面采取这种评价会忽视评价对象的主体性和能动性，扼杀其个性和创造性。从尊重个性、发展个性的观点出发，学生个人也可以根据一定的评价标准，对自己的学习进行评价，发表自己的看法。自我评价可以调动学生的积极性和主动性，还可以增强学生的反思意识和能力，有利于学生的自我检查、自我调控、自我激励、自我超越和自我完善。他人评价与自我评价有机地结合，可以充分发挥多种评价主体的力量，使学习评价成为一个共同参与、多边互动、促进发展的过程。

评价标准多元化，更多地关注学生的个体差异。新的学习评价往往采用绝对评价标准、相对评价标准和个性化评价标准相结合的多元化结构。建立在理性经验基础之上的绝对评价标准能够体现出对学习者多维度和多层次的要求，有益于面向全体学生，面向学生的全面发展。相对评价标准的适度利用可营造竞争氛围，以激励学生学习。此外，为了尊重学生的个性差异，体现以人为本和多元智能理念，新的学习评价还应重视采用个性化评价标准来评价学生。

基于以上分析和阐述，可以看出，新校本课程开发下的学习评价一般具有不稳定性。首先是要确定评价理念，从外部评价到内部评价，从甄别到发展，从"对学习的评价”到“为学习的评价”,从而进一步确定学习评价的内容和标准,对学生的综合素质和学业成就做出评价。而评价方法应具有多样性,应将多样化评价和及时评价相结合。

(二)校本课程开发模式的持续反思

反思是为了建设。在教育教学中,教学反思是指教师对教育教学实践的再认识、再思考,并以此来总结经验教训,进一步提高教育教学水平。教学反思一直以来都是教师提高个人业务水平的一种有效手段。教育家一直非常重视反思,现在很多教师也会不断反思自己的教育实践,不断总结经验和教训,从而提高自己的教育质量。而对于校本课程开发模式而言,更需要实时分析、不断反思,达到持续改进的目的。

经过长期的跟踪调查、理论研究、案例分析,我们发现校本课程开发还面临着诸多问题。一是师资力量不足,外聘教师难以管理。在许多小学中,课程开发的重担落在了教师身上,任课教师日常的教学任务比较繁重,只能利用下班时间来完成课程开发任务。除此之外,教师没有受过课程开发方面的专业训练,自身的课程开发能力也有限,因此,校本课程开发效果也不理想,校本课程成为语文、数学、外语课程的延伸课。许多学校都有技能性较强的课,并且教师都是从校外挖掘的,许多学校与外聘教师并没有签订正规劳动合同,这些外聘教师只是代课教师,流动性也较大,有些教师完成一学期的课程后就不在学校任职了,难以管理。二是校本课程教材开发不够,课程开发缺乏专家把关。国家课程的教材由国家组织编撰和审核,而校本课程教材通常由学校自主主持编撰。许多学校经费有限,无法聘请相关领域的资深教授和名师来进行有针对性的教材编撰,因此有一部分学校是没有校本课程教材的;而有些学校的校本课程教材则缺乏科学性和合理性;还一些学校是由任课教师自行选择已有的教材作为校本课程的教材来进行教学的,这些已有教材的内容是否符合校本课程教学需求以及是否符合学生的心理发展特征,值得推敲和商榷。因此,校本课程的教学效果参差不齐。三是连贯性较强的课程难以实施,缺乏家长的支持。校本课程的开发和校本课程教材的编撰是由各学校自行组织的,开发和编撰人员缺乏系统的学习和培训,因此其内容并不一定满足学生的发展需求。某些特色的校本课程采用的是阶段性的教学,缺乏教育的连贯性,因此多数家长会视校本课程为学校的特色培训课,对校本课程并不重视。同时,由于升学的压力,家长和学生对校本课程的态度普遍比较冷淡。总体而言,校本课程缺乏学校和家长两方面的支持。

基于此,我们认为校本课程的开发是一个系统、长期的过程。我们看到一些学校在校本课程开放上做出了积极的探索并取得了一些成就,但是我们更要看到在校本课程开发的具体实施中也存在一些值得思考的问题。一是有些学校的校本课程以特色工作室牵头或者由特色文化馆牵头,以地方的文化或学校传统优势为载体,开发出来的校本课程让教师和学生有了兴趣,学校有了发展,可是在教学质量和学术提升上如何保证?教学的科学性如何确保?这些问题需要继续探究。二是校本课程开发不仅仅是教材的开发和课程的开发,还需要构建符合学生成长阶段特征的发展性指标评价体系。目前来看,一些学校仅有课程及课程教材,而忽略了这一重要的评价体系,这需要继续探究。三是部分学校在校本课程开发过程中存在单打独斗的现象,没有很好地利用学校所在社区的资源。如何有效地利用所在地域的资源,获得整个社区的支持,将诸多优势资源形成最大的合力,这也需要继续探究。四是校本课程的使用主要限于本校,因而,如何将具有地域特色的校本课程成果进行跨地区推广、应用,并在推广运用中逐步完善,这也是需要老师和学者去研究和探索的问题。要解决这些问题,校本课程开发的主体要不断增强学校和家长对校本课程开发的重视程度,强化课程开发培训学习,多方面利用优势课程资源,同时要加强区域内学校或跨区域学校校本课程开发的交流与合作,从而进一步推动校本课程开发从被动跟随走向主动适应、从间接利用走向直接创新,进一步丰富校本课程开发的理论研究思路,创新校本课程开发的实践路径,真正地将我国校本课程开发做到特色性创新、发展性普及、普适性实践,以校本课程开发实践推动校本课程开发理论进步,以目标导向、实践需求提升校本课程开发的本土性。

本章回顾

校本课程开发模式的建立是教育发展变革进程中的重要实践探索，其背后有着丰富的教育理论作为指导，其主要的理论基础有施瓦布的“实践与折中模式”课程理论、斯滕豪斯的“过程模式”课程理论、劳顿和斯基尔贝克的“情境模式”思想、多尔的“后现代课程观”以及具身认知理论。当前国际上的课程开发模式大致可以划分为基于开发主体的校本课程开发、基于理论逻辑的校本课程开发和基于需求主导的校本课程开发三大类。随着校本课程开发的不断推广以及国家三级课程管理政策的颁布，近几年来，我国校本课程开发的各项实践逐渐铺开，各个高等学校、基础教育一线小学等主体单位率先对校本课程开发进行了理论研究和实践探索。本章梳理了当前国内较为成熟的校本课程开发模式，包括地域特色式的校本课程开发模式、师生自主式的校本课程开发模式、学校优势项目式的校本课程开发模式、学科拓展性的校本课程开发模式以及目标取向式的校本课程开发模式五大类，并对每种校本课程开发模式的具体操作进行详细介绍，以期为我国校本课程开发模式的进一步发展提供参考。最后，对校本课程开发模式的评价主要从教育评价、课程评价以及学习评价三方面展开。在对我国校本课程开发模式的进一步反思中发现，校本课程开发在师资力量、校本课程教材开发以及争取家长支持等方面还存在不足，由此展望推动校本课程开发从被动跟随走向主动适应、从间接利用走向直接创新的实践路径以及校本课程开发的结构完善和体系建设。

拓展阅读

后现代主义起源于人文学科，是二战以来西方世界出现的社会文化思潮，原来仅指一种以背离和批判现代和古典设计风格为特征的建筑学倾向，后来被移用于指称文学、艺术、美学、哲学、社会学、政治学甚至自然科学等诸多领域中具有类似倾向的广泛的文化哲学思潮。后现代主义课程观(亦称后现代课程观)是后现代主义在课程领域的发展成果。后现代课程观是针对现代课程观提出来的。现代主义课程观认为课程目标是外在的，而且先于教学过程而确定，目标一旦设定，便要贯穿整个过程；教师成为驾驶员，学生则是旅客；课程即向学生传递已经发现和认识的真理。而后现代课程观则否弃目标和确定性的存在，提出了与现代主义课程观迥然不同的课程理论。后现代课程观主张自我意识的提升和个性的解放，重视差异性，强调个体意识的主动性、创造性，知识的持续发展性和个体的解释性。它关注学习者的生活世界、存在经验，提出重视课程作为一种学习经验的方面，加强学习中的对话和反思，使课程从传递所知道的过程转变为探索所不知道的知识的过程。除了多尔的后现代主义课程观,还有许多学者也对后现代主义课程观进行了探索。由此,笔者列举以下几个有代表性的后现代课程学者的理论,从中我们可以窥见后现代课程理论的精髓:布洛克的后现代课程观、斯拉特瑞的从理论研究到课堂实践、高夫的转变课程范式的生态理念以及约翰·米勒的整体课程理论。以下为后现代主义课程观相关书籍,可供读者进一步参考学习:

1. 斯莱特里.后现代时期的课程发展[M].桂林:广西师范大学出版社,2007.

2. MILLER J P. The Holistic Curriculum(Second Edition)[M]. University of Toronto Press,Scholarly Publishing Division,2007.

3. 安桂清.整体课程论[M].上海:华东师范大学出版社,2007.

第五章

校本课程的结构化和体系建设

2001年国家颁布了《基础教育课程改革纲要(试行)》,规定学校开始实行三级课程管理(国家课程、地方课程和校本课程)方式。自倡导和实施校本课程以来,我国已取得诸多成果和经验,但随着校本课程建设的深入推进,学校校本课程体系所包含的内容越来越庞杂,整个学校的课程除了国家规定的课程外,还有地方要求开设的课程、学校自身开设的课程,导致学校的整个课程体系内部结构零散无序,校本课程也日益显现出无结构化、缺乏体系化等问题,制约着校本课程作用的发挥与质量的提升。因此,亟须对校本课程进行结构化与体系化建设,使得校本课程朝着规范化、特色化、校本化的方向发展,以保障校本课程质量,达成校本课程开发的初衷,进而依托校本课程促进学生的发展,同时也能较好地指导校本课程的实施。

思维导图

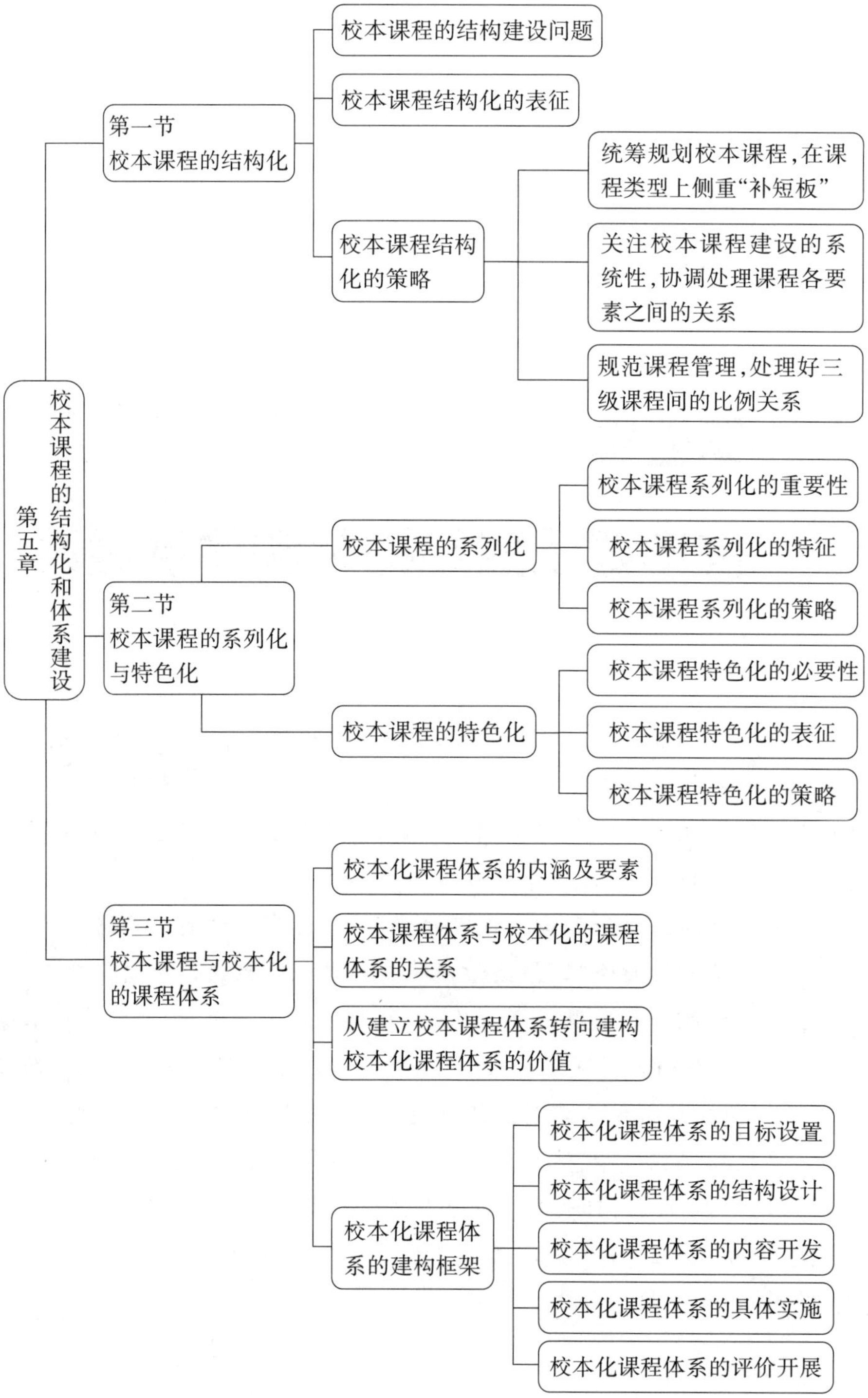
第五章 校本课程的结构化和体系建设
第一节 校本课程的结构化
校本课程的结构建设问题
校本课程结构化的表征
校本课程结构化的策略
统筹规划校本课程，在课程类型上侧重“补短板”
关注校本课程建设的系统性，协调处理课程各要素之间的关系
规范课程管理，处理好三级课程间的比例关系
第二节 校本课程的系列化与特色化
校本课程的系列化
校本课程系列化的重要性
校本课程系列化的特征
校本课程系列化的策略
校本课程的特色化
校本课程特色化的必要性
校本课程特色化的表征
校本课程特色化的策略
第三节 校本课程与校本化的课程体系
校本化课程体系的内涵及要素
校本课程体系与校本化的课程体系的关系
从建立校本课程体系转向建构校本化课程体系的价值
校本化课程体系的建构框架
校本化课程体系的目标设置
校本化课程体系的结构设计
校本化课程体系的内容开发
校本化课程体系的具体实施
校本化课程体系的评价开展

第一节　校本课程的结构化

校本课程结构化是对校本课程开发的有力指导，要求从顶层设计上把握好校本课程开发中的课程结构问题，处理好校本课程形式结构与实质结构间的关系。

一、校本课程的结构建设问题

校本课程建设过程中，出现了校本课程的内涵被窄化、课程结构简单化的问题。有学校把校本课程简单理解为编写教材、开展活动。校本课程就是学校组织几个教师编写的一本教材，这个所谓的教材编写粗糙，可能是某些资料的简单汇编，或是学校的某个研究课题，编写风格和体例各不相同，甚至还存在常识性错误。[①]学校对开发的校本课程审核不严，评价不科学。此外，把学校活动简单定义为校本课程，将活动过程、活动步骤随意理解为校本课程的结构，忽视了校本课程的结构要素。

校本课程重量轻质，课程结构缺乏统整。有的学校开了不少校本课程，但多是零散的、无序的，教师为课程而教，学生为课程而学，难以将这些校本课程与学校的教育哲学或办学特色联系起来。[②]校本课程的种类繁多，甚至有的学校校本课程多达上百门，这些课程有的是学校组织开发的，有的是鼓励教师开设的，也有一些是学生社团达人开设的，还有一些是通过购买服务的方式"引进"的。[③]盲目追求校本课程开设的数量，增加了学校课程开设的成本，加重了学生的学习负担，课程开设的目的形而上，课程与课程间缺乏统整，课程开设的质量值得商榷。

校本课程的开发与实施泛化，课程结构失衡。中小学校本课程呈现出泛化的现象。校本课程与一般的实践活动、主题活动混为一谈，学校对校本课程的理解简单化、片面化，有学校错误地认为只要是以学校为主体开发的课程都是校本课程，没有遵循校本课程的宗旨和结构开发课程，以至于出现"校本课程是个筐，什么都往里面装"的无结构化局面。[④]从源头上澄清对校本课程的认识重要且必要。这不仅包含对校本课程开发方案的审定，如课程名称、课程开设科目、课程实施方式（包含活动但又不止活动）、课程资源类别、课程评价反馈以及动态调整等，同时还应当包含对课程开设团队人员组成、知识分析、组织管理等执行保障。

---

① 汪瑞林．校本课程结构优化与品质提升之道[J]．基础教育课程，2019(11)：14-19.

② 朱宁波，薛猛，石杰，周慧芹．中小学校本课程体系构建研究——以大连市两所学校为个案[J]．中国教育学刊，2013(1)：30-34.

③ 汪瑞林．校本课程结构优化与品质提升之道[J]．基础教育课程，2019(11)：14-19.

④ 汪瑞林．校本课程结构优化与品质提升之道[J]．基础教育课程，2019(11)：14-19.

二、校本课程结构化的表征

校本课程结构具有统整性和连贯性。首先，结构化校本课程围绕学校办学理念、育人目标，处理好课程在横向上的连贯和纵向上的衔接关系。同类校本课程在不同年级或不同学段之间既有差异，又紧密相联。具体表现为在课程内容的深度、广度上有区分度，在课程目标要求上呈现出递进发展。其次，整体设计所开设校本课程的目标追求、各门课程之间的关系、各门课程与实现学校办学理念及形成学校办学特色之间的关系，使得学校课程体系完整有序，学校课程目标能够落地开花。如大连市A中学根据学校的教育哲学和学校特色，建构了纵向由“目标—领域—科目—模块”构成的校本课程结构，横向由不同目标、不同课程内容并行实施，构成与总体目标相互联系、相互促进的校本课程综合系统，详见图5-1。其中，任一模块课程的开设都归属于某一专题，某一专题的设计又都归属于某一门课程，某一门课程的设置又归属于某一领域或某项目标的达成，各个专题之间又有着层次的差别，是递进的关系；而各门课程之间又是并列关系，是达成总目标不可缺少的组成部分。①

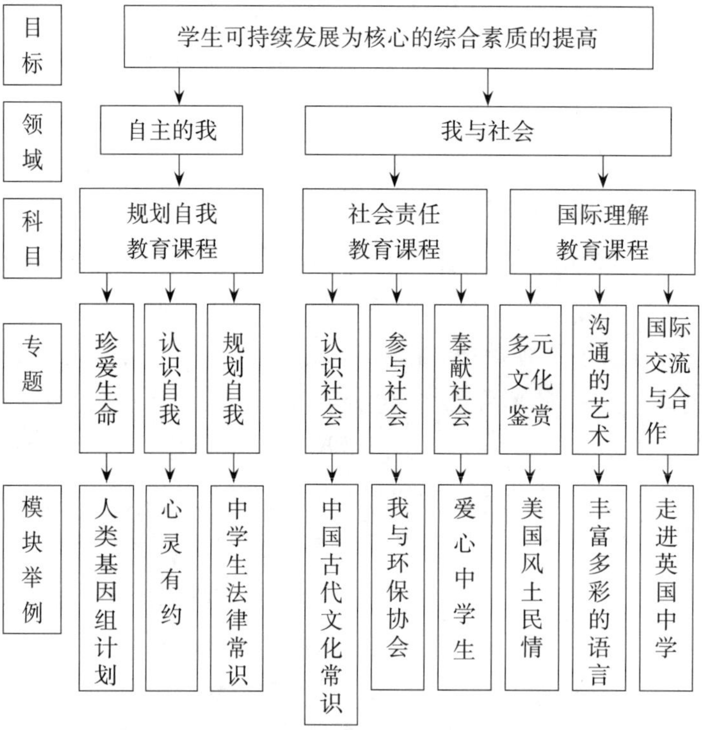

图5-1　大连市A中学校本课程结构图

① 朱宁波，薛猛，石杰，周慧芹.中小学校本课程体系构建研究——以大连市两所学校为个案[J].中国教育学刊，2013(1)：30-34.

结构化的校本课程的各课程要素是健全且搭配合理的。校本课程建设是一个系统化工程，要保证课程要素健全，更应该注重课程各要素之间的连接关系，从校本课程目标、课程内容、课程实施过程到校本课程评价等关键要素之间相互匹配。结构化的校本课程内容丰富、层次结构交叉、主体多元、实施灵活、效果生成。在这样的结构中，保证各要素间有序运行，相互联系、协调而非掣肘，对于发挥校本课程的实然作用力与应然效果力以及有机生成力，其重要性自不待言。结构化环节缺失、目标层次不清、运作不畅正是导致实践中的校本课程大打折扣、陷入停滞乃至形同虚设的重要原因。

处理好校本课程结构内部"主体与特色"课程，外部的"支持与评价"体系化建设。追求特色、凸显特色、打造特色是诸多校本课程建设之初首要考虑的因素，但是否校本课程等同于特色课程呢？实际上，部分所谓校本特色化课程也仅仅是形式上"新颖"或"改头换面"，在内容实质上趋同、陈旧、空心化。校本课程立足于学校，着眼于学生的需求，谋长远促发展是其能够持续运作的根基。应该深入对主体课程的研究，厘清学校在课程建设层面的来龙去脉，已有成果与特色，现存问题与不足，核心诉求与关切等。另外，外部的支持与评价是校本课程能够实施、持续改进的保证。结构化校本课程是开放、动态、可调整的体系，外部支持参与和评价监督能为校本课程开发、实施注入新活力，营造有利的外部环境，扩大课程实施影响力。从校本课程促进学生、教师和学校三方的发展而言，也是必不可少的环节。

三、校本课程结构化的策略

学校课程结构的构建要在审视学校课程目标的基础上，分析各种课程类型和具体科目的价值与功能，从中选择符合学校课程目标的课程类型与具体科目，并形成结构体系。①优化校本课程结构，从做好校本课程的整体规划到校本课程各要素之间的统整，提升校本课程品质，使得校本课程更好地发挥培养学生核心素养的课程育人功能。

（一）统筹规划校本课程，在课程类型上侧重"补短板"

整体规划校本课程体系，寻求课程结构平衡。利用开设校本课程的契机，补齐学校育人体系短板、补强弱项。每一门校本课程均有其特定的课程目标，围绕这个特定的课程目标，组织课程内容。依据发展学生核心素养的需求和学生的实际发展需要，对校本课程进行整体规划。基于学校办学定位思考学校应该开设哪些类型的

① 赵文平.论学校课程结构的构建[J].教育理论与实践，2013(19)：52-56.

校本课程，基于学校可用资源思考学校可以开设哪些类型的校本课程，基于学生兴趣需要思考学校应该开设什么样的课程。整体规划校本课程开设的依据是什么，要达成什么样的目标，各门课程之间的关系是什么，拟开设的校本课程对国家课程的意义何在。

突出课程内容的综合性，精选校本课程内容。学校课程体系应坚持“五育并举”，但长期以来中小学普遍存在偏重智育的倾向，德育、体育、美育、劳育被弱化，甚至在有些学校出现缺位。校本课程自由度大，设置灵活，学校在进行校本课程规划时要避免校本课程成为学科课程的延伸，突出校本课程的综合性，减少课程门类，精选校本课程内容，做好课程统筹规划，确定每门课程的价值。校本课程与国家课程、地方课程相统一，是培育学生核心素养的重要载体和有效途径，尤其是在培养学生的创新能力、实践能力上具有独特优势。当前学校在进行校本课程整体规划时，应把聚焦培养学生核心素养作为校本课程类型选择的依据，对已开设的校本课程进行重新审查、分类、筛选。

（二）关注校本课程建设的系统性，协调处理课程各要素之间的关系

结构主义认为事物的真正本质不在于事物本身，而在于各种事物之间的关系所形成的结构，并致力于寻找那些复杂现象的构成要素和各要素间的关系与秩序，从而形成这种现象的结构，进而认识事物的整体。①要想真正认识结构化的校本课程，就需要处理好校本课程各要素间的关系。

在校本课程的开发中，不仅要关注校本课程的数量，更要重视校本课程的质量。首先，围绕特定的主题，设置校本课程目标，确定课程类型。学校构建校本课程体系需要在学校校情和学情分析的基础上，在学校自身教育哲学和办学理念的引领下，明确校本课程的价值取向，制定学校课程目标。其次，在办学理念的引领下，关注校本课程知识的整体性和逻辑性、内容的规范化和系统化、学生的接受能力和兴趣培养，分辨哪些属于学校活动，哪些属于课程范畴，设计好校本课程的知识体系与逻辑系统，制定能够实现目标的课程内容。最后，依据学生需要，设计课程组织形态，合理分配各项内容在该门课程中的比例、课时，并采用合适的评价机制保障课程体系的有效实施。

针对课程各要素间的关系时，如学校教育哲学与课程目标、课程目标与国家课程标准、课程实施与过程性评价、课程内容与实施方式、课程资源与开发方式等等，应当经过充分论证，实地调研与效果评估，确保各要素间内在的一致与联动性。以学校教育哲学与课程目标的建设为例，学校教育哲学作为办学理念、建校历史和学

① 李海岩.结构主义视角下校本课程体系的架构[J].江苏教育研究，2011(10):44-46.

校所处环境的综合，深刻反映并体现了学校的价值追求与育人主张。而要将这一抽象性的精神理念渗透并外显于学校的课程、教学文本及活动构建中，形成领导及管理人员的共识和执行力，既内化于心又外化于行，并不是提出口号或倡议就能实现的，还必须通过课程实施与评估、问题反馈与集中审议以及主题研讨等中间环节的辅助与支撑，这又需要学生、家长与社区等多主体参与评估，为课程的建设、改进与可持续发展提供多样化的对策来源与建议。

（三）规范课程管理，处理好三级课程间的比例关系

国家课程、地方课程与校本课程三级课程管理的制度无疑给学校的发展提供了一定的自由空间。但自由若不加以制约和牵制则易陷入混乱无序，因而课程领导与管理中的决策、执行与监督至关重要。一项针对重庆市合川区D中学校本课程管理的研究发现，领导科层管理混乱、教师参与度不高、缺乏校外专家指导与家长参与等多种问题存在于校本课程开发过程中。①这无疑对校本课程的开设动机、开设范围、执行力度与育人目标的实现构成挑战。从静态的校本课程文本到动态的课程实施，既反映了对三级课程实施的认同度问题，也是对三级课程进行平衡取舍的问题。部分校本课程在实施过程中被置于学科课程的“剩余时间”，也说明了学校对各级课程的功能定位、开设时限、内涵挖掘仍然不足，未将校本课程纳入到学校整体课程建设中。

校本课程的结构化建设应统筹好校本课程和选修与必修课程、活动与学科课程、综合与分科课程的关系，平衡处理校本课程与国家课程的关系。依据国家课程政策和课程标准，结合学校的教育哲学和办学特色，确保不同维度的校本课程在数量与课时比例上合理组合，形成一个有机整体，在此基础上，来确定校本课程的领域科目、课程材料、组织形式以及编制课程方案，最终建构适合学校自身的校本课程体系。以重庆市某小学的“公民素养教育课程”结构为例，该小学在深入剖析国家教育目的、培养目标以及本校百年发展历史与特色传承的基础上，结合新时代“立德树人”教育使命，确立了“公民素养教育”的定位，形成“育中华的世界人，做世界的中华星”办学目标。围绕此目标，对学校现有课程内容、组织与结构体系开展深入分析，综合考察已有优质课程构建方式与内容选用，最终形成四大课程群，即文德课程群、数理课程群、健康课程群及艺工课程群。每个课程群又涵盖核心课程、拓展课程和活动课程三种类别，形成了一套完整的课程结构体系。

---

① 袁青青.中学校本课程管理存在的问题及对策研究——以重庆市合川区D中学为例[D].重庆：重庆师范大学，2019.

第二节 校本课程的系列化与特色化

校本课程作为一种重要的课程类型，由学校自主研发，在满足学生的兴趣需要、发展学生的个性特长、反映学校的办学宗旨特色上，具有其他类型课程无法比拟的重要作用。校本课程直接针对学校的实际需要和现实问题，继承学校传统并观照学校的发展走向，由学校独立设计和实施，是学校独特课程文化的重要组成部分和“载体”。[①]校本课程的建设需遵循系列化和特色化原则。

校本课程的系列化与特色化主要关涉校本课程的结构与内容，要求校本课程除遵循结构化原则外，在课程结构与内容上还需遵循系列化与特色化原则。校本课程的系列化较多指向校本课程的结构问题，校本课程的特色化较多指向校本课程的内容维度。建设系列化与特色化的校本课程均为了能够满足学生的发展需求，实现学校的内涵式发展。

一、校本课程的系列化

系列化旨在实现校本课程内容系统、整体和全面。在构建校本课程体系之时，实现课程内容的互补，课程功能的系统协调，课程线索层次清晰。系列化是为了满足学生学习需求、防止校本课程功能异化以及达成应然效果。在实践中需要规范课程设计，优化课程资源并构建校本化的课程开发共同体。

（一）校本课程系列化的重要性

第一，校本课程内容的应然状态与实然状态间存在落差，决定着校本课程需分类别、分层次设置。理论上，校本课程内容应具有完整性、系统性，纵观学校校本课程实践，当前许多中小学校都开设了校本课程，校本课程内容表面看起来“五花八门、包罗万象”，什么内容都可以往校本课程里面加，甚至不乏校本课程内容面面俱到的情况，出现校本课程内容“大杂糅”的局面，导致校本课程内容结构混乱，零散无序，校本课程严重缺乏生长力和可持续发展的可能。

第二，保障校本课程功能的实现，减少课程功能在实施中的异化。校本课程作为与国家课程、地方课程共同实施的一种课程类型，作为学校必须开设的课程，也是一个系统的课程门类，在开发利用时，需要进行系统化建设，以保障校本课程能够系统、科学、有效地发挥出其应有的课程功能，减少校本课程在实施中的功能异化。此

① 何勇平，范蔚. 校本课程的特色与学校更新[J]. 课程·教材·教法，2006(10)：16-19.

外，系列化校本课程能够实现课程对不同地方、学校、教师及学生需求的满足，增强学校课程的适应性。

第三，保证学生课程选择权的实现，满足学生多样化的课程学习需求。校本课程的系列化使得学校课程能够多方面、多层次地满足社会发展和学生发展的需求，为学生能够有目的地选择校本课程提供了基础和条件。校本课程是适合学校实际和学生需要的课程，强调尊重和满足学生的差异性特点和多样化需求，为学生提供了更多的课程选择权力。学生课程选择权力的落实依赖于系列化校本课程的建构。

（二）校本课程系列化的特征

首先，校本课程内容具有层次性。系列化的校本课程在结构上应是围绕特定的课程主题，分层次、分类别设置课程内容，即按照一定的分析角度对校本课程进行分类化设计。校本课程可以按领域进行分类，如身心健康类、生活技能类、人文素养类、科技素养类等；也可以从管理角度，按照学生选课的自由度进行分类，如必选类、限选类、任选类等。校本课程的分类标准不一，各学校依据校本课程的建设需要，自行进行分类设置。如昆明市某小学秉持"让每一个孩子全面而有个性地发展"的办学理念，建构了系列化校本课程，每个门类的课程侧重培养学生某一方面的素养，共分为六大课程门类：科技创新类、人文艺术类、生活实践类、国际交流类、特长培养类、体育健康类。河南省某实验小学建构了"五层级"的校本课程体系，课程范围涉及小学生身心、思维、口语和技能发展等诸多方面，既有科学系统的专业培养，又有丰富多彩的实践活动。学校校本课程分为体育文化类、科技艺术类、经典诵读类、拓展阅读类、艺术修养类、思维训练类、主题性学习类、综合实践类、环境文化建设类等九大类，以学生综合素质发展为圆心开发校本课程，以深化课堂学习为圆心开发级本课程，以拓展课外实践活动为圆心开发班本课程，以特长展示平台为圆心开发生本课程，以家风教训为圆心开发家本课程。[①]这些校本课程的开设类别都包含着对学校办学理念与精神内涵、学生发展需求、育人的时代要求与新理念的渗透。在具体的实施方式上多元丰富，充分调动学生的积极参与和促进学生自主发展。涵盖体验、探究、育德、审美、启智、手工、发明、多元文化等等，力图最大化实现课程育人功能与学生的全面发展。

其次，办学理念、育人目标、课程目标间具有内在一致性。校本课程系列化尽管在形式上表现为课程门类繁多、多层次并列、活动丰富多样，但每类课程与活动领域都有其内在的价值导向与目标序列。从功能上，办学理念指明了学校的发展格局与

① 魏存智.浅谈"五层级"校本课程体系的构建——以河南省濮阳市实验小学为例[J].教育理论与实践,2018(14):49-51.

走向，融合了本校文化历史、育人定位与时代内涵。育人目标既可以是国家与社会层面在培养目标上的要求，也可以是学校基于自身发展与文化传承所提出的新要求。课程目标旨在通过所开设的课程与执行达成的学生在知识、能力、价值观等综合层面的体现。办学理念、育人目标最终主要落实到课程目标上。例如，上文中谈到的重庆市某小学在校本化课程建设中，就对学校办学理念与文化传承、新时代育人要求进行了全方位的剖析与阐释。在此基础上，澄清了本校公民素养教育的内涵定义，即“公民素养是公民通过教育在政治、思想、道德、文化、心理等方面所具备的与现代社会发展要求相适应的各种素养的总称。小学阶段的公民素养教育旨在让学生通过学校系统的学习具备公民必备品格和关键能力，逐步形成社会责任，养成国家意识。重视让学生通过日常生活、课程教学、课外活动等养成并践行良好的行为习惯，将学生培养成未来社会所需要的人”。在此前提与基础上建构本校课程体系，历经重组、转化、分类、创生，建构四大课程群：文德课程群、数理课程群、艺工课程群、健康课程群。每一类课程群下设核心课程、拓展课程和活动课程门类。不同课程群分别达成公民素养教育的所属领域目标，保证了办学理念、育人目标、课程目标之间的勾连与耦合，全方位助力新时代公民素养养成教育办学目标的达成。

（三）校本课程系列化的策略

首先，实施规范的课程设计是保障校本课程系列化的条件。学校校本课程建设不是随意、任意的行为，而应是经过认真研究、精心设计，有目标愿景、有操作要求的系列行为，校本课程的开发和实施必须是有计划的、规范性的。

其次，优化利用课程资源是校本课程系列化的基础。多样化、可利用的课程资源为建设系列化的校本课程提供了充足的“原料”，在校本课程的开发利用过程中，要注重对自然资源、校园文化资源、各类场馆资源、社区资源、校外专家资源等资源的充分利用。整合各类资源时，以系统论思想为指导，处理好校本课程与学校课程体系的关系。

再次，构建校本课程开发共同体是实现校本课程系列化的保障。教师是校本课程开发的主体，但由于教师的时间、精力、能力有限，而校本课程的开发是一个系统工程，因此在开发过程中，聘请专家学者参与校本课程的开发，有助于为校本课程的开发提供理论指导，厘清校本课程的逻辑结构。此外，要争取地区教研员与学校教师合作开发校本课程。教研员比较熟悉国家课程设置和管理的有关教育规章，长期接触一线的教育、教学，比较了解所负责的学校和学科教学状况，拥有丰富的专业知识和教研教学资源。学校教师较理解学校的办学理念和学校文化，熟知学校的优势，了解学生兴趣所在，能够在校本课程的开发中较好贯彻“以校为本，以生为本”。

二者的合作能够从知识结构、能力结构上优势互补，在校本课程的开发中较好地完成系列校本课程的开发。

最后，建设配套措施与相关制度是校本课程系列化的支撑。在广义的校本课程语境下，除学校自主开发的课程外，还包含国家课程及地方课程的校本转化。实际上，这几种课程形态不可能完全割裂，而是存在着这样或那样的联系。因此，如何保证校本课程不仅在内容上横向联系、纵向深化，在实施中有据可循，资源优化配置、课程跟进评价与学分转化等，都是需要整体考虑、系列设计的重要环节。在内容上横向联系、纵向深化是指校本课程需要根据本校课程实际与发展走向决定各类课程开设比例，同时根据学生所处年段与身心发展特征等设计课程梯度，既不增加学生的额外学习负担，同时也能实现功能的互补与能力素质的提升。有据可循是指必要时需要依据相关政策文本或课程标准对相关课程的开设门类、时限、内容选择、评价方式等的规定，避免课程设置陷入盲目，缺乏科学性和有效性。资源优化配置是系列化校本课程建设的重要支撑，应当对资源的类别、功用、形态、数量、分布等作全面调研，扬长避短，重视资源利用与再生，特别是制度资源、人力资源、隐性资源、地方资源等，具有长期性、稳定性、文化性，是校本课程建设与可持续的保证。而课程跟进评价与学分转化是推动课程设计与执行深化的重要保障，也是将校本课程纳入学校整体建设的必要举措。评价的缺失会导致校本课程价值无从确证，甚至功能异化。在学分转化上，实现学生学业发展与评价的综合性、学业晋升与就业的能力素质评定等的序列化、层级化与结构化，优化人才考核与能力评定方式，真正践行“以人为本”的理念。

二、校本课程的特色化

校本课程的特色化是校本课程内容建构的重要标准，是一学校区别于他学校的重要指标。不同学校办学理念不同，学校课程目标存在差异，学校背景、文化、传统、资源不同，这要求开发具有本校特色的校本课程，实现校本课程的特色化发展，从而实现学校办特色校，进行特色化建设的目标。

（一）校本课程特色化的必要性

第一，传承学校特色课程文化，建设特色化学校的现实需要。首先，每所学校都有独特的文化历史背景，有自己独特的办学传统和校风。中外大量的特色学校创建的成功经验业已证明，特色课程的构建是凸显学校办学特色的重要载体。我国的校本课程开发要走的就是这样一条基于学校现实的特色化的道路。每所学校都应充分认识到自己学校的特色，进行有特色的校本课程的开发。[①]其次，我国实行三级管理的课程管理制度，学校的课程自主权更多地体现在对校本课程的开发上，校本课程的实质是“以校为本”，即校本课程既能体现学校的办学宗旨、学校资源特色，又能满足学生的个性化发展需要。学校只有依托特色化校本课程的研发，才能避免学校出现“一个模式，千篇一律”的怪相。最后，特色化校本课程的开发不仅能完善学校课程发展模式，还能建立一种以教师和学生为主体的课程开发决策机制，最大限度地凸显学校办学特色。

第二，校本课程特色化是提升学校竞争实力的关键举措。学校的竞争力归根结底是由学校课程决定的。在国家课程统一的情况下，学校自主研发的特色校本课程就成为体现学校竞争实力的关键。利用特色化校本课程来支撑学校进行内涵式发展。

第三，继承地区优秀传统文化，开发区域特色课程资源。特色化校本课程的开发离不开特色课程资源的利用。校本课程是基于学校、地方特色，由学校自主研发的一类学校课程。特色校本课程的开发需要将区域丰富的特色资源转化为课程资源，这不仅有助于传承地方优秀文化，激发学生的地方文化自觉意识，培养学生的民族文化素养，更能充分利用特色化的课程资源，将潜在的资源优势变为显性的课程优势。

（二）校本课程特色化的表征

特色校本课程内容具有较强的校本性，能够反映出学校特色。校本课程是结合学校的传统、优势以及办学理念，充分利用学校和地域课程资源而自主开发的课程，校本课程本身就带有学校的烙印。广东省H中学是一所侧重升学预备教育的重点中学，绝大多数毕业生都升入高一级学校继续深造，学校以“以完整的现代教育塑造高素质的现代人”作为学校的办学指导思想。学校从这个实际出发，根据拓宽知识视野、发展思维能力、培养研究能力和提高综合素质的需要，来构建校本课程体系，共设置了四类具有学校特色的校本课程：尖子生培养的提高性课程，扩大学科知识面的拓展性课程，培养学生兴趣爱好的科技、艺术、体育类等活动性课程，注重实践锻炼、动手操作的综合实践性课程。特色校本课程的实施，使得学生的科学文化知识基础得到进一步巩固，而且学生的学习能力、活动能力在科学活动、社会活动、文体活动中得到高效的发展，个性特长得到了很好的培养，涌现出了一批又一批特长生。[②]

特色校本课程具有深厚的文化底蕴，能够传递学校的办学理念。校本课程如果仅仅从技术层面来进行开发，而忽视了学校文化，往往流于形式，必将走向失败的命

① 吴惠青，郑和.个性化：校本课程开发的价值追求[J].教育发展研究，2001(2)：45-47.

② 杨小村.开发校本课程 办出学校特色[J].中国教育学刊，2002(6)：26-29.

运。[1]特色化校本课程的开发必定是对学校特色文化的回应和创新,其中办学理念是学校文化的核心,因此特色化校本课程是对学校办学理念的有效传达。重庆R小学基于“人和为魂,和谐育人”办学理念引领的“人和教育”特色,构建了特色校本课程体系,即“和德:人和六典(十岁典礼、毕业典礼等)”“和雅:探源二课(人和文化、两江文化)”“和健:运动四项(舞龙、游泳等)”“和美:艺术四技(书法、乐器等)”“和融:六大社团、校园四节”“和生:五类体验(职业体验、游学体验)”。又如重庆X小学基于学校“红梅花儿开,朵朵放光彩”特色主题文化,将10多门国家、地方课程整合为由“数学与实践”“阅读与生活”“艺术与审美”“科学与技术”“运动与健康”5大类课程构成的“小梅花”校本课程体系。[2]

特色校本课程内容具有浓厚的地域性,能够凸显本地的特色文化传统。为落实“立德树人”根本任务,开展好“少年传承中华传统美德”系列教育活动,山西省利用得天独厚的资源优势,挖掘优秀传统文化的相关资源,将能够代表山西民族精神的戏曲、书法、民歌、民乐、民舞、传统体育等优秀传统文化形式引进校园。如阳泉市平定县素有“文献名邦”之誉,当地某小学的校址是原州府圣庙所在地,屹立于校园中央的大成殿,已经有600年的历史。学校依托得天独厚的区位优势和资源优势,形成了以“弘扬儒学文化、传播文明精髓”为主题的文化特色,以“仁爱儒雅”为核心,分学段、成系列地开发了《仁爱儒雅我能行》《文明向上我能行》等校本教材以及国学经典《弟子规》读本,循序渐进,逐年推进,不断充实。同时,学校以校本课程建设为依托,通过教育教学实践活动努力引导学生在思想上领会“仁”,在情感上体验“爱”,在学识上成为大“儒”,在行为上表现高“雅”。学校依托校园内外的圣庙整体建筑群,使学生不断感受儒学与儒家文化的深厚魅力,从而促进学生文化素养的提升。[3]

(三)校本课程特色化的策略

校本课程特色化发展的关键在于围绕学校办学目标,整合与优化区域潜在课程资源,融合学校特色、环境、文化、师资,充分考量学生素养发展需求,建构具有学校特色的校本课程,彰显校本课程特色化与系列化的课程魅力。

一是着眼于学生发展需求,定位特色化的校本课程目标方向。在学校办学理念的指导下,明确学校“培养什么人”,对学生的课程需求进行分析,确定特色化的校本课程目标。校本课程是一种“为了学校、基于学校、在学校中”的课程,是一种为了学校的特色化建设和满足学生未来发展需要,学校根据当地社会、经济、科技、文化发

① 靳玉乐.校本课程的实施:经验、问题与对策[J].教育研究,2001(9):53-58.

② 范涌峰.校本课程与特色学校关系的断裂与重构[J].中国教育学刊,2018(5):63-67.

③ 郭乐静.基于特色学校建设的校本课程开发[J].教育理论与实践,2018(35):41-42.

展需要和学生兴趣，共同研发的特色课程。重庆某中学根据自己的资源优势和时代特征，基于学生全面成长的办学定位，开发出彰显学校特色的“131”校本课程体系。校本课程体系分为三个层面：第一层面，体现学校总体办学特色的校本必修课程1门；第二层面，保障学生全面发展的校本限定性选修课程3门；第三层面，引领学生个性化成长的校本自主选修课程1门。共开设三类校本课程：基于较好促进高中生的人生观、世界观、价值观发展，开设人生课程；基于提升学生的科技素养开设科学课程；基于提高学生的健康意识及健康素养开设健康课程。该校的特色校本课程体系如表5-1所示：①

表5-1　重庆某中学“131”校本课程体系

<table>
<tr><th>类别</th><th>主题</th><th>高一上</th><th>高一下</th><th>高二上</th><th>高二下</th><th>高三</th></tr>
<tr><td>校本必修</td><td>学校特色</td><td colspan="2">《人文·经典》
读本1:
《正气歌》</td><td colspan="2">《人文·经典》
读本2:
《祖国颂》</td><td>《人文·经典》
读本3:
《巴蜀韵》</td></tr>
<tr><td rowspan="3">限定选修</td><td>人生素养</td><td colspan="2">理想人生——读名人传记</td><td colspan="2">智慧人生——读本哲学书</td><td>财富人生——学点经济学</td></tr>
<tr><td>科学素养</td><td></td><td>科技创新金点子大赛</td><td></td><td></td><td></td></tr>
<tr><td>健康素养</td><td>三十余门体育课程，任选修一门</td><td></td><td></td><td></td><td></td></tr>
<tr><td>自主选修</td><td>个性特长</td><td></td><td>从近百门课程中任选修一门</td><td></td><td></td><td></td></tr>
</table>

二是立足学校特色、地方特色，挖掘地区特色资源优势，选择特色化的校本课程内容。一方面，特色校本课程的建设必须因校制宜。学校在校本课程建设中有意识地根据学校定位、地理位置、文化特色、师资力量、资源条件等进行特色化校本课程的打造。另一方面，校本课程特色化发展道路的关键是有效结合课程体系构建的地方性元素，②全面融入地方性人文资源优势，促使校本课程的特色化充分显现。在学校校本课程的开发中，将地方潜在的特色教育资源转变为可供学生学习的特色校本课程资源。尤其是在民族地区，校本课程的开发可借助民族地区丰厚的特色资源，开发利用特色的民族文化。为提升本地区学生的核心素养水平，传承本地区特色优势文化，培养学生热爱家乡、建设家乡的家国情怀，河北省某市教育管理部门注重整体规划，科学指导，分类实施，把社会责任、国家认同、科学精神、审美情趣、实践创新

① 王国华，费春斌，张学忠.“131”校本课程体系的理论构建与实施策略——以重庆市巴蜀中学为例[J].课程·教材·教法，2013(3):92-97.

② 曾筠毅.人才培养视域下校本课程特色化的发展[J].黑龙江高教研究，2016(8):147-149.

等核心素养融入课程目标、内容、实施和评价之中,构建出适合学生核心素养发展、特色鲜明、优势突出的校本课程群。①

表5-2　河北省某市小学特色校本课程群

课程类型	核心素养	课程内容	课程名称
品德养成类	社会责任 国际理解	坚持回归生活、坚持参与体验、坚持学生主体地位。	感恩博爱、生命教育、君子文化、文明礼仪、法制规则、低碳生活、国际理解教育等。
文化传承类	国家认同 人文底蕴	课程内容基于区域文化优势,体现本土特点;基于文化熏陶,打造活动化的魅力课堂;基于文化传承,积极参与社会表达。	唐山陶瓷、乐亭皮影、乐亭大鼓、评剧艺术、玉田泥塑、滦州文化、满族风情、红色传统、阅读与欣赏、亲近古诗词等。
科学探究类	科学精神 学会学习	促进学生活动中行为与思维的协调联动:以"思"定"行"、以"行"展"思"、"思""行"并进。	科技遨游、快乐探索、思维训练、绿色未来、海之韵、身边大自然等。
尚美健体类	审美情趣 身心健康	通过技艺结合、智美结合、艺体结合,培养学生的审美素养。	河北民歌、瓷盘绘画、中国结、剪纸、书法、多姿多彩的空竹、腰鼓、竹竿舞、健美操、乒乓球、校园足球、篮球等。
生活技能类	实践创新	学习生活技艺、解决生活问题、追求人与自然和谐共生。	乐学厨艺、采撷四季　润泽生命、开心小农场、理财、去远方、集邮、交通安全等。

三是生成特色化的校本课程实施。立足本校教师、学生的个性,鼓励师生参与校本课程开发与实施。学校教师作为校本课程开发的主体,在校本课程的开发中要充分利用教师的强项,突出教师的优势。学生作为校本课程的直接受用者,理应成为校本课程开发的主体之一,在校本课程开发过程中要充分重视学生个体的经历和体验的价值,把握好学生个性潜能发展的独特领域和生长点,调动学生参与校本课程实施的积极性和主动性。上海市某中学坚持"以校为本""以生为本"的校本课程开发理念,大力培育学校传统特色。如以航模活动为主导,依托科技教育促进学生智育。学校有大批的航模爱好者和航模专业人员,学校每年在预备年级开设航模活动课,人人动手制作航空模型。从简单的单翼机到橡筋机,还有独特的吸管机,学生们都学得饶有兴趣,航模课成为颇有特色的校本活动课,深受学生的欢迎。以航模为主的科技活动,有效地培养了学生的创新精神和实践能力,凸显了学校的办学特色,最大限度地发挥了学校的文化和资源优势,满足了学生特长发展的需要。②

① 王立宽,胡玉平,张翼.构建适合学生核心素养发展的校本课程体系——以唐山市小学校本课程开发为例[J].课程·教材·教法,2016(7):108-115.

② 张依武.校本课程的"个性"建构——上海时代中学校本课程研制的实践思考[J].全球教育展望,2003(4):59-63.

第三节 校本课程与校本化的课程体系

校本化课程是校本课程发展到一定阶段的产物。学界重新审视校本课程时，提出了另一概念——校本化课程，构建校本化的课程体系是学校发展到一定阶段的必然选择。课程的本质决定了课程必须具有一定的系列性和统整性。由此，学校课程改革的首要问题是保障学校课程体系的整体性和系列性，以学校实际为立足点，寻找合适的突破口，构建完整的学校课程体系是解决此问题的关键。于是校本化的课程体系建设应运而生。与校本课程相比，校本化课程体系是一种更能反映学校特点的课程体系。校本化课程体系是基于学校教育实践的视角，以学校既存课程为中介，实现现有课程与学校、师生等相关主体的有效联结，最大限度地实现学校在课程自主开发、建设方面的自主权。

一、校本化课程体系的内涵及要素

人们对校本课程的理解趋向一致，并且前面章节已有详细论述，因此本小节对校本课程不再赘述，主要介绍校本化的课程体系。

校本化课程体系与校本课程体系是两个不同的概念。已有研究尚未对“校本化的课程体系”进行权威性界定，但有对校本课程体系的界定。校本课程体系是专指在学校教育教学实践中，为承载学校育人目标、办学目标，围绕学校办学理念，以学校为主体进行设计并实施的课程体系。①从该定义中不难看出，校本课程体系是在国家三级课程管理体制下以学校为主体进行自主设计和开发所形成的课程体系，校本课程体系不包含国家课程及地方课程，只包含了以学校为主体开发的学校课程。而校本化课程体系是学校将校本课程与国家规定的课程按照一定的结构比例和结构类型加以系列化的整体安排，最终形成学校自身的课程体系。

有学者指出，课程校本化概念主要是指把既存的占绝大比重的国家课程和地方课程，以学校为本，以全面提高学生的综合素养为目标，在学校内部创设性地进行重组、转化，最终落实到学生发展的动态性过程中。相较于校本课程，课程校本化所指的课程主要是国家课程和地方课程，“校本化”是学校基于学校校情、教师教情以及学生学情的立场，对国家课程和地方课程所做的教育教学之转化、消化，更强调其适用性和特殊性，而不是传统意义上的课程执行与授受的统一性和普适性。课程校本化在本质上是国家课程或地方课程重构的过程。在新的课程理念下，教师既是课程

① 陈桂生.常用教育概念辨析[M].上海：华东师范大学出版社，2009：118-126.

方案的开发者,也是课程方案的执行者。[①]

综上所述,校本化课程体系是指学校在教育核心理念的指导下,为实现学校的育人目标,凸显学校办学特色,追求与学校文化相适应,与学生需求、教师发展相契合,通过对学校的教育教学内容进行设置、开发和整合,将学校教育内容的结构、类型和具体安排等要素加以设计而形成的有机整体,具体包含校本化的课程目标、内容、结构、实施和评价等要素的学校教育教学内容体系。[②]校本化的课程体系是对国家课程、地方课程及校本课程的校本化实施,是从学校内部课程管理的角度提出校本课程的可持续发展需要建构校本化的课程体系。校本化的课程体系是基于校情、师情、学情视域对学校课程体系的整体规划与设计,其中校本课程是校本化的课程体系的重要组成部分。校本化的课程体系是保障校本课程科学化、可持续发展的重要载体。

从校本化课程体系的内涵可以看出,校本化课程体系由五个要素组成,即校本化的课程目标、校本化的课程结构、校本化的课程内容、校本化的课程实施及校本化的课程评价。校本化课程体系的五要素必须围绕学校的育人目标进行设计,在学校办学理念的指引下,制定契合校情、学情的课程目标,根据课程目标规划课程结构,选定课程内容,处理好横向课程的统整与纵向课程间的衔接,并规划好采用什么样的方式进行课程实施,最终对课程实施过程及结果进行评价,检验课程目标的达成度,反馈课程实施中仍存在的问题,以在校本化课程体系各要素间形成良性循环。校本化课程体系要素结构如图5-3。

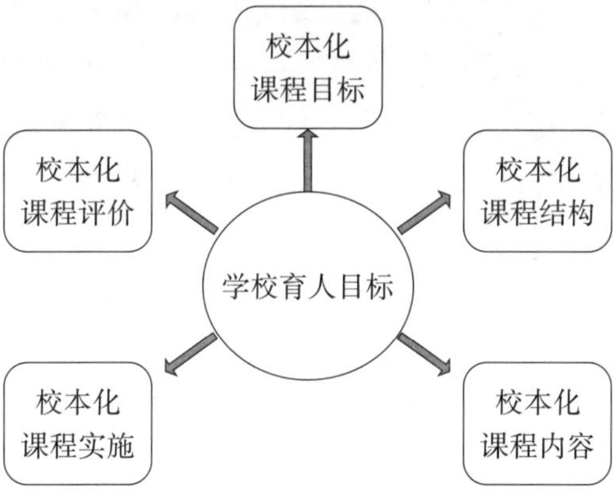

图5-3　校本化课程体系要素结构

① 黄春梅,司晓宏.从校本课程到课程校本化——我国学校课程开发自主权探寻[J].中国教育学刊,2013(3):28-30.

② 张露.小学校本化课程体系构建的实践研究[D].重庆:西南大学,2017:39.

二、校本课程体系与校本化的课程体系的关系

开发校本课程、建构校本化课程体系的出发点均为促进学生全面发展。无论是校本课程还是校本化课程体系,根本目标都是以学校课程为支架,满足学生的需要,促进学生的发展。因此,开发校本课程,建设校本化课程体系均须以“学生本位”作为指导思想和行动纲领。但比较校本课程体系与校本化课程体系,两者间存在以下几点差异:

从课程开发权的比较上看,校本课程的开发更多体现的是课程开发行政权力的下放,这种行政自主权来源于学校以外。而课程校本化是一种学校内部课程管理的专业自主权,其主动权来自学校教师课程专业自主意识的觉醒度,即更多课程开发利用的权力存在于学校自身,使得课程适合本校学生的学习,某种程度上课程校本化属于学校和教师的职责所在。建构校本化的课程体系成为学校发展、学生发展、教师专业成长的重要依托。由此,要充分利用校本课程开发所赋予学校的课程自主权,在课程校本化上寻求更大、更具可行性的成长空间。

从课程本身的性质分析,校本课程是一种课程类型,而校本化课程是一种课程管理方式。校本化课程体现的是学校教育教学综合业务能力的大小,学校的作用在于把课程内含的社会文化转化为培养社会主义人才的动力,这就是课程校本化的过程,其涉及学校整个课程的设计、实施、评价。

从课程发展的阶段分析,校本课程处于课程建设的起始阶段,校本化课程位于课程发展的优化阶段。校本课程以落实课程形式为导向,分科开设课程,仅以课程多、门类齐为价值取向,一味追求课程方案的形式落实;而校本化课程则以开发课程内涵为导向,采用分科与综合相结合、拓展与探究相结合的实施形式,强调拓展与探究的课程功能,从而落实以学生发展为本的课程理念。[①]校本化课程能够使学生直接受益,更重视课程功能的落实,因为校本化课程体系的建立是完全立足于本校学生的发展,是一种基于学生、为了学生、发展学生的课程改革模式,因此构建校本化的课程体系是学校发展到一定阶段的必然选择。换言之,校本化课程体系是校本课程体系在学校课程发展中的一个高级阶段。

三、从建立校本课程体系转向建构校本化课程体系的价值

第一,从建立校本课程体系转向建构校本化课程体系,有利于坚持学生能力发展本位,将国家课程、地方课程、校本课程合理有效地整合到校本化课程体系中,实

① 顾惠樑,曹志正.校本课程校本化的实践研究[J].上海教育科研,2006(2):42-43.

现学校的内涵式发展。校本课程本质上要体现"以校为本",校本化的课程体系建设更应扎根学校,旨在以学生全面而有个性的发展为旨趣,发挥好学校优势,力争把国家课程、地方课程与每一所学校的办学特色、条件、基础充分融合,真正达成对国家课程、地方课程的补充与完善,实现校本课程体系的可持续发展,突出课程的校本化,从整体上推进学校课程体系化建设,实现国家课程与地方课程校本化。例如,北京某小学秉持"为学生提供一生有用的知识,运用知识的知识,整体化、结构化、系统化的知识"的课程目标,在坚持国家课程改革纲要基本精神的前提下,根据自身性质、特点和条件,将国家层面上规划和设计的面向全国所有学生的书面计划转变为适合本校学生学习的"1+X"校本化课程体系。其中,以国家课程整合后的基础性课程为"1",以学校特有的实现个性化发展的拓展课程为"X",形成独具特色的"1+X"校本化课程体系。①

第二,从建立校本课程体系转向建构校本化课程体系,有利于关注国家课程的校本化,以学生的核心素养发展统领校本化课程体系建设,实现学校的育人目标。江苏省某高级中学在"基于学生发展、符合学校实际、全员参与建设、关注教育价值"的课程方略下,构建了"目标整体、结构多元、尊重选择、发展个性"的校本化课程体系。其中校本化课程体系的实施策略为立足面向全体学生的基础课程,以保障基础学力;面向有学术潜力和兴趣的学生,开设指向深度学习的拓展性学科课程和项目学习课程,以培养学生的研究素养和创新能力;针对学生的个性化学习需求,依托学校课程基地群,丰富校本课程,拓展学生视野,激发兴趣,培养特长。②该校校本化课程体系详见图5-4:

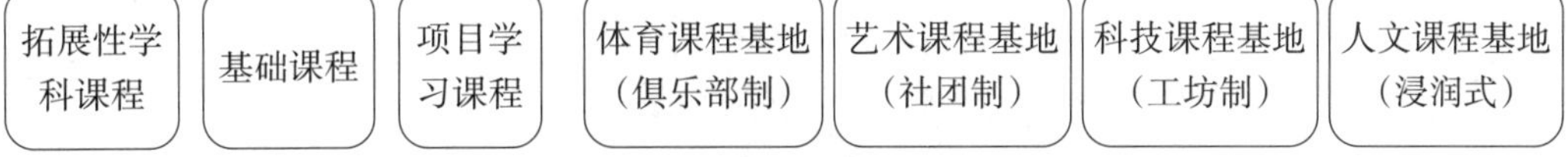

图5-4 江苏省某高级中学校本化课程结构图

① 方丹.国家课程校本化实施:打造学校课程特色——以清华附小为例[J].当代教育科学,2014(4):26-28.

② 任晔.国家课程校本化与校本课程素养化——以江苏省锡山高级中学实验学校课程体系建设为例[J].江苏教育,2018(90):41-43.

第三，从建立校本课程体系转向建构校本化课程体系，有利于满足学生发展需求，较好利用学校传统优势或独特条件，使得学校课程及其体系能够做到系统建设，有序推进，持续发展。中小学校的深入发展需以学校课程的校本化建设为突破口，寻求教育和办学的突围之路，在促进学生发展，彰显学校文化的同时，真正提升学校的办学品质。某小学以“自然、温暖、公平、向上”的学校阳光教育文化为依托，以“实践阳光教育，谱写阳光人生”为核心理念，追求“让学生在和煦的阳光里放飞心灵、彰显童真、全面发展、健康成长”的价值取向。通过调研学生在三级课程方面的学习需求、教师在课程实施工作中的实际感受与困惑以及学生发展面临的问题，选取学生、家长、教师作为调查样本，进行访谈和问卷调查。通过对学校校情和学情的分析，明确了课程建设的研究起点，确定了校本化课程的研究方向和内容，制定了学校课程建设发展规划，明确了建设目标，对三级课程的实施和研发进行了整体的设计和安排。经历了调研、分析、规划、实施四个阶段后，对学校课程进行了校本化的重构。[①]该校校本化课程体系详见表5-3：

表5-3　某小学校本化课程体系表

<table>
<tr><th>课程类型</th><th>课程内容</th><th>课程实施</th><th>课程评价</th><th>课程资源</th></tr>
<tr><td>学科核心课程</td><td>语文、数学、外语、音乐、美术、品德与社会、科学、班队</td><td rowspan="2">以“教学内容问题化”为抓手，对教材进行二次开发，探索“阳光课堂”校本化实践模式</td><td rowspan="8">阳光银行5+X评价</td><td rowspan="3">“教学内容问题化”资源库</td></tr>
<tr><td>学科拓展课程</td><td>语文阅读、数学活动、英语口语</td></tr>
<tr><td>综合实践活动</td><td>研究性学习
信息技术
劳动与技术</td><td>以“阳光文化研究”为主题，选择和自编教学内容</td></tr>
<tr><td>德育体验课程</td><td>德育体验和阳光少年特长展示系列、团体心理辅导课</td><td>以“晨会、班队、集会”为实施阵地，有序、分层实施</td><td rowspan="5">自编校本教材</td></tr>
<tr><td>学科拓展课程</td><td>数学思维、语言表演、英语口语</td><td rowspan="4">每周1次，以“课程超市”形式全员走班参与，同类课程在各学段相互关联，目标分层</td></tr>
<tr><td>艺术特色课程</td><td>手风琴、葫芦丝、书法、版画、儿童画</td></tr>
<tr><td>体育竞技课程</td><td>篮球、柔道、绳毽、乒乓球、围棋、象棋、轮滑</td></tr>
<tr><td>科学实践课程</td><td>机器人、科学小实验、
纸模船模、美好家园制作</td></tr>
</table>

① 彭怡.学校课程校本化建设的走向[J].江苏教育研究，2016(17)：38-41.

四、校本化课程体系的建构框架

学校校本化课程体系的建构遵循课程基本要素的分析框架，涉及从校本化课程体系的目标设置、校本化课程体系的结构设计、校本化课程体系的内容开发、校本化课程体系的具体实施到校本化课程体系的评价开展等一系列整体性、系统性的课程研发。

（一）校本化课程体系的目标设置

校本化课程体系的目标设置是校本化课程体系建构的首要环节，在整个校本化课程体系的建构过程中起着关键作用。校本化课程体系的目标不仅承载着学校的办学理念，是学校育人目标的具体化表达，更制约着校本化课程体系结构的设计，决定校本化课程内容的选择，影响校本化课程的实施，也是评价校本化课程体系的重要标准。课程目标是学校力图促进一定阶段学生的身心发展所要达到的预期程度①，校本化课程体系的目标必须指向学校所设置和开展的所有课程活动在促进学生发展上应达到的预期成果。

校本化课程体系的目标应包含国家政策规定的目标，也要有符合该地域学生实际的课程目标，更重要的是要有结合学校实际的课程目标。学校课程的实施对象是学生，学校在制定校本化课程体系目标时，必须紧紧围绕课程目标的作用对象——学生，根据学校实际，明确表达本校学生预期发展的方向及结果。制定校本化课程体系目标，首先要契合国家的教育方针及政策规定，其次符合学科内容、学生需求、社会生活等方面的实际，最后要在促进学校育人目标的实现和学生的全面个性发展上进行校本化的表达，建立具有学校特色的校本化课程目标。其中，促进学生发展是学校校本化课程体系目标制定的根本依据。当前在制定校本化课程体系目标时，需结合学生核心素养的发展要求，整合学生层面、学校层面、教师层面的发展需求，即在学生发展层面更加注重学生核心素养的培养、在教师专业发展层面关注教师课程能力的提升、在学校发展层面关注学校的内涵式发展，以对学校课程目标做出适合本校校情、学情的调整，最终设置具有学校特色的校本化课程体系目标。

以吉林市某中学为例，其开发并构建的“中学生学术力成长课程”是在“建设学术型中学”的新时代学校发展理念下，整合相关课程资源而开设的，旨在系统进行中学生学术力的培养。在“厚基础、宽选择、重创造”的课程理念下，设定本校课程目标为“全面打好基础，形成关键能力，发展个性特长，培养创造精神”。其中，全面打好基础要求学生具备坚实的学业基础，基本的问题意识，格物求真、内省自觉的态度；

① 靳玉乐．现代课程论[M]．重庆：西南师范大学出版社，1995：155.

形成关键能力关注学生系统思考、问题解决、协作沟通、反思改变等能力的养成;发展个性特长旨在尊重学生个性、培植专业倾向、激励学术专长;培养创造精神是学术力成长课程的终极指向,意在学生创新思维的培养、创造才能的开发和创新人格的塑造。据此从课程集群构成、课程层级分布和课程实施场域三个维度设置课程。[①]

(二)校本化课程体系的结构设计

校本化课程体系的结构设计能够保证校本化课程体系是一个完整、系统、科学、有效的系统。课程结构是课程各部分的组织和配合,是课程各组成部分有机地联系在一起。[②]同理,校本化的课程结构是指学校从办学理念、育人目标出发,根据学校课程目标的要求,对国家和地方规定的课程及学校自主开发的课程进行横向上的统整、纵向上的衔接,最终形成学校特色的课程类型、课程领域及其相互关联的校本化课程结构。

校本化课程体系的结构设计须处理好国家课程、地方课程、校本课程间的复杂关系,对校本化课程体系进行整体规划和课程模块设计,协调好课程的形式结构与课程的实质结构之间的关系。在课程实质结构上,处理好各类课程在横向上的统整以及纵向上的衔接问题。根据学校的办学理念、育人目标和发展学生核心素养的要求对学校课程进行质的规定,划分出学校拟开设的课程领域,避免课程内容的冗杂或重复,处理好学校课程的统整衔接,避免不同阶段课程的脱节。在课程形式结构上,依据学校的育人目标和课程目标,明确校本化课程的类型、数量,划分好国家课程、地方课程、校本课程在学校课程中的课时及比例安排。如重庆市D小学的校本化课程体系,其将学校的课程领域划分为语文与文学、数学与思维、运动与健康、艺术与审美、生活与实践五大领域;其课程结构包含三种课程类型,即基础必修课程(即学校的生本学科课程)、拓展必选课程(即学校的成长活动课程)、个性选修课程(即学校的个性特长课程)。该小学在处理好课程的形式结构与实质结构的关系后,学校的校本化课程体系结构呈现出立体化、多层次的课程结构样态,[③]具体如图5-5:

① 刘丽君,蒋礼,张冬梅.走向新时代中学生学术力自觉成长的课程——基于东北师大附中中学生学术力成长课程的探索[J].中国教育学刊,2020(5):17-20.

② 施良方.课程理论:课程的基础、原理与问题[M].北京:高等教育出版社,1996:32.

③ 张露.小学校本化课程体系构建的实践研究[D].重庆:西南大学,2017:52.

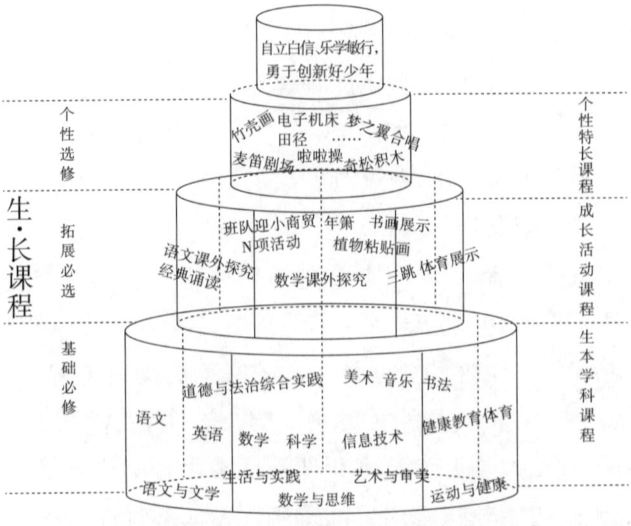

图5-5 重庆市D小学校本化课程结构图

又如太原市某小学，以校本化课程建设作为学校特色建设的重要载体，提出“强根固基，一样都不能放；润泽童心，一个也不能少”的办学理念，形成“根的教育”学校特色，勾画“本真做人、善思乐学、健康阳光、基础扎实”的培养目标，构建涵盖德、智、体、美、劳等多方面内容的校本化“根系课程”，着力体现全面、基础、完善和校本性，开设包含“生存之根、智慧之根、健康之根、审美之根、个性之根”在内的校本化“根系课程”群。[①]在课题教研组、专家团队的引领下，该小学校本化根系课程的实施既促进了教师的专业发展，提升了教师的专业水平，也促进了学生的全面发展，为学生的终身发展奠定了扎实的根基，学校特色愈加鲜明，“根的教育”已成为该小学的文化品牌。

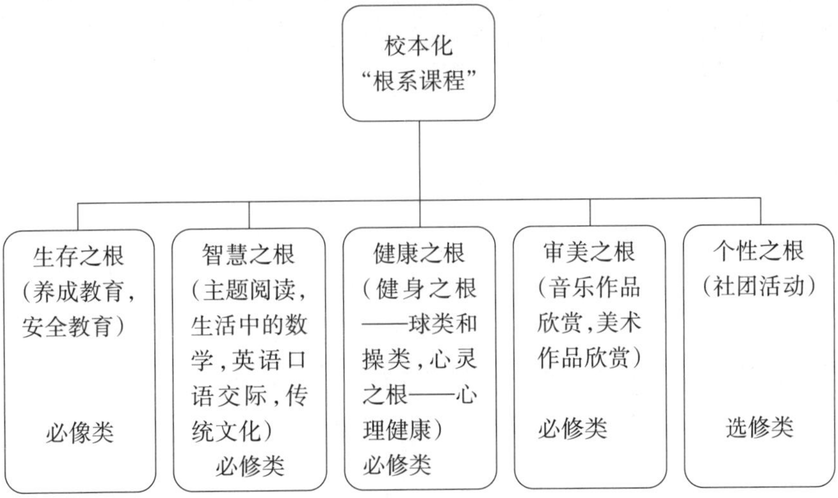

图5-6 太原市某小学校本化“根系课程”框架

① 郭琴.“根的教育”校本化课程体系的构建与开发[J].教育理论与实践，2016(29)：48-50.

（三）校本化课程体系的内容开发

校本化课程体系的内容是校本化课程体系的基本要素。校本化课程体系内容的开发与选择以校本化课程目标为依据。分析学校课程内容开发的案例发现，学校的一般做法是将学校课程从横向上进行领域的划分，纵向上进行内容的拓展，力求实现课程整体的逻辑内容架构。

校本化课程体系的内容来源于国家、地方对课程内容的要求及学校对课程内容的需求，因此，在开发校本化课程体系内容时首先应符合国家课程标准的要求，保障校本化课程体系内容的系统性和关联性。学校必须对学科课程标准进行深入研究，在明确各学科课程目标及内容要求的基础上，结合本校的育人目标，对学校课程内容进行特色化设计。其次，在开发校本化课程体系内容时应考虑学生的特点及教师的课程开发能力，确保校本化课程内容的实用性及实践性。学生是校本化课程体系的受用者，校本化课程体系是专门为学生开设的，所以校本化课程内容必须满足学生的需求，符合学生的学习特点，能够激发学生的学习兴趣选择。在课程内容时只有考虑到这些关键要素，校本化课程体系能够培养出全面而有个性的人才。教师作为学校课程的开发主体，教师的课程开发能力直接影响学校校本化课程内容的质量，教师若能胜任该项课程内容的开发，能够在课程实施中发挥专业能力，才有可能实现课程功能的最优化。最后，在开发校本化课程体系内容时应考虑学校的校情，保证校本化课程内容的校本性及发展性。以学校的现状为立足点，既关注学校的外在环境，又观照学校的内在环境，还得考虑本校的未来发展愿景。其中，学校的外在环境涉及学校在整个学校系统以及区域学校系统中的位置，与其他学校和社会机构所建立的联系，学校的社会声誉，以及学校占有的其他社会资源；学校的内在环境主要包括学校的办学理念、育人目标、学校文化、组织机构、教师素质、学生素质、学校资源、硬件设备和教学传统等。[①]只有经过全面慎重的考量，才能让校本化课程体系内容具有持续发展的生命力。

具体而言，校本化课程体系内容必须“以校为本”，基于学校、为了学校、在学校中进行选择。校本化课程体系内容可以是对学校已有核心课程的二次开发，也可以是对学科课程的整合，如北京某小学对校本化课程内容进行学科内的整合、学科间的整合、学科内外的整合[②]。校本化课程体系内容还可以是对学校特色课程的开发，这里的特色课程不仅只限于学校校本课程，可以是国家课程、地方课程的校本化，总之是能够体现学校特色、能够代表学校特色的课程内容。如前述的太原市某小学，

---

① 靳玉乐．学校课程领导论：理论研究与实践探索[M]．北京：人民教育出版社，2011：220.

② 窦桂梅．新课改背景下课程整合的实践探索——清华大学附属小学“1+X 课程”育人体系建构的案例研究[J]．教育研究，2014(2)：154-159.

在“根的教育”理念引领下，着力突出校本化“根系课程”培养学生的基础、全面、创新素质。一方面对国家课程进行校本转化以解决面临的突出问题；另一方面发挥教研团队力量着力打造校本化特色“根系课程”，在校本课程内容上，着眼全面，涵盖德智体美劳和个性发展；在结构上力争完善，做到必修课程与选修课程、学科课程与活动课程、显性课程与隐课程等多种课程类型有机统一；校本课程内容力求反映学生、社区、家长和学校的特殊需求。

（四）校本化课程体系的具体实施

校本化课程实施是指在坚持国家课程标准基本精神的前提下，根据学校课程思想和实际条件，对学校课程进行适合学校师生特点的课程实施。[①]校本化课程体系的具体实施本质就是校本化课程体系在学校实践层面的落地，其中课堂教学是学校课程实施的主阵地，应真正发挥好教师在学校课程实施中的主导作用和学生在课程实施中的主体地位。

首先，校本化课程体系的实施需要以国家课程标准为依据和指导，在具体的实施方式上可利用校内外资源进行场馆式教学、围绕某一主题采用项目式教学、打造学校特色课堂教学或借鉴传统方式等多种实施方式。教无定法，贵在得法。校本化课程体系的实施关键在于各学校根据本校、学生、教师的实际情况，依据不同的课程类型及课程内容，选择适合本校课程实施的一种或多种实施方式。以学科核心课程的实施为例，在校本化课程体系实施中，学科核心课程的实施通常以班级课堂教学为主要实施方式，学校要想形成特色化的课堂教学模式，需要构建特色课程教学的基本要素，以能够常态鲜明地打造学科核心课程实施模式，此外，还需形成民主、开放、和谐的课程实施文化，使得师生在课堂上能够真正地实现平等对话。

其次，校本化课程体系的实施既然是具体的课程实践，是课程方案和计划的落地，则应当加强对课程实施过程中的领导和管理。美国课程学者施瓦布认为“课程是一种实践的艺术”[②]，主要存在实践的、准实践的和折中的三种课程运作方式。其中，“实践的艺术”是针对可感知的、具体的、个别的情境；“准实践的艺术”是对实践范畴的延伸，主要针对由相互联系、多样的个别情境共同组成的情境；“折中的艺术”是对各种教育教学理论的调和，并不偏向任一单一情境或问题。个学各校的学校环境、组织机构、人员组成和资源构成是不同的，因而具体的课程运作与实施也有差异。要确保教育意志通过系列课程落实，关键在于课程实施过程的方式或组织形

① 孙友林.校本化课程实施制度研究[D].重庆：西南大学，2010：11.

② 韦斯特伯里，威尔科夫.科学、课程与通识教育——施瓦布选集[M].郭元祥，乔翠兰，主译.北京：中国轻工业出版社，2008：237-243.

式。例如审美类、实践操作类课程就不适宜学生在课内通过讲解的方式完成，需要通过动手操作、作品展示或现场体验等方式完成。与此同时，课程实施是不确定的、多变的、反映多主体价值取向的过程，不仅仅是反映领导或管理者的意志，而同时表达着学生、家长、课程专家、教师、社区等对课程的共识。因此，需要采取课程审议的方式确保针对课程实施和改进的建议得到真实反映。正如部分学校在课程实施中采用教研会议、集体备课、研究课等方式[①]，集中课程开发团队人员的智慧，从而增强了课程实施的现实感和使命感。领导和管理者需要培育校本化课程体系的共同愿景和实施理念，并将其内化为课程团队人员的共识和行动目标，既重视来自课程专家等在构建课程整体系列上的宏观指导，同时也鼓励实践中的问题反馈和需求表达，采纳基于情境问题的有效行动与建议，转化为具有普遍指导意义的课程实施对策，从而在理论与实践两方面都表达、体现符合校本实际的课程实施方式。

（五）校本化课程体系的评价开展

校本化课程体系的评价是对校本化课程体系实施过程及实施效果的反馈，评价不止于评价，最终目的在于发现校本化课程体系存在的问题，进而改进和完善整个学校课程体系。概言之，校本化课程体系的评价是校本化课程体系不断发展的保证，也是促进校本化课程实施持续不断发展的不竭动力。

课程评价的有效开展，依赖于制定一定的评价标准，选择科学的评价方法。首先，校本化课程体系的评价需以国家课程标准为参照，制定能够反映校本化课程目标达成度及检验校本化课程实施效果的评价标准，制定能够监测校本化课程实施过程的评价方案或整体框架，以科学有效地反馈校本化课程体系的实施样态。

其次，把教师和学生作为校本化课程体系评价的主体。因为教师是校本化课程的开发与实施者，最能悉知校本化课程体系尚存在的问题，从评价中可以直接获得课程教学改进的策略，有益于提高教师的校本化课程实施质量。学生是校本化课程体系的直接受益者，通过参与校本化课程体系的实施，能清楚地知道校本化课程在哪些方面满足了自身需要，在哪些方面还需要进一步加强。也可以通过成立专门的校本课程发展委员会实现多主体联合评价，成员一般涵盖校长、行政人员、教师代表、学生代表、专家顾问、社区代表等主体，以收集利益相关方对于课程发展的不同意见，以此实现课程权力分担和利益平衡。[②]

再次，校本化课程体系的评价还需要合理规划评价的方式、时间、对象和内容。校本化课程体系是学校将校本课程与国家规定的课程按照一定的结构比例和结构

① 严志莉．校本化课程实施中教师课程审议的个案研究[D].北京：首都师范大学，2009：8.

② 李达．校本课程评价初探[D].上海：华东师范大学，2014：19.

类型加以系列化的整体安排，因此在评价之初还需要考虑如何协调必选课程（规定性课程）和选修类课程各自适宜的评价方式、时间安排、人员组织、评价信息采集等。而通过多样化评价实现在促进学生兴趣发展、教师课程能力提升、学校课程内涵发展等方面的导向、激励、反馈等功能，也是校本化课程整体评价的内在要求。此外，校本化课程体系的评价对象解决“评价什么”的问题，即评价涵盖的领域和课程层级。如部分校本化课程体系的评价涉及校本课程体系的领导和管理层面的评价、课程设计与开发层面的评价、课程实施与发展层面的评价、课程情感与认知层面的评价、课程反思与调整层面的评价。[①]每一层面的评价又分别设置不同的评价指标（量规）和评价项，参与评价的人员和具体的评价方式，旨在通过评价促进学生的学习和发展。

最后，评价方案的审定和动态调整。评价方案制定后并不是一成不变的，新的课程样态和形式的发展、实践的变化情境都会对课程评价提出新的要求。例如随着互联网的发展，大数据、云储存、数据分析软件等的发展和应用，也让课程评价愈加高效、动态、集成、稳定，展现出强大的数据分析和反馈指导功能，也逐渐被应用到教育教学及课程领域。这补充了人力所不能及的评价领域，填补了课程评价实践中的局限性，拓展了课程评价的内涵和外延。

---

① 陈瑾．聚焦学习的课程评估：L-ADDER课程评估工具与应用［M］．上海：华东师范大学出版社，2018：69–71．

本章回顾

随着校本课程开发的不断推进，校本课程日益显现出无结构化、缺乏体系化等问题，导致学校的课程体系内部结构零散无序。校本课程的结构化、系列化和特色化等问题成为推进校本课程规范化以及课程体系建设的首要问题。当前的校本课程结构存在着课程结构简单化、课程类型重量轻质、课程结构缺乏统整以及课程结构失衡等突出问题，需要从统筹规划校本课程、协调处理课程各要素之间的关系以及处理好三级课程间的比例关系三方面做出策略应对。校本课程的开发直面学校的实际问题与需要，由学校独立设计和实施，需要保证其系统性与针对性，校本课程的建设需要遵循系列化和特色化。校本课程的系列化与特色化分别指向校本课程的结构与内容：系列化旨在实现校本课程内容系统、整体和全面；校本课程特色化发展的关键在于定位特色化的校本课程目标方向，立足学校特色、地方特色，选择特色化的校本课程内容，进而生成特色化的校本课程实施。构建校本化的课程体系是校本课程发展到一定阶段的产物，与校本课程相比，校本化课程体系是一种更能反映学校特点的课程体系。校本化课程体系的建构，首先要准确理解校本化课程体系的内涵及要素，其次要厘清校本课程体系与校本化的课程体系的关系，再次要认识到从建立校本课程体系转向建构校本化课程体系的重要性与价值，最后从校本化课程体系的目标设置、校本化课程体系的结构设计、校本化课程体系的内容开发、校本化课程体系的具体实施以及校本化课程体系的评价开展五个方面来搭建校本化课程体系的建构框架。

拓展阅读

斯腾豪斯是课程开发运动的首创者，他积极倡导教师在课程开发中的核心作用，他认为“没有教师的发展就没有课程的发展”。校本课程开发是在学校中通过教师来实现的，教师是校本课程开发的主体，处于极为关键的地位。观念是行为的先导，校本课程开发能否顺利实施，关键在于教师的课程意识能否适应发展要求。课程意识是教师对整个课程系统的基本认识和反映，是教师对课程意义的敏感性和自觉度，是教师的一种基本专业意识，属于教师在教育领域中的社会意识范畴。美国教育家麦克唐纳认为，教育活动系统是由教育目标系统、课程系统、教学系统和管理与评价系统构成的，教师要合理地展开教育活动，需要对四大基本系统形成完整清晰的观念和认识。其中，教师对课程系统的理解与把握乃至创造的程度，反映了教师的课程意识状况和课程建设能力水平。20世纪70年代以来，美国课程理论中出现了两种代表性的观点：一是“教师即课程”，二是“教师作为研究者”。前者强调的是教师要有课程意识，教师进入课程，才能实施课程，才能使静态设计的课程转化为动态的课程实施。后者强调的是教师的课程意识要建立在研究的立场上，以研究的方式展开课程实施过程，才能表现出有效的课程行为。因此可以说，校本课程开发迫切需要强化教师的课程意识。以下是与教师课程意识相关的文献，可供读者参考：

1. 赵炳辉. 教师课程意识研究[M]. 长春：吉林科学技术出版社，2012.

2. 王效靖，冷泽兵. 论校本课程开发与教师的课程意识[J]. 现代教育科学，2009(2).

第六章

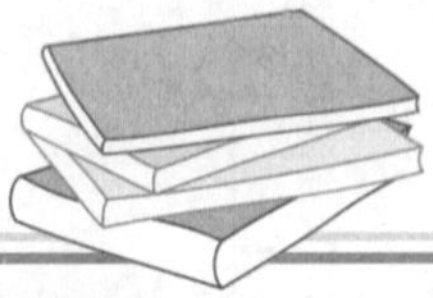

校本课程开发的行动研究

杜威在20世纪20年代就告诫我们，教师的实践研究应当成为教育研究的要义。他认为教师的实践研究是进入教育者的心脏，头脑和手的知识，应当是我们研究的对象，如果我们认真对待教师的实践研究，将使教育过程更有人情味，更接近它以前的教育性。今天，随着教师在自己的课堂中从事研究活动的日益普遍，杜威的这个观念越发令人深思。无疑，他预见了教师要在教学过程中持续地寻求自我教育。蔡清田曾言：“没有行动的研究，是空的理想；没有研究的行动，是盲的活动。”[①]校本课程开发的过程亦需要通过行动研究开展。麦克尔南曾写道：“（课程）行动研究，作为一场教师研究者运动，直接就是一种使我们认识到实践者可以成为课程的生产者和课程研究的消费者的方法论：它是一种实践，其中，消除了被研究的实践和研究实践的过程之间的差异。意即，教学不仅仅是一种行动，研究涉入了其中。”“与传统研究或基础研究相比，课程行动研究的目的是解决实践者眼前的，紧迫的日常问题”，“由实践者进行的课程行动研究寻求提高实践者对事件、情境和问题的理解，为的是增加他们实践的有效性。”[②]20世纪90年代以来，课程行动研究被作为教师专业发展的主要手段之一，盛行于世界各国的教师教育改革运动。课程行动研究成为一种重要的课程研究方法，它把课程理论与课程实践、课程研究结果与课程实施中的课程改善以及课程研究者和学习者与教师紧密联系起来，从而极大地促进课程改革的进程。

---

① 蔡清田.教育行动研究[M].南京：南京师范大学出版社，2005：003.

② MCKEMAN J. Curriculum Action Research：A Handbook of Methods and Resources for the Reflective Practitioner，2nd edition.[M]. Kogan Page Limited. London，1997，p.3-4.

思维导图

- 第六章 校本课程开发的行动研究
  - 第一节 校本课程开发的行动研究的内涵与原理
    - 行动研究的内涵
      - 行动研究的组成部分
      - 行动研究的研究者
      - 行动研究的研究范式
    - 运用行动研究进行校本课程开发的意义和基本原理
      - 运用行动研究进行校本课程开发的意义
      - 运用行动研究进行校本课程开发的基本原理
  - 第二节 校本课程开发的行动研究的设计与实施
    - 校本课程开发的行动研究设计理念
      - 以理性行动为设计理念
      - 以沟通行动为设计理念
      - 以实践行动为设计理念
    - 校本课程开发的行动研究的具体实施
      - 校本课程开发的行动研究的实施目标
      - 校本课程开发的行动研究的实施步骤
      - 校本课程开发的行动研究的实施评价

第一节 校本课程开发的行动研究的内涵与原理

一、行动研究的内涵

新世纪以来，行动研究正在成为教育者改善其专业实践的一种流行手段。作为教育工作者研究方法的行动研究最初是由Stephen M. Corey在20世纪50年代中期引入的，当时他正式将其描述为“从业者试图科学地研究他们的问题以指导、纠正和评估他们的决定和行动的过程”。[①]许多人认为，传统研究对教师工作而言没有实际的研究结果，并且对教师的本地化实践的价值很小。相比之下，行动研究允许教育者研究他们自己的实践和当地背景，并使他们能够评估自己的计划和实践的有效性，以满足学生和员工的学习需求。[②]

行动研究被认为是一个迭代过程，通常会循环识别实践问题，收集和分析数据，然后根据这些结果改善教育实践。[③]反思是该过程的关键组成部分，因为反思是一个持续的过程，反思的结果会不断作用于改善实践，提高教育质量。

（一）行动研究的组成部分

1.协作

从建构主义的角度来看，协作是所有行动研究项目的重要组成部分。由于教师是他们工作学校的组成部分，因此他们作为研究人员所产生的知识在很多方面受到其他教师、管理者、父母和他们教的孩子的影响。与他人合作可以为教师成功提供所需的支持，也可以为教师提供各种获得帮助的机会，更重要的是有助于探讨“改革”的意义。[④]协作的另一特征是讨论和对话，这有利于学习者完善认知结构，也是研究过程中检查问题、获得解决方案的过程。协作包括同学校的教师之间的协作、

① COREY S M. Action Research to Improve School Practices[J]. American Journal of Education, 1953,46(4):165-166.

② CALHOUN E F. Action Research for School Improvement[J]. Educational Leadership, 2002, 59(6):18-24.

③ HENDRICKS C. Improving Schools Through Action Research: A Comprehensive Guide for Educators[J]. Pearson, 2005.

④ BRISCOE C, PETERS J. Teacher Collaboration Across and Within Schools: Supporting Individual Change in Elementary Science Teaching[J]. Science Education,1997,81(1):51-66.

跨学校教师之间的协作，也包括与大学教师的合作，这是一种最常见，也是兼具理论和实践意义的合作形式。迈克·富兰认为，当教师能够彼此互动时，这为改革提供了助力。协作提高了教师分析和改善课堂实践的能力，是提高工作满意度的一个因素。在中小学中，协作可以是实施以问题为中心的活动，教师们开发新的管理课堂的方式，以及与学生的互动。有学者认为行动研究中的“协作”首先是在一个“头脑风暴”的过程中展开的，这一过程可以帮助教师相互学习教学知识。目前大部分教师陷入的困境是，他们缺乏机会与自己学校的其他人分享教学和学习的想法。在教学工作日期间，教师不太可能一起共同安排任何时间。因此，即使学校的教师能够分享想法，他们也必须在放学后留出自己的时间进行共同工作。其次，当教师了解到同事会尝试类似的交流活动并讨论成功和失败，教师就有勇气承担他们原本会规避的风险。教师之间共同规划，使得原本个人无法解决的问题得以解决。再次，定期举行教师会议为教师提供固定的时间进行反思。这些经历会使教师重新焕发活力，并鼓励他们继续使用以问题为中心的活动。

2. 反思

杜威认为：反思是问题解决的一种特殊形式，它不仅涉及一系列观念，也包含其结果；它是一个连贯的观念序列，其排列方式使每个观察将其后续的观念作为它决定下的恰当的结果，而每一个结果又反过来依赖于，或指射它前面的观念。[①]反思在问题解决的过程中，是不断地调试、改进问题解决策略的重要中间环节，它决定着问题解决的最终成效。在教育行动研究中，反思主要是教师在解决实际教育问题的过程中以自己的实践过程为思考对象，对自己所做出的决策、行动以及由此产生的结果进行审视和分析。它是立足于自我之外的批判地考察自己的行动及情境的能力。[②]对于教师来说，反思是成长和进步的阶梯。教师借助教学行动，以理性的思考和批判的态度，以探究和解决教学问题为基本点，追求自我发展，提高教学实践能力。它帮助教师审视自己的教育理论与教学实践之间的联系，使教师既成为教学实践者，同时又成为教学研究者，把研究与实践一体化。作为教师教学专业活动的一个组成部分，教师进行教学行动研究，既是教学研究结果的原创者，又是这个结果的应用者。[③]反思作为教育行动研究过程中的中心环节，决定着行动研究最终的成效，教师作为行动研究者在研究过程中的反思意识、反思能力、反思行为等方面的改变和提升都会对行动研究的整个过程产生重要的影响。

---

① 转引自辛涛.教师反思研究述评[J].清华大学教育研究，1998(3)：99-102.

② 王娟.试论教育行动研究中的反思[J].当代教育与文化，2009(3)：59-62.

③ 转引自袁佳平.反思性教学与教师的教学行动研究[J].教育探索，2004(9)：118-120.

(二)行动研究的研究者

行动研究的研究者是反思型实践者。反思型实践者的特征是“在行动中认识”,即在实践中获得知识。对于教师来说,反思是指教师以自己的教学过程为思考对象,对自己的教学行为、教学结果进行审视和分析,从而改进自己的教学实践并使教学实践更具合理性的过程。这种对教学经验或教学实践的反思,不是简单的思考,而是一种思考教育问题的方式,要求教师具有作出理性选择并对这些选择承担责任的能力。它往往不是一个人独处时的静坐冥想,而是一种需要理智的思考和批判性的态度和方法。杜威指出,反省思维的功能是把经验含糊的、可疑的、矛盾的、某种失调的情境转变为清楚的、有条理的、安定的以及和谐的情境。[①]杜威是20世纪初美国的哲学家、教育家。他是第一个从理论上认为教师是反思性实践者和专业人员并能在课程开发和教育改革中发挥积极作用的人。根据杜威的观点,教师的反思过程起源于他所经历的困惑和棘手的事件,或者是他不能立即解决的问题。正像马柏和罗沙所说的“实践的困惑”。由于不安和焦虑的促使,教师会不断地对他们所经历的事情进行思考和分析。这种思考和分析的行为可以在行动中进行,也可以在行动后进行。对此,杜威提出了著名的反思型思维五步骤:①感觉到困难;②困难的所在和界定;③对不同解决办法的设想;④运用推理对设想的意义所作的发挥;⑤进一步观察和试验,导入肯定或否定,即得出可信还是不可信的结论。杜威在这方面的论述多见于他的著作《我们怎样思维》。在这本书里,他把教学行为分为“常规教学行为”和“反思教学行为”。杜威认为,“常规教学行为”主要是受人的本能、习惯和在专家的指导下所实施的教学。在每所学校里都存在一种或多种现实的规定或在集体中约定俗成的原则,对于问题、目标和实施的方法,形成了一种特定的处理方式,只要做事按照这个程序,就不会有任何问题,人们对这种规定没有任何疑义,同时把它作为人们识别、检验和选择教学方法的准绳。对教学不进行反思的教师,他们经常是毫无批判地接受大量由集体约定的规则,将其作为一种最有效的解决问题的办法来处理每天学校发生的和他所关注的问题。这些教师不是根据每天的教学情况,而仅仅是从许多的可能中选择其一。他们经常不是从工作的目的和结果出发,而只是作为别人的“代理”,他们忘记了任何问题都是有许多办法解决的,然而不善于反思的教师只是机械地接受那些现成的办法。而行动研究者则是在循环往复的行动时间中不断对现实问题进行思索和追问,是一群具有创新精神和改革精神的先行者。

① 杜威.我们怎样思维·经验与教育[M].姜文闵,译.北京:人民教育出版社,1991:83.

(三)行动研究的研究范式

对于行动研究的范式分类,学者们有很多不同的看法和观点。由于本书的主题是中小学教师的校本课程开发,因此所采用的范式要兼具理论性和实践性。凯米斯等西方学者将行动研究分为技术的、实践的与解放的行动研究三种:①

1.技术的行动研究

凯米斯认为三种行动研究的差异主要是由外来研究者作为“促进者”不同程度地介入行动研究的结果。在他看来,技术的行动研究是外来研究者过度介入而导致的“最坏的情况”。当外来研究者怂恿教师在他们的实践中验证某种“发现”时,就会发生技术的行动研究。在这种研究中,外来研究者“吸收”教师来研究一些教室之外的问题,这些问题可能与教师的实践兴趣根本无关。它使用一些技术(如基于团体动力学的技术)来产生和维持调查研究一些外来研究者提出的问题,关注外来研究成果的效益和实践有效性。它只是用来验证某些在另外的地方提出的研究假设的应用性能,其主要兴趣也发展和延伸研究文献中的假设。尽管这种研究也能促进实践的改进、实践者的理解和研究情境的改善,但对实践者而言,他们却冒着“不可信”风险,他们可能依赖于外来研究者的声誉或“专家”“权威”确定实践合理性来进行研究,而不是根据他们自己对教育实践的真实分析和思考。

2.实践的行动研究

实践的行动研究也就是关注“实践”的行动研究,但此处的“实践”别有一番意义。它追求的是将实践恢复为亚里士多德意义上的“反思性实践”。“说教育是一种实践活动,就是承认教育是一种开放的、反省的、不确定的、形式复杂的人类活动,这种活动不受理论原则的制约或技术规则的指导。因此,如果认为教育理论能够提供严密的科学知识,从而调节和控制实践,就会把人们引入歧途。教育理论能提供的,只是一种总是不确定和不完全的知识,但这种知识仍然能够提供一种根据,借此对某些特殊实践情境下应该做什么事情作出明智而审慎的判断。”也就是说“实践”本身就意味着“反思”和判断。实践者在作出反思和判断时,教育理论并不控制人的思维,并不用一种“目的—手段”的图式规定实践者先做什么,后做什么。教育理论对实践者的价值在于为实践者提供某种解释,使实践者接受某种启示而更好地“理解”自己的实践。实践者借此而形成自己的“实践智慧”。

3.解放的行动研究

解放的行动研究其实也重视“解释”,不同之处在于:第一,它强调用批判的眼光

① 刘良华.行动研究的史与思[D].上海:华东师范大学,2001.

来解释教育实践及其问题，也就是对教育实践做出“批判性解释”，因此“解放的行动研究”也称为“批判的行动研究”；第二，它坚持除了“解释”，还应该“付诸行动”，即不仅用不同的方式“解释”世界，还要用不同的方式“改变”世界。凯米斯等人有时将“批判性解释”理解为“政治批判”或“意识形态批判”，但他们所理解的“政治”“意识形态”与一般所谓的“政治”“意识形态”不完全一样。在他们看来，“政治”不过是人的群体生活方式，只要有两个或两个以上的人在一起生活，就可能形成某种“组织”以及与“组织”“权力”相关的“政治”活动。“意识形态”也不限于代表统治阶级意见的主流思想，而被理解为种种对人的精神构成控制的主导观念，比如科学技术一旦控制了人的生活领域，商品“使用说明书”主导了人的生活，那么，科学也就成为他们所谓的意识形态。因此，他们所谈论的“政治批判”或“意识形态批判”并非怂恿教师去游行示威或摧毁现实的社会制度，而更可能是指对社会组织做深刻的批判性考查并设法改进群体的生活方式，或者只是建议教师从科学技术的统治中解放出来，进入一种真正的属于人的反思的生活。

在教师的实际行动研究中，具体要采用何种研究范式，还是要根据教师所面对的问题情境、研究对象和研究目的等因素来做出决定。

二、运用行动研究进行校本课程开发的意义和基本原理

（一）运用行动研究进行校本课程开发的意义

哥伦比亚大学师范学院贺拉斯曼—林肯研究所的科里可以说是最早的校本行动研究者。科里和同事弗谢最早开始关注整个学校以及整个学区的合作性行动研究。科里组织了三次全国范围的行动研究会议，以改进学校实践。在一次会议中，来自科罗拉多州丹佛市的一些学校管理者对行动研究表示了特别的兴趣，并很快与科里和他的同事合作进行了着眼于学校管理者的行动研究。丹佛研究小组强调实验性行动研究意味着较系统地收集、保存资料并留意解释资料以便发现问题。研究小组同时还努力收集那些与预期成果相伴随的非理想的结果；学校校长则随时留意那些研究的负面影响，比如一般教师与自愿参与研究的“精英小组”的疏离与隔阂。经过 8 年的合作性行动研究，科里总结出有效的“校本行动研究”必须具备的六个条件。(1)对问题的公开。学校管理者和教师诚实地说明学校工作中要改进的问题。(2)有创新的机会。管理者为教师提供“头脑风暴”和创意的机会，以便为学校将来的实践提出可供选择的方案。(3)鼓励尝试错误。管理者为教师提供拓展和尝试改进实践的资源和材料支持。(4)合作的教师群体。管理者和教师共同协商解决问题

的标准和技巧。(5)重视资料收集。管理者和教师相信他们可以通过系统地收集研究过程和研究结果的资料来超越随意的探险。(6)有足够研究的时间。管理者创造条件使教师从常规的事务性工作中转向专业性反思、行动研究和教育问题解决。[①]1953年,科里将有关论文编辑为《改进学校实践的行动研究的参考手册》。在该书中,科里讨论了“行动研究与传统教育研究、随意的问题解决法”的区别。美国教育研究法专家博格认为该书是一本对那些打算做行动研究的人们很有益处的好书。[②]就在科里发表《改进学校实践的行动研究的参考手册》的同一年,弗谢和古德逊发表《关于合作性行动研究的几点思考》一文,在这篇文章中弗谢等人提出了行动研究中两个重要的主题:一个是有关“内隐价值理论”的问题,他们肯定了教师的“内隐价值观”在行动研究中的作用;另一个是行动研究中的“文化成见”问题。他们意识到合作性行动研究的成功与否有赖于学校社会文化的重建,因此,要破除学校的文化成见:第一条成见是“教师不会做研究”,打破该成见的办法是教师进入研究,在研究中积累经验;第二条成见是“教师没有变革情境的足够的自由”,而事实上教师拥有的自主权比他们所想象的多得多;第三条成见是“领导的决策是固定的”,实际上领导的决策是一种人与人或群体间互动的过程,教师作为咨询者和管理者,可以参与其中;第四条成见是“合作性行动研究如果要走向兴盛,研究的性质就必须改变”。弗谢和古德逊认为教师不能过分依赖专家,当教师相信专家会告诉他们,他们的问题是什么并怎样去解决这些问题,合作性行动研究的大门就被关闭了。[③]可见,他们鼓励教师破除“学校文化成见”实际上是建议教师在制度化处境中寻找自由探索的空间。

运用行动研究进行校本课程开发具有以下几点意义:[④]

1.行动研究中的教师兼具研究者与行动者的角色

传统认识中,专家只从事研究的工作,并不直接应用研究的结果,而实务工作者只负责实际工作的执行而不承担研究发展之责,因此研究工作与研究结果实际应用之间经常是断裂且分离的。以教育情境为例,教师通常是被分析、被观察、被研究的角色,然而通过行动研究,教师得以成为研究的参与者、问题的诊断者与研究结果的行动者,这样的转变无疑使教师由被研究的客体转变成为具有自主性的主体,也成功地跨越理论与应用间的鸿沟。

---

① COREY S M. Action Research to Improve School Practices[J]. American Journal of Education, 1953, 46(4):165-166.

② BORG W. Educational Research: An Introduction[M]. David McKay Company,1963:324.

③ SEE FOSHAY A, R GN M. Some Reflections on Cooperative Action Research[J]. Educational Leadership,1953, 10(7), April.

④ 张晓辉.教师如何开展行动研究[M].长春:东北师范大学出版社, 2010:1-8.

2.校本行动研究以校本课程开发中的实际问题之解决为主要导向

行动研究关注的焦点在于实务问题的解决上，并不适合类推到其他的研究情境中，因此行动研究的“实用价值”通常高于其“理论价值”。正是因为这个特点，行动者所遭遇到的问题能够立即得到解决。以校本课程开发为例，当学校教师在学校遭遇课程实施的问题时，教师可借由行动研究对问题进行诊断、评估与改进，这样的历程对于问题解决、改善教育现状具有极大的贡献。

3.校本行动研究实施过程兼具研究、行动两大动向

不同于其他的研究方法，明确特定的方法或技巧并不是行动研究的重点，因为行动者需要通过研究与行动不断循环验证的过程，经由不断地反省与检讨以产生新观点，发展出最适合实际情境需要与限制的改善策略

4.对象或问题具有特定性，结论亦只适用于校本课程开发情境的改进

由于校本行动研究所关注的是实际情境中的特定问题，其研究的样本亦只限于特定的对象，因此其结果也只能适用于特定情境中的问题解决。研究者认为推论性不足的研究方法，其价值是要打折扣的，然而行动研究的重点原本就不在于发展一套理论，也不强调普遍的应用。因此，若想要评判行动研究的价值，应侧重于它对实际情境的改善程度，而不是以理论的建立与否来进行评判。

5.教师作为行动研究者的自我反省

校本行动研究的核心思想是鼓励教师从事实务工作的研究，在实务工作当中了解问题，通过反省与探究发展出解决的策略。为了切中问题的核心，实务工作者须从多重角度进行思考，尤其需要自我反省，因为一个无法自省的教师是无法发掘问题真相的。行动研究的特点之一正是不断地检讨、修正与创新，而其中反省与再规划必须不终止地进行，直到问题得到解决为止。

（二）运用行动研究进行校本课程开发的基本原理

开展行动研究的根据是两种哲学思潮（批判主义和实用主义）为所有参与者创造了提高儿童生活质量和研究教学艺术的机会。尽管很多行动研究者属于不同的思想流，拥护不同的理论，但他们有着共同的关注点，即批判地审视课堂教学原则和教师行为对儿童的影响。如今，行动研究的主要目的是推进“提升儿童生命质量”教育改革。不过，行动研究同样可以“促进教师专业发展”。

奥斯特曼和科特坎普于1993年提供了一个好的原理假说，进一步论证了为什么行动研究是教师在坚持“教学反思”过程中的专业成长机会。这是因为：每个人都需要专业成长的机会，所有的专业人员都希望获得进步，所有的专业人员都有能力

为自己的专业成长和专业发展负责，人们需要并想要获得有关自己行为表现的信息，合作丰富了专业发展。

行动研究非常强调提高教师的“专业地位”，更确切地说，它鼓励教师成为学习者——无论是在他们的课堂上，还是在他们的实践过程中。行动研究虽然不是一个通用的万能药，无法解决教育改革中所有的问题，但它是提高教师专业性的重要推动力，有助于教师了解知识是如何产生的。行动研究同样强调，教师对每天的常规教学应有反思的立场，即积极主动地用钻研的眼光去检验自身的教学，以提高教学水平。而行动研究正好提供了教师能够采用的专业方式，因为它总是鼓励教师深入观察教学动态，仔细分析学生的行为和互动情况，验证和挑战现有的实践惯例，敢于尝试新的教学方法。当教师通过行动研究对自己和学生的行为有了新的了解时，他们便能够：决定哪些需要改变，哪些不需要改变；将先前的知识与新信息衔接起来；从经验中学习，哪怕是失败的经历；提出问题，并系统地找出答案。教师立志成为专业问题的解决者，致力于自身教学实践的改进和帮助学生学习进步，这将成为他们开展行动研究的强大动力。①

总而言之，就行动研究的目的而言，国外学者艾略特认为行动研究是社会情境的研究，主要目的是改善社会情境。而科恩等人则将焦点置于教育领域，指出教育行动研究的目的有五项：

(1)行动研究是一种手段，对于在特定的情境下所诊疗出来的问题，给予治疗，或是改善某一种特定的环境。

(2)行动研究是一种在职进修的方法，可以提供给教师新的方法，使教师增强自觉意识与分析的能力。

(3)行动研究将变通的、革新的方法用在现行教育体制当中，是一种工具，在于改革教育的环境。

(4)增进教师实务工作和学术研究之间的沟通，使研究能为实际的状况提供解决的方法。

(5)行动研究可以提供有别于传统科学研究的问题解决方法。

此外，蔡清田也指出教育行动研究可以达到三个目的：增进教育实务工作者适应教育实务工作情境的能力、增进教育实务工作者的专业理解及助推教育实务工作者获得“研究者”的教育专业地位。校本课程的行动研究也是教育行动研究的一部分，因此可以归纳出行动研究的主要目的：①缩小理论和实务的距离，矫正传统学术的缺失；②发现课程开发工作的问题，改善开发的情境和环境；③促进教师的专业成长，帮助教师成为一位能够独立从事研究的行动研究者。②

① 米尔斯.教师行动研究指南[M].王本陆，等，译.重庆：重庆大学出版社，2010：10-12.

② 张晓辉.教师如何开展行动研究[M].长春：东北师范大学出版社，2010：1-8.

第二节　校本课程开发的行动研究的设计与实施

一、校本课程开发的行动研究设计理念

（一）以理性行动为设计理念

由科尔曼所倡导的理性行动理论是以“理性人”为出发点，是建立在个人行动具有目的性这一基础上的，其相信：人是具有目的性和责任感的行动者。这一理论视角不同于帕森斯社会行动理论的“社会人”假设，也不同于韦伯科层理论的“组织人”假设。在科尔曼看来，“社会人”假设把社会规范作为理论的起点，人被视为社会系统中已完全社会化了的元素，只是被动地按照规范行动，从而忽视了人的能动性和创造性；同样“组织人”假设则侧重对组织结构和角色分工进行分析，个人只是像机器似的履行他的工作职责，这种假设忽视了组织中的个人动机和利益结构。科尔曼也不赞同某些文化人类学和文化心理学的理论假设，这些理论企图用人类的文化观或价值观来直接解释社会现象和社会变迁，而忽略了从“个体观念”到“系统行动”之间的诸多社会组织和社会制度等重要元素。[①]正是对上述前提假设的批判，促使科尔曼另辟道路，以“人的理性”作为其整个理论构建的出发点。

科尔曼的理性行动理论由三个部分组成：一是说明宏观到微观的转变，这类命题由表达社会特征的自变量和表达个人特征的因变量组成；二是微观水平的个人行动和人际互动，这类命题由表达个人特征的自变量和因变量组成；三是说明微观到宏观的转变，这类命题由表达个人特征的自变量和表达社会特征的因变量组成。之所以要针对微观到宏观之间的关系反复探讨，是因为从微观到宏观的转变绝非个人行为的简单拼凑。在科尔曼看来，在个体行动者与社会结构之间架起桥梁的是各种社会资源，行动者与资源之间是控制关系和利益关系。行动者都有一定的利益偏好，并都试图控制能满足自己利益的资源。科尔曼对利益并没有下精确的定义，但他区分了两种自我利益。一是客体自我，它涉及人的感受和满足程度，并由此形成了人的行为动机。二是行动自我，它服务于客体自我，努力使之感到满意，表现为获取对于事件控制所必需的资源数量。资源的种类很多，如财富、信息、技能、感情等等，行动者还可能控制某些事件，这些事件对其他行动者有重要影响。行动者要么拥有某些资源，要么部分（或全都）控制这些资源，并有利益寓于其中。由此，社会性

① 杨善华.当代西方社会学理论[M].北京：北京大学出版社，1999：98.

的相互依存以及系统的活动均产生于下述事实：蕴含某些行动者利益的事件，部分或全部处于其他行动者的控制之下，从而形成持续存在的社会关系，这些社会关系不仅被视为社会结构的组成部分，而且是一种个人资源，人们用社会资本来代表这类资源。社会资本把人们的注意力引向社会结构的下述功能，即行动者以此结构为资源可以实现自身利益。

（二）以沟通行动为设计理念

科尔曼的行动理论主要是基于个体层面解释行动与社会之间的相互关联与相互依赖，即行动者们在各干各的情况下，理性行动理论拥有解释力，但是对于居于不同理性目的的行动者何以能相互合作或共同从事同一行动，其解释力相对不足。对于大规模的改革行动而言，所参与的行动者多元并立，相互间的利益取向、意义预设、行动方式分化较大，加之个性化、差异化、专业化趋势，个体、集体、集团数目众多、类别复杂、力量关系变动频繁，如何保证行动者之间正常的交往关系？如何在多元行动者参与的情况下推动集体行动的开展？哈贝马斯试图对公共的行动领域勾画出四种行动模型以便调节这个行动过程。第一种是目的论的模型：认为处在物质世界中的成功取向的动机促动，根据短期的宗旨或目标在各种行动方案之间进行选择。第二种是规范的调节模型：行动者受到一个社会群体的成员所共享的价值和规范的指导——应该做什么和不应该做什么的概念促动若干行动者的动机。第三种是拟剧论模型：行动者向其他行动者中的听众表达主观意识的内容，以此彰显自身的存在。第四种是沟通模型：行动者理解在实践问题面前与其他行动者的关系；行动者致力于达成对其行动情境和行动计划的理解，以便借助共识协调他们的行动。哈贝马斯对上述行动模式的勾画必须先有一套背景假设，用哈贝马斯的话说，就是一种“生活世界”。生活世界包括文化、社会和人格三种结构。在文化层面上，人类间的相互沟通不单只是依赖文化资料和媒介，而在沟通的过程里，会同时传进和更新文化的知识；在社会层面上，此沟通行为不单只调节不同意见或社会行为，并且会促使社会整合和人类的归属感；在人格方面，沟通行为实现了社会教化，以及促使个人自我观的构建。

（三）以实践行动为设计理念

与哈贝马斯颇具理想主义色彩的构想相比，布迪厄要现实得多。布迪厄提出的实践理论试图通过场域、惯习、资本这些基本概念，来探索社会生活中实践的奥秘。如何把握实践的奥秘？布迪厄认为，应该从对规则的关注转向对策路的重视。策路作为实践的基本原则，并不是行动者凭空创造的，而是他的生活和家庭的物质环境逐渐培养形成的。用布迪厄的概念来说，策路就是惯习，而这些惯习又是行动者的实际再生产出来的结构的终极产物，这些结构就体现在场域中。

实践行动具有紧迫性、模糊性以及总体性，行动者与思考这些实践的旁观者之间非常重要的一点不同就是行动者需要在有限的时间范围内迅速“做出决定、采取行动”，“在急迫中被行动的火焰所摄住”，而旁观者与理论者没有这样的约束。实践的模糊性被布迪厄称作“实践感”，在他看来，实践或许是具有一种逻辑，但那也并非是逻辑学家的逻辑，他要努力捕捉的正是行动者“没有意图的意向性”（intentionality without intention）、“没有认知目的的知识”（knowledge without cognitive intent），捕捉行动者通过长期沉浸于社会世界之中而对其所处社会世界获得的“前反思的下识的把捏能力”。因此，实践逻辑的逻辑性只能提炼到一定的程度，一旦超出这种程度，其逻辑使将失去实践意义。实践本身的总体性是指实践并不像研究它的社会科学一样分裂成各种不同学科的碎片，社会学应该也必须构建维持人实践基本统性的总体性社会事实。针对知识场域，存在两种认识上的极端：在过去，人们普遍认为知识场域是一个“纯洁”的世界，是与任何权力斗争无关的“理想国”，但随着近代以来尤其是知识社会学对上述观点的批评，又迅速走向了另一极端，好像知识场城完全是社会利益的反映。布迪厄认为这两种观念都妨碍我们理解知识场域的特殊性，前者是一种“误识”，是对知识场域的神圣化；后者则犯了一种错误，忽视了文化生产场域的相对自主性。学校教育作为文化生产场域，是一个具有自身独特逻辑的社会空间，在这个空间中，尽管知识人采取各种策略，争夺某种在他们眼中利害攸关的事物，但若是从更大范围的社会世界中盛行的利益观念来看，他们所追求的利益也可能是颇为超越功利的。[①]

二、校本课程开发的行动研究的具体实施

校本课程开发的基本要素：一是以学校为基地，二是以教师为主导，三是以学生为主体，四是以达成学校教育目的或解决教育问题为目的。[②]校本课程开发的行动研究的目标是促进学生成长、关注教师研究者身份的生成和在行动中构建学校特色课程体系，其中以促进学生成长为终极目标。

① 高水红.共用知识空间——新课程改革行动案例研究[M].南京：南京师范大学出版社，2008：33-40.

② 肖炬元，肖南.论校本课程开发的目标[J].衡阳师范学院学报，2009(4)：150-152.

（一）校本课程开发的行动研究的实施目标

1.以促进学生成长为终极目标

学生的成长主要包括学生的全面发展和个性的成长。以往我们的教育过多地强调共性发展，相对忽视学生个性的成长。而校本课程则强调在全面发展的基础上关注每个学生的差异，给学生一个相对自由的发展空间。健全的个性体现了个人与社会的内在融合。个性发展内在地包含了社会性的发展。追求个性发展成为校本课程开发的行动研究的重要价值取向。运用行动研究进行校本课程开发要在关注学生全面发展和社会性发展的基础上培养其独立健全的个性，也就是说要使学生的个性充分地、自由地、健全地发展。综合比较联合国教科文组织国际教育发展委员会编著的《学会生存：教育世界的今天和明天》和联合国教科文组织国际21世纪教育委员会编著的《教育——财富蕴藏其中》中有关个性发展的论述，可以获得以下共识：第一，个性是完整的，智识、情感、意志、创造力、想象力等是个性健全发展的表现。经过陶冶而形成的个性，是一个不可分割的整体，是一个人整体素质的体现。第二，个性是独立的、特殊的、具体的。第三，个性发展内在地包含了社会性的发展，每个人的发展必然带来整个社会的发展。第四，个性发展是一个持续的完善过程。这些共识对校本课程开发具有特别重要的理论意义和现实意义。个性是完整的、独立的、具体的、特殊的，培养个性应关注个性的完整性和独立性；个性发展内在地包含了社会性的发展，个性的成长是在现实社会生活中进行的；个性发展是持续的完善过程，因而终身教育与学习应成为每个人的内在需求。因此，行动研究中追求课程的个性化、生活化是大势所趋。在校本课程开发过程中，通过行动的力量增强学生的主体意识，提升学生的创新能力，激发学生的开拓精神，提高学生的个人价值是应然之义。一个主体意识较强的学生，才能富有激情与理想，懂得自尊、自爱、自强、自立、自制，对自己的一切负责；才能具有尊重他人人格的意识，善于同他人平等和睦相处，合作共事；才能具有对家庭、对国家、对人类的使命感。一个敢于开拓进取、富有创新精神的学生，才能突破传统，不盲目从众、唯书、唯上；才能面向未来，求真务实，勇于革新，充分发挥自己的潜能；才能目的明确，思维活跃，想象丰富，爱好广泛，善于随时空的改变而调整自己，表现出较强的应变力、适应力和自信心。

2.关注教师研究者身份的生成

教师的发展是多方面的，其中，教师的专业发展深深地影响着教育教学的质量。教师的专业发展是教育教学以及课程改革与发展的根本需要。就课程开发而言，校本课程的行动研究更重视教师的专业发展，而不仅仅是开发课程文本。换言之，行动研究是手段，教师专业发展是目的。教师的专业发展包括专业精神、专业知识和专业能力等方面的发展，它是影响课程行动研究成功的重要因素。通过行动研究的实践，强化教师的专业精神，完善教师的专业知识结构，提高教师的专业能力等，从而使教师的专业素养得到提升，这又能更好地促进校本课程开发，使行动研究中的课程开发与教师专业发展相互促进。

第一，通过行动研究的实践，强化教师的专业精神和主人翁意识。当教师以高度的热情、饱满的精神状态和主人翁的身份出现时，他才能更多地对自己的教育教学过程表示关注，对学生学习发展的情况、对自己教学活动的质量、对自己与学生的对话与互动进行思索，并提出改进的建设性意见。教师的主体性也就能得以充分地发挥。正是教师参与校本课程开发激发了教师对教育活动进行研究的兴趣，使教师在教学中的克服了教育惰性与不良习惯，真正以一名“反思的实践者”和“反思的研究者”身份进入教育教学领域，去研究教育教学中的种种现象与问题 。

第二，通过行动研究的实践，完善教师的教育教学知识结构，提高教师课程设计能力。杜威认为，知识可以分为“旁观者知识”和“参与者知识”两类。[①]对教师而言，旁观者知识主要包括教师所具有的学科知识(如语文、数学、外语等学科的知识)以及教育学、心理学、管理学等知识。这些知识主要通过系统的学习而掌握。参与者知识主要是指教师的实践性知识，这些知识源于教师的教育教学实践，而教育教学实践情境总处于不断变化之中，因此要求教师因人、因地、因时制宜，灵活多样，边实践，边反思，边总结，使自己的实践性知识不断丰富和发展。教师参与课程开发的行动研究，不仅能加深自己对“旁观者知识”的掌握与理解，而且能积累、丰富“参与者知识”，使两种知识有机融合与内化，生成新的意义，形成自己的知识结构与体系 。

第三，通过行动研究的实践，使教师的专业能力得到提高。这要求教师把自己的知识结构与体系化为教育教学的实际能力。这些实际能力主要包括教学能力、教育科研能力、组织管理能力、人际交往能力等。教师在这些能力基础上形成自己的教育艺术和教育机智，改变长期以来形成的“教书匠”形象，使自己从“经验型”教师向“专家型” 教师发展。

第四，通过行动研究的实践，提升教师的职业道德。教师职业道德是教师在从事教育劳动时应遵循的行为规范和品德，它主要包括对教育事业的道德，对学生的道德，对教师集体的道德和对自己的道德等方面。此外，校本课程开发的行动研究实践更要求教师弘扬人性，张扬个性，激扬生命。

第五，通过行动研究的实践，转变教师的课程观念。从课程学视野考察，行动研究有利于转变教师的课程观念。传统课程观认为，课程只是师生教学的文本，师生

①穆尔，布鲁德.思想的力量：哲学导论[M].李宏昀，倪佳，译.上海：上海社会科学院出版社，2009:207.

只要按照课程文本“按图索骥”就行了。从本质上讲，课程是人创生的，是师生共同的体验与享受。因此，课程不仅是教学文本、学科科目，它更是一种过程、一种体验和享受。所以，通过行动研究教师认识到自己并不是课程开发的“旁观者”和课程的“消费者”，而是课程开发的参与者和课程的生产者，是学校课程开发与生产的主体。从某种意义上讲，没有教师的发展就没有课程的开发与生产。

第六，校本课程研究实践证明，教师专业自主权是教师专业发展的重要条件，教师是否拥有相当程度的专业自主权，是衡量教师专业化水平的一项重要指标。教育课程改革中人们一直不断地呼吁强化教师的专业地位，给予他们自身工作更多的自主权和控制权，然而，现实中教师受多种因素的制约，其工作的自主权和控制权少之又少，教师参与教育与课程改革的积极性、主动性不高。正如斯腾豪斯所说：“课程改革是人的改革”、“课程发展是人的发展”、“没有教师的发展就没有课程的发展”。[①]校本课程开发的行动研究更是如此。

3.在行动中构建学校特色课程体系

学校特色形成是建立在学生成长（特别是个性成长）、教师发展（特别是专业发展）的基础上的。通过行动研究，构建具有学校特色的课程体系，是校本课程开发的目标。首先，学校要有自己的教育哲学和办学理念，即要有明确的办学目标。此目标应建立在国家教育目的的基础上，切合校情，应科学、合理、可行，体现学校特色。例如，“全面育人，发展特色”“德育为首，教学为主，健康第一，全面育人”“掌握知识，表里如一，领导才能，伦理道德”等。其次，把握课程政策，开发特色课程。《基础教育课程改革纲要（试行）》指出：“为保障和促进课程适应不同地区、学校、学生的要求，实行国家、地方和学校三级课程管理。”国家实行三级课程管理政策的目的之一就是充分尊重地方差异和学校差异，给学校一个空间，让学校在把握国家课程的基础上，根据校情（如教育资源、师生特色、学校传统等）、社区环境的独特性和差异性，挖掘其丰富的课程资源，开发出具有社区或学校特色的课程，以满足学生的需求。这样一来，一是给学校开展行动研究留有很大的空间和余地，二是能通过行动研究的方式构建符合学校发展目标和特色的校本课程。

学生全面成长（特别是个性成长）、教师发展（特别是专业发展）、学校特色形成是同一问题的不同方面，它们相互联系、相互影响、相互依存，组成学校教育共同体，是运用行动研究进行校本课程开发的实施目标。

---

① 转引自张烨.课程能力：一种构建教师“教育眼光”的专业整合能力[J].当代教育科学，2009(13)：28-30+49.

(二)校本课程开发的行动研究的实施步骤

根据国际教育行动研究学家凯米斯的观点，在解决教师个体与实践问题上，课程行动研究有着不同于其他课程研究方法的独特优势：课程行动研究是通过研究改进、变革课程教学实践，并从改进变革的结果中获取知识、经验，从而提高课程教学质量的一种方法；课程行动研究是一种自我反思性的螺旋式上升的循环研究过程，其循环程序是设计行动、观察、反思，再设计、再观察和再反思，以此往复；课程行动研究是参与性的，教师既是被研究者，又是为改进自身教育教学的研究者；课程行动研究是合作性的，教师可以与参与的课程专家、同事及家长、学生等相互协作进行研究；课程行动研究通常需要记录、收集、分析关于背景、观点、行为、行动结果、互动情况等方面的数据资料；课程行动研究规模不大，研究人员可以是教师个体，也可以有一个由学校相关人员组成的支持群体；课程行动研究是一种在实际教育情境与自然条件下进行的研究，研究者对教学情境作出批判性分析，问题的解决也总是在实际情境中。因此，在新课程中教师真实角色转换的问题上，运用课程行动研究无论是理念上还是实际操作上都与我们以往不同。特别值得指出的是，它与当前比较盛行的质性研究方法也有根本的不同：课程行动研究中，教师是研究过程的主人，他本人既是被研究者，又是发现问题、解决问题的研究者；而质性研究中，教师是被动者，而研究者(专家或学者)是旁观者、局外人，他们只客观呈现问题，并不提出解决之法。

对于校本课程行动研究的阶段和步骤，不同学者有不同的理解。施穆克认为，行动研究大体可以划分为三个阶段：发起阶段、探察阶段和判断阶段。[①]米尔斯认为，行动研究的基本过程包括四步：明确问题领域、收集数据、分析并解释数据以及确定行动计划。[②] 可以看出，米尔斯的阶段划分更加符合课程行动研究的特征，因此我们认为教师的校本课程行动研究基本上也可以按照这四个步骤展开。

1.理解校本课程，寻找有价值的问题

明确问题是教师进行课程行动研究的第一步。明确问题也就是我们通常说的“选题”，即清晰地说明针对哪一个问题进行调查研究。这是研究的起点。这就要求教师有很强的问题意识，清楚自己将要解决什么问题。在“选题”的过程中，教师能够就研究对象提出“关键问题”是很重要的。譬如，如果教师要针对学生不能积极参与课堂讨论这一现象进行研究，那么这个关键问题可能就是：如何让学生积极参与课堂讨论？显然，这一关键问题的提出说明教师已经明确了要解决的问题，确定了研究的主题。当然，课程行动研究的题目不是凭空想出来的，必须要符合“选题的标

① SCHMUCK R A. Practical Action Research for Change[J].Training and Publishing，1997：50.

② MILLS G E. Action Research：A Guide for the Teacher Researcher[M]. Prentice Hall，2000：21.

准”。教师在明确问题的过程中,需要考虑如下几个标准:(1)提出的问题应该是出现在教与学过程之中的;(2)教师有能力控制对该问题的研究;(3)教师对该问题的研究有足够的热情;(4)该问题是教师愿意解决的。①

具体说来,任何教师都会在实际工作中遇到一些问题和困惑,只不过在许多情况下没有及时收集和整理相关信息,或缺乏这方面的习惯。教师的问题意识体现了教师的敬业精神和专业敏感性,是教师素质的一个重要组成部分。正如林可夫所指出的:“好教师必须善于发现工作中的问题,但发现问题的前提是必须有现代的教育思想、新的思维观念和思维方式。一个好教师应该是头脑当中装满问题的教师,假如教师觉得自己在教育、教学上什么问题都没有,绝不是一位好教师。教育行动研究开始于教师对自身学科教学和班级管理工作的一些想法、问题和困惑。尽管有时这些想法、问题和困惑并不十分明晰,但是只要教师自己意识到问题的存在,就要大胆地将它们记录下来。”②

教师应该在日常工作中养成积累问题的习惯,使之成为自己日常工作的一部分,而不是迫于外部压力,突击寻找问题。只有在平时有良好的问题积累,才能使日后的研究有更好的经验基础,才能激发出自己的研究灵感,找到好的研究选题。这好比一个画家,要有好的创作灵感,要创作出好的作品,就要在平时经常深入大自然,深入社会,通过实地“写生”积累素材。在这方面,教师在日常工作中勤记“教历”、写课后记、与同行交流等可能是比较有效的方法。

2.广泛调查,获得数据支持

收集数据就是一个占有资料、展开调查研究的过程,显然这是课程行动研究的核心部分。收集数据需要预先设计好方法。麦克南认为,收集数据的主要方法有观察法、叙事法、个案法、访谈法、调查法等。③米尔斯认为,收集数据的方法主要有直接观察法、访谈法、提问法、态度量表法等。④施穆克则认为,收集数据的方法主要有提问法、访谈法、观察法和引证法等。⑤课程行动研究需要科学的方法论基础,要遵循一定的科学程序,不能随意进行。对于数据的收集,既可以用量化的研究方法,也可以用质性的研究方法。鉴于课程行动研究的实践性和情境性,在收集数据的过程中使用得较多的是质性的研究方法。总体而言,收集数据的基本方法是问卷调查

① MILLS G E. Action Research: A Guide for the Teacher Researcher[M]. Prentice Hall, 2000: 27.

② 引自林可夫教授2001年2月18日在温州市水心三小试点项目启动仪式上的讲话。

③ MCKEMAN J. Curriculum Action Research: A Handbook of Methods and Resources for the Reflective Practitioner, 2nd edition[M]. Kogan Page Limited. London,1997:3-4.

④ MILLS G E. Action Research: A Guide for the Teacher Researcher[M]. Prentice Hall, 2000:43.

⑤ SCHMUCK R A. Practical Action Research for Change[J]. Training and Publishing,1997: 52.

法、观察法(包括参与式观察和非参与式观察)和访谈法,这三种方法对于教师的课程行动研究是必需的。

3.揭示意义,分析解释数据

在获得数据之后,分析并解释数据也是至关重要的,即通过对收集的数据进行分析和解释而得出结论。通过运用上述收集数据的方法,教师们会获得大量的数据,但是如果不对这些数据进行分析和解释,那么就不能揭示它们所蕴含的意义,也就不能提供解决问题的答案。因此,这一步对于课程行动研究非常重要。米尔斯指出:行动研究最困难的部分也许就是如何使收集的大量数据产生意义。[①]对数据的分析和解释应放在最初设计的课题框架中进行,不能脱离课程的设计框架而对数据进行分析和阐发,即数据分析与阐释要服务于研究的目的和结论,并且要遵循"明确""精确""可靠"等原则。

4.确定研究计划,开展行动研究

"没有无行动的研究,也没有无研究的行动",行动研究的这一"座右铭"说明,课程行动研究的最终目的是服务于课程实践和教学改革的,研究的结论最终还是要落实到对实践的改进上。因此,这一步也就是回答"如何做"这一问题,即根据研究结论确定一个改进课程与教学实践的计划,从而促进变革的发生。根据米尔斯的观点,行动计划的制定可以发生在个人、小组和学校这三种水平上。[②]这与研究结果的应用范围有关。如果仅仅是教师为了改进自己的课堂实践而进行的研究,那么,制定的行动计划可能更多的是个人化的;反之,如果研究结果可以在一定范围内推广使用,那么,就可以制定教师小组或全校教师群体都可以参与的行动计划。

值得注意的是,为了倡导教师积极参与课程研究,也为了保证教师的校本课程开发的行动研究顺利展开,学校必须要为教师提供必要的时间、资源支持,合理调整学校的组织结构,并培养教师从事课程研究的能力。麦克南指出:教师作为研究者要求教师具备进行探究的能力以及研究的方法和技巧;教师必须有足够的时间进行研究,必须把学校作为研究的中心;学校组织打破"专家进行研究、教师实施课程"的传统分工模式。[③]

---

① MILLS G E. Action Research: A Guide for the Teacher Researcher[M]. Prentice Hall, 2000:97.

② MILLS G E. Action Research: A Guide for the Teacher Researcher[M]. Prentice Hall, 2000:114.

③ MCKEMAN J. Curriculum Action Research: A Handbook of Methods and Resources for the Reflective Practitioner, 2nd edition.[M]. Kogan Page Limited. London, 1997, p.37.

（三）校本课程开发的行动研究的实施评价

传统的课程评价，课程评价主体单一，主要由教育行政人员、学科专家和课程理论家控制整个评价过程，"自上而下"进行评价活动，他们是评价的"权威"，广大的教师很少有机会参与评价活动，"在课程评价主体中教师几乎成了被遗忘的角落"[①]，不能在评价中发挥积极性和创造性。因此，课程实施的真正问题很少从教学现场中被反映出来。而以行动研究进行课程评价，主张评价应考虑到学校、社区、教师和学生的实际需要，课程评价的目标在于改进学校实践而非证明结果绩效。雷诺兹指出：行动研究关心四个层面，即对教育现象产生一种理解、人在行动中所赋予的意义、避免用抽象的统计取代语言所能表达的观点以及让参与者在教育过程中有表达的机会。[②]艾略特认为教育实践的结果显现在实践本身的内在品质上。[③]格伦迪更极力主张行动研究可以推动解放性课程实践的过程，它是一种批判性教学形式。[④]而卡尔与凯米斯亦认为通过行动研究的改进应包括实践本身、实践者及实践情境的改进。具体而言，评价不只是要改进课程，也要肯定实践者的智慧，并改进用以了解课程的方法和途径及课程评价的实施环境。从实践者的观点，行动研究发展出一条新途径，允许教育人员从另一个角度来了解和定义教育问题。行动研究的课程评价认为人的学科不能以目标模式来界定，因此提出过程模式，并主张学习过程必须赋予参与者更多的空间，以鼓励他们通过探索和讨论的过程来表达个人的创新能力，让人成为主动的建构者。因此，在课程评价中，教师除了通过资料收集了解课程品质外，还经由实践过程的反省、讨论与学习，解放既有的课程思维。[⑤]

在行动研究实施之后，若想对校本课程的实施状况进行反思和评价，就要对前一阶段观察记录的现象、事实加以思考与判断，并据此修正计划和行动方案。反思应以研究问题为基点，以研究计划为参照，以教师行动为对象，以改进实践为归宿，反思的内容主要有：行动研究的初步设想从开始到现在有了什么变化和发展？行动的决策是怎样通过调查得到确定的？下一个行动步骤是否需要重新确定？在行动过程中是怎样监察的，监察方式有没有问题，是否需要在实践中根据实际情况改变

---

① 王双兰．教师参与课程评价的必要性[J]．邵阳学院学报（社会科学版），2005(2)：140-141.

② REYNOLDS D .From School Effectiveness to School Development: Problems and Possibilities[M]. In A . M . Indrebo , L . Monsen &T .Alvik (Eds.) , Theory and Practice of School -based Evaluation: A Research Perspective .Lillehammer: Oppland College, 1992:237.

③ ELLIOTT J. Action Research for Educational Change[M]. Philadelphia: Open University Press, 1991.

④ GRUNDY S .Curriculum: Product or Praxis[M].London, Britain: Falmerpress, 1987:134-139.

⑤ 张瑞．论课程评价的方法论基础：行动研究[J]．黑龙江教育学院报，2007(12)：53-55.

监察技巧？采取行动的情境是怎样的？行动的策略是什么？在实施过程中是否发生了改变？预期的行动结果和未预期的行动结果都是怎样的？其他有关人员对情境、行动及其结果的看法是什么？有关人员在行动中的作用有什么变化？对于出现的问题是怎样解决的？打算怎样改进实践？值得注意是，校本课程开发的行动研究的各个阶段是循环进行的，反思既是一个阶段的结束，又是过渡到下一步阶段的中介。在修正性计划的指引下，行动研究又开始一个新的循环，从而使行动不断得到深化。①

评价与反思是密不可分的，评价的过程也就是反思的过程。课程开发是一个复杂的系统，多种因素影响着它的发展，一个行动使某个问题得以解决，但往往会由此引发另外的问题，不可能通过一次研究就达到理想的目标。这需要教师进行反思，明确所引发的问题，采取相应的行动，于是新的研究循环开始。因此行动研究不是一个事件，而是多个"计划—执行—反思—总结"不断循环往复的动态过程。在不同的研究周期，研究的重点可以有所不同。这也要求教师要正确认识行动研究中所谓的"失败"。行动研究的过程是不断调整自己行动的过程，因此，每一个"失败"其实都是研究的起点，在这个意义上，行动研究其实没有失败，只是教师要注意总结教训，及时调整研究方向与行动。

评估与反思，是循环往复的教育行动研究过程的一个承前启后的阶段，它不仅是现有一轮教育行动研究的结束，也为新一轮教育行动研究孕育着新的问题。在以往的许多研究中，教师通常缺乏对研究结果进行评估与反思的意识，使研究很难让人信服。②

1.成效评估

所谓评估，指的是研究者在对问题的初始值和阶段值进行并置比较的基础上，对新措施在一定的实施阶段结束后是否解决了问题，或在多大程度上解决了问题，作出基本的分析与判断。评估工作可以按以下几个步骤展开：

(1)对问题的表现指标重新进行程度调查

新措施经过一定时间的实施，问题的表现指标方面的数据可能会发生一定的变化。因此，教师应该在自己认为新措施可能出现效果的某个时间点，运用与问题的初始调查同样的方法，重新对问题的表现指标进行调查和取证，并得出阶段值。需要指出的是，教师不能操之过急，不能在新措施实施不久就急于评估。因为任何新措施要发挥作用，需要一定的时间，要想在很短时间内就能出现效果，不是一种科学

---

① 黄敏，潘小明.中小学教科研中的行动研究[J].中小学教师培训，2011(7)：30-33.

② 汪利兵，等.教育行动研究：意义、制度与方法[M].杭州：浙江大学出版社，2003：120-123.

的态度。因此，教师应该有意识地分阶段对新措施的成效进行中期和后期评估，在制定措施与行动时，要有这方面的评估计划。

(2)在阶段值和初始值并置比较的基础上得出结论

所谓问题的初始值，就是研究者在“问题的初始调查”中得出的对问题的表现指标的初始调查结果。教师的以往许多研究，由于忽视问题的初始调查，使新措施的成效评估缺乏初始的参照，导致在最后欢呼新措施取得成效时缺乏说服力。之所以提“阶段值”，而不是“最终值”，是因为很难确定新措施在实施之后完全发挥作用需要多少时间。因此，教师既要有分阶段评估的意识，也要有长期的打算。一般而言，如果问题涉及班级的大部分学生，可运用定量的方法，如确定问题的几个主要表现指标在数量或百分比上有无改善。如果问题涉及个案，可以采用定性描述的方法，如分析问题的几个主要定性指标有无明显改善。

2.反思

教育行动研究不是一次性的和万能的，它是一个连续不断、循环往复的过程。许多教师有急于求成的心理，这是万万要不得的。除了对新措施的实施在多大程度上解决了预定的问题做出评估之外，研究者还要对整个研究进行下述两个方面的反思：

(1)实施的副作用分析

所谓实施的副作用分析，指的是研究者应该对新措施除了解决预定的问题之外，有无其他负面的影响和作用，做出充分的分析。实施的副作用分析(如图6-1所示)，体现了因果关系链中“一因多果”的特点。研究者不能仅仅满足于现有问题的改善与解决，还要对新措施可能带来的负面影响保持足够的警惕。如果问题的改善或解决以带来其他不良的后果为代价，就要重新考虑对已有的措施加以改进，使新措施带来的不良影响减少到最低程度。

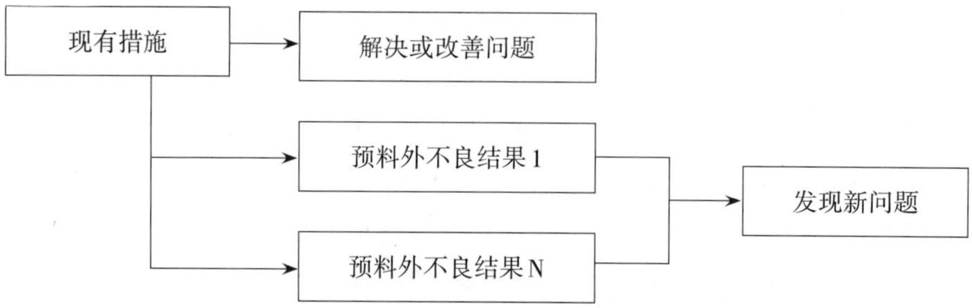

图6-1　校本课程开发行动研究实施副作用分析[①]

对于教师而言，对解决问题的现有措施与行动进行副作用分析也是研究者反思

① 汪利兵，等.教育行动研究：意义、制度与方法[M].杭州：浙江大学出版社，2003：122.

精神的具体体现。没有反思,就没有进步。教师教育教学行为的改进是无止境的,问题的解决没有终点,发现问题也没有尽头,所谓“一波未平,一波又起”。因此,任何满足于问题的初步解决或仅满足于某一问题的解决的心态,不符合教育行动研究所倡导的反思精神。

除此之外,校本课程的实施状况需要时间的检验,行动研究也是一个从发现问题到解决问题的漫长过程,因此行动研究除具有实践性和反思性特征外,还有其他方面的一些特征决定着校本课程开发的行动研究具有长期性和发展性。①首先,行动研究是一个长期的、螺旋式上升和循环反复的过程,其本身具有效应滞后性特征,因此,通过课程开发的行动研究实现教学效果的改进往往需要较为漫长的过程,教师为此付出的劳动不可能得到立竿见影的回报。其次,行动研究具有“情境性”、研究经验的“弱推广性”特征,尤其是校本课程这样具有学校个体特色的研究对象,使用的研究方法以及研究结果皆依具体情境而定,某次行动研究的经验不能照搬到下一个行动研究中去。

(2)教师的专业素养

在实际情况中,参与课程研究对绝大多数教师来说并不是他们的分内之事。由于缺少必要的经验和心理准备,缺少时间、财力和社会文化的支持,甚至缺少合作和沟通所必要的融洽人际关系、交流技术和能够表达自己实践经验的语言,参与课程研究对大多数教师来说,“挑战”的成分恐怕更大一些。②首先,不是所有教师都愿意参与课程研究。其次,由于教师在日常教学中通常靠个人的力量解决课堂中的种种问题,教师的课堂活动与其他教师的课堂活动也往往相互隔离,相互依赖的情况较少,这种长期的封闭式教学为教师之间的相互合作设置了障碍。即便教师有了合作的机会,他们也未必愿意表达自己的观念、分享自己的实践知识或与其他教师一起制定研究方案。第三,教师工作负担重,缺少研究的时间。教师长期受到应试教育模式的影响,他们整天为完成既定的教学任务忙碌着,难得有空闲的时间和精力在已安排得满满的学校日程上开展课程研究。由于不能为教师提供充足的时间,教师参与课程研究的连续性受到很大限制。第四,教师的知识技能也限制了教师参与课程的行动研究。由于教师通常与外界进行信息交流的机会较少,缺乏课程行动研究的素养,知识技能上的局限大大限制了教师间的合作与交流。而且,长期以来的一贯做法是把教学材料提供给教师而不留给教师反思和讨论的空间。这样,即使倡导教师参与课程行动研究,为教师提供了难得的机遇,教师并不一定对如何利用材料做到心中有数。教师专业素养的缺乏是教师参与课程行动研究的最大障碍之一。

① 卢立涛,井祥贵.教育行动研究在中国:审视与反思[J].教育学报,2012(1):49-53.

② 焦炜.课程行动研究探析[D].兰州:西北师范大学,2001.

教师参与课程的行动研究是世界性的趋势，与此相适应的则是教师的专业发展。因此，为了提升教师的专业水准，除了应在师资培训方面加强力度之外，还应把教师视为持续追求专业发展的主体和带动教育改革的核心与关键。而改革的动力必须来自深切的内省，而不是外来的强迫与压力，这一点值得我们深思。此外，给予教师必要的财力、物力等资源的协助与支持，适当减少教师的工作负担，增加课程研究的时间，以使教师通过持续的学习与探究提升专业水准。同样重要的是，校内与校际的教师应加强合作，共同分享各自的经验，将封闭式教学变成开放式教学，增加教师间的合作机会。当然，我国也正在改革课程体制，并在着力进行着基础教育课程改革与师范教育改革的统整工作，使基础教育课程改革获得教师专业发展的支持，但这一工作是复杂和长期的，对此我们要有足够的准备。

本章回顾

行动研究是一个重要的课程研究方法，在了解其基本内涵和原理，明确了技术的、实践的和解放的行动研究三种研究范式之后，如何将行动研究有机融入校本课程开发中才是至关重要的。在设计阶段，以理性行动、沟通行动和实践行动作为设计理念，在校本课程开发过程中发挥其意识引领层面上的作用，为校本课程开发的行动研究设计提供科学有效的理念。具体实施阶段，将促进学生成长、关注教师研究者身份的生成和在行动中构建学校特色课程体系作为校本课程开发的行动研究的实施目标，其中以促进学生成长为终极目标。在校本课程开发中，教师是研究者也是被研究者。根据米尔斯的行动研究四步骤，确定了教师的课程行动研究四步骤，保证教师参与校本课程开发的行动研究能够积极顺利地进行。一个科学的方法除了能够指导实践，还可以检验评价实践。用行动研究对校本课程实施效果进行评价，要对前一实施阶段中所记录的现象和事实加以思考和判断，并根据此修正之后的计划和行动方案，如此循环往复和螺旋上升，总之就是要将评价与反思相结合。将行动研究用于解决校本课程开发中出现的问题，能够极大地促进校本课程开发的进程和速度，提升校本课程开发的质量。

拓展阅读

行动研究由勒温于1946年定名，是实验社会心理学的一种研究方法。其也是一种适用于一线教育工作者的研究方法。它强调从实际的生活和工作中寻找研究的课题，并在工作过程中进行研究，实际工作者和研究者可以是同一人也可以是多人，要求两个角色要共同参与这一过程，从而使得实际的工作者能够理解、运用研究成果，以达到提高工作质量和效率、解决社会实际问题的目的。行动研究呈现出四个特点。第一，情境性。在真实的社会生活和工作之中发现问题和研究问题。第二，合作性。要求在研究过程中，不同角色和不同群体之间要合作，从而促进问题的有效解决。第三，参与性。行动研究是在实际生活和工作中进行的实践活动，必须结合活动开展的实际发展状况。第四，自我评价。自我评价是与反思相互结合的，要不断对现有结果进行反思和评价，从而继续优化整个行动研究的计划和步骤，以解决问题。行动研究最大的优点就是针对实际教育工作中的小范围问题，在真实情境中研究问题并解决问题，做到了从实际中来到实际中去。以下为国内外关于教育领域行动研究的相关著作，可以供读者进一步阅读：

1. 蔡清田. 教育行动研究[M]. 南京：南京师范大学出版社，2005.

2. 张晓辉. 教师如何开展行动研究[M]. 长春：东北师范大学出版社，2010.

3. 汪利兵，等. 教育行动研究：意义、制度与方法[M]. 杭州：浙江大学出版社，2003.

主要参考文献

一、中文文献

[1]陈瑾.聚焦学习的课程评估:L-ADDER课程评估工具与应用[M].上海:华东师范大学出版社,2018.
[2]陈侠.课程论[M].北京:人民教育出版社,1989.
[3]崔允漷.校本课程开发:理论与实践[M].北京:教育科学出版社,2000.
[4]丹尼尔·坦纳,劳雷尔·坦纳.学校课程史[M].崔允漷,等,译.北京:教育科学出版社,2006.
[5]黄显华.强迫普及教育:制度与课程[M].香港:香港中文大学出版社,1997.
[6]泰勒.课程与教学的基本原理[M].施良方,译.北京:人民教育出版社,1994.
[7]李定仁.西北民族地区校本课程开发研究[M].北京:民族出版社,2006.
[8]顾明远.教育大辞典[M].上海:上海教育出版社,1998.
[9]比彻姆.课程理论[M].黄明皖,译.北京:人民教育出版社,1989.
[10]靳玉乐.现代教育学[M].成都:四川教育出版社,2015.
[11]施良方.课程理论:课程的基础、原理与问题[M].北京:教育科学出版社,1996.
[12]王斌华.校本课程论[M].上海:上海教育出版社,2000.
[13]派纳,雷诺兹,斯莱特里.陶伯曼.理解课程——历史与当代课程话语研究导论(上)[M].张华,等,译.北京:教育科学出版社,2003.
[14]吴刚平.校本课程开发[M].成都:四川教育出版社,2002.
[15]项家庆.教你开发校本课程[M].广州:世界图书出版广东有限公司,2012.
[16]库恩.科学革命的结构[M]. 李宝恒,纪树立,译. 上海:上海科学技术出版社,1980.
[17]李臣之.校本课程开发[M].北京:北京师范大学出版社,2015.
[18]张广利.校本课程开发的实践与思考[M].福州:福建教育出版社,2013.
[19]黄显华,朱嘉颖,等.课程领导与校本课程发展[M].北京:教育科学出版社,2005.
[20]傅建明.校本课程开发中的教师与校长[M].广州:广东教育出版社,2003.
[21]欧文斯.教育组织行为学[M].窦卫霖,温建平,王越,译.上海:华东师范大学出版社,2001.
[22]亨德森,霍索恩.革新的课程领导[M].志平,李静,译.杭州:浙江教育出版社,2005.
[23]郝德永.课程研制方法论[M].北京:教育科学出版社,2000.
[24]张华.课程与教学论[M].上海:上海教育出版社,2000.
[25]哈贝马斯.认识与兴趣[M].郭官义,李黎,译.上海:学林出版社,1999.
[26]托夫勒.未来的冲击[M].孟广均,等,译.北京:新华出版社,1996.
[28]徐玉珍.校本课程开发的理论与案例[M].北京:人民教育出版社,2003.
[29]丁念金.课程论[M].福州:福建教育出版社,2007.
[30]杜威.学校与社会·明日之学校[M].赵祥麟,等,译.北京:人民教育出版社,1994.

[31]泰勒.课程与教学的基本原理[M].北京:中国轻工业出版社,2014.
[32]钟启泉,李雁冰.课程设计基础[M].济南:山东教育出版社,2000.
[33]陈桂生.常用教育概念辨析[M].上海:华东师范大学出版社,2009.
[34]韦斯特伯里,威尔科夫.科学、课程与通识教育——施瓦布选集[M].郭元祥,乔翠兰,主译.北京:中国轻工业出版社,2008.
[35]靳玉乐.学校课程领导论:理论研究与实践探索[M].北京:人民教育出版社,2011.
[36]蔡清田.教育行动研究[M].南京:南京师范大学出版社,2005.
[37]高水红.共用知识空间——新课程改革行动案例研究[M].南京:南京师范大学出版社,2008.
[38]米尔斯.教师行动研究指南[M].王本陆,等,译.重庆:重庆大学出版社,2010.
[39]汪利兵,等.教育行动研究:意义、制度与方法[M].杭州:浙江大学出版社,2003.
[40]张晓辉.教师如何开展行动研究[M].长春:东北师范大学出版社,2010.
[41]李宝菊.对农村教师校本课程开发培训的研究[J].内蒙古教育,2016(5).
[42]陈建华.论学校教育哲学及其提炼策略[J].教育研究,2015(10).
[43]陈铁成,熊梅.什么知识最有价值——基于斯宾塞课程思想的思考[J].外国教育研究,2013(5).
[44]陈宗华,蒋庆荣.漫谈校本课程开发的价值及流程[J].当代教育论坛(教学版),2011(8).
[45]刘欣.范式转换:课程开发走向课程理解的实质与关系辨析[J].教育研究与实验,2014(1).
[46]胡献忠.校本课程探微[J].现代教育论丛,2000(5).
[47]胡玉婷,唐丽芳.学校办学理念凝练的问题审视[J].教育科学论坛,2019(4).
[48]史燕来.中小学校办学理念探析[J].中国教育学刊,2005(5).
[49]王保星.从"课程开发"到"课程理解":美国课程范式转型的历史诠释[J].河南大学学报(社会科学版),2016(2).
[50]徐玉珍.是校本的课程开发,还是校本课程的开发——校本课程开发概念再解读[J].课程·教材·教法,2005(11).
[51]蒋敏杰.学校课程实施与管理制度创新的思考[J].教学与管理,2017(20).
[52]李玉珠.基于施瓦布的课程审议对职业教育课程开发的反思[J].北京劳动保障职业学院学报,2015(4).
[53]付全新,王坤庆.课程改革深化背景下校本课程开发的价值取向及实现路径——以湖北省葛洲坝中学为例[J].课程·教材·教法,2013(9).
[54]张家军.论课程审议的内涵、价值取向与过程[J].课程·教材·教法,2012(6).
[55]脱中菲,熊梅.校本课程审议的实践过程[J].中国教育学刊,2009(9).
[56]王嘉毅.课程决定中的校长与教师——基于我国中小学的调查[J].课程·教材·教法,2008(8).
[57]郑东辉.教师课程领导的角色与任务探析[J].课程·教材·教法,2007(4).
[58]林一钢.略论校本课程的评价[J].课程·教材·教法,2003(9).
[59]钟启泉.从"课程管理"到"课程领导"[J].全球教育展望,2002(12).
[60]张华.论课程目标的确定[J].外国教育资料,2000(1).
[61]郭元祥.论学校的办学理念[J].教育科学论坛,2006(4).
[62]李秀伟.中小学校本课程开发的异变问题与改进[J].教育研究,2014(5).
[63]廖哲勋.关于校本课程开发的理论思考[J].课程·教材·教法,2004(8).
[64]熊梅,李水霞.国际理解教育校本课程开发与设计[J].教育研究,2010(1).
[65]窦桂梅.新课改背景下课程整合的实践探索——清华大学附属小学"1+X 课程"育人体系建构的案例研究[J].教育研究,2014(2).
[66]卢立涛,井祥贵.教育行动研究在中国:审视与反思[J].教育学报,2012(1).

课程评价的方法论基础:行动研究[J].黑龙江教育学院学报,2007(12).
[68]徐继存,段兆兵,陈琼.论课程资源及其开发与利用[J]学科教育,2002(2).
[69]范蔚.实施综合实践活动对课程资源的开发利用[J].教育科学研究,2002(3).
[70]丛滨.做贴近“生命”的校本课程[J].辽宁教育,2019(1).
[71]马瑞园.小学课程建设中的教师群体课程审议研究[D].重庆:西南大学,2016.
[72]李君.博物馆课程资源的开发与利用研究[D].长春:东北师范大学,2012.
[73]曹秀娟.校本课程开发的现状及其对策研究——以新余一中高中英语校本课程开发为例[D].长沙:湖南师范大学,2013.
[74]金元君.创客背景下的校本教材开发研究与实践——以scratch教材开发为例[D].上海:上海师范大学,2014.
[75]李飞飞.基于地方文化传承的小学音乐校本课程开发研究——以天津为例[D].长春:东北师范大学,2011.
[76]李金乐.新课程背景下校本课程开发初探——以潍坊高新双语学校校本课程开发为例[D].济南:山东师范大学,2009.
[77]吕晓蕊.基于学生核心素养的校本课程建设——以上海市F学校为个案[D].上海:华东师范大学,2016.
[78]鲁海波.校本课程开发中的学生角色研究——以上海市X中学“经典诵读”校本课程开发为个案[D].上海:华东师范大学,2012.
[79]孟凡丽.多元文化背景中地方课程开发研究[D].兰州:西北师范大学,2003.
[80]邱华翔.幼儿园园本课程开发的研究——以某幼儿园为例[D].武汉:华中师范大学,2015.
[81]袁青青.中学校本课程管理存在的问题及对策研究——以重庆市合川区D中学为例[D].重庆:重庆师范大学,2019.
[82]张露.小学校本化课程体系构建的实践研究[D].重庆:西南大学,2017.
[83]李达.校本课程评价初探[D].上海:华东师范大学,2014.
[84]严志莉.校本化课程实施中教师课程审议的个案研究[D].北京:首都师范大学,2009.
[85]刘良华.行动研究的史与思[D].上海:华东师范大学,2001.
[86]《辞海》(教育心理分册)[Z].上海:上海辞书出版社,1985.
[87]崔允漷,何珊云.亟需建立和完善校本课程审议制度[N].中国教育报,2008-7-25.
[88]崔允漷等.我国校本课程开发现状调研报告[R].全球教育展望,2002(5):10.

二、英文文献

[1]LEWY A. The International Encyclopedia of Curriculum. Oxford:Pergamon,1991.
[2]BEAUCHAMP G A.Curriculum Theory,1981.
[3]TABA H.Curriculum Development:Theory and Practice. New York:Harcourt, Brace & World,1962.
[4]HERBERT M. KLIEBARD. The Struggle for the American Curriculum 1893—1958.New York:Routledge Falmer,2004.
[5]HOLLIS L. CASWELL,DOAK S. CAMPBELL. Curriculum Development.New York:American Book Company,1985.
[6]OECD. School-based Curriculum Development,1979.
[7]THOMAS S.KUHN,IAN H.The Structure of Scientific Revolutions(2nd Edition).Chicago,Illinois:The University of Chicago Press,1962.

[8]DOWNEY M. Effective Coaching: Lessons from the Coach's Coach(3rd Rev.ed). London: Texere Publishing, 2003.
[9]SCHWAB J J. The Practical 3: Translation into Curriculum. London: Hodder and Stoughton Ltd, 1989.
[10]KELLY S V. The Curriculum: Theory and Practice(3rd ed.), 1989.
[11]EGGLESTON J.School-based Curriculum Development in England and Wales. In OECD: School-based Curriculum Development, 1979.
[12]ZAIS R S. Curriculum: Principle and Foundations. New York: Harper Collins Publishers, 1976.
[13]BORG W. Educational Research: An introduction. David McKay Company, 1963.
[14]ELLIOTT J. Action Research for Educational Change. Philadelphia: Open University Press, 1991.
[15]CUBAN L. The Managerial Imperative and the Practice of Leadership in Schools.SUNY Press, 1988.
[16]BRADELY H L. Curriculum Leadership and Development Handbook. New Jersey: Prentice-Hall, 1985.
[17]MATEJKA K, KURKE L B. Designing a Great Syllabus.College Teaching, 1994.
[18]PARKES J, Harries M B.The Purpose of Syllabus. College Teaching, 2002.
[19]KRUGER M. The Big Five of School Leadership Competences in the Netherlands.School Leadership and Management, 2009.
[20]THOMAS I D. A Decision Framework for School-based Decision Marking.The Australian Science Teachers Journal, 1978.
[21]SCHMUCK R A. Practical Action Research for Change. Training and Publishing, 1997.
[22]STRONGE J H. Defining the Principal Ship: Instructional Leader or Middle Manager.NASSP Bulletin, 1993.

.献